HARALD FELTKAMP

Anfechtungsklage und Vergleich im Aktienrecht

Schriften zum Wirtschaftsrecht

Band 69

Anfechtungsklage und Vergleich im Aktienrecht

Von

Harald Feltkamp

Duncker & Humblot · Berlin

Die Deutsche Bibliothek – CIP-Einheitsaufnahme

Feltkamp, Harald:
Anfechtungsklage und Vergleich im Aktienrecht / von Harald Feltkamp. – Berlin: Duncker und Humblot, 1991
(Schriften zum Wirtschaftsrecht; Bd. 69)
Zugl.: München, Univ., Diss., 1991
ISBN 3-428-07199-9
NE: GT

Fotoprint: Berliner Buchdruckerei Union GmbH, Berlin 61
Printed in Germany

ISSN 0582-026X
ISBN 3-428-07199-9

Meinen Eltern

Für die mir gewährte Unterstützung bei der Anfertigung dieser Dissertation möchte ich vielfachen Dank aussprechen. Er gilt vor allem Herrn Prof. Dr. Hueck. Er hat den Fortgang der Arbeit stets mit großem Interesse begleitet und in vielfältiger Weise zu ihrem Gelingen beigetragen. Ich habe sehr gern die Gelegenheit genutzt, in dem von ihm veranstalteten Doktorandenseminar meine Gedanken zur Diskussion zu stellen. Mein besonderer Dank gilt auch Herrn Prof. Dr. Canaris, der die Zweitkorrektur der Arbeit übernommen hat. Frau Prof. Dr. Windbichler hat mich ebenfalls in dankenswerter Weise mit Rat und Tat unterstützt. Mein Dank gilt nicht zuletzt der Ludwig-Maximilian-Universität München, die mir ein großzügiges Doktorandenstipendium gewährt hat.

Inhaltsverzeichnis

Einleitung . . . 13

A. Voraussetzungen und Auswirkungen der Anfechtungsklage . . . 16

I. Anfechtungsrecht des Aktionärs als Individualrecht . . . 16

II. Voraussetzungen der Erhebung einer Anfechtungsklage . . . 20
1. Zeitpunkt der Aktionärsstellung . . . 21
a) Mitgliedschaft zum Zeitpunkt der Beschlußfassung . . . 21
b) Mitgliedschaft zum Zeitpunkt der letzten mündlichen Verhandlung 25
2. Erfordernis des Widerspruchs . . . 27

III. Auswirkungen der Anfechtungsklage . . . 29
1. Eintragungshindernisse . . . 29
a) Deklaratorische Eintragung . . . 30
b) Konstitutive Eintragung . . . 31
aa) Eintragungspflicht des Registerrichters im Einzelfall . . . 31
bb) Registerrechtliche Rechtsbehelfe der Aktiengesellschaft . . . 33
cc) Registerrechtliche Rechtsmittel des Aktionärs . . . 33
c) Eintragungssperre bei erforderlicher Negativerklärung . . . 37
2. Einstweilige Verfügung . . . 42
a) Antrag des Aktionärs auf Erlaß einer einstweiligen Verfügung . . 42
b) Antrag der Aktiengesellschaft auf Erlaß einer einstweiligen Verfügung . . . 44
3. Anfechtungsklage und Unternehmensinteresse . . . 46
4. Ergebnis . . . 48

B. Vergleich zwischen Aktiengesellschaft und Aktionär . . . 49

I. Vereinbarkeit des Vergleichs mit der Ratio des Anfechtungsrechts des Aktionärs . . . 50

II. Verbot der Einlagerückgewähr . . . 53
1. Stellungnahmen in der Literatur und der Rechtsprechung . . . 54
2. Voraussetzungen der Einlagerückgewähr . . . 56
a) Minderung des Gesellschaftsvermögens . . . 56
b) Kriterium der causa societatis . . . 59
aa) Stellungnahmen in der Literatur . . . 59

bb) Mangelnde Übereinstimmung mit dem Merkmal der Vermögensminderung ... 61
c) Erfordernis einer zusätzlichen Einschränkung des Verbots der Einlagerückgewähr ... 63
aa) Vormalige Begrenzung des Verbots ... 63
bb) Causa societatis als zusätzliches subjektives Merkmal ... 64
cc) Geringfügiges Mißverhältnis zwischen Leistung und Gegenleistung ... 65
dd) Erkennbarkeit des Mißverhältnisses als zusätzliches Merkmal 66
3. Ausgeglichenheit zwischen Leistung und Gegenleistung bei Abschluß des Vergleichs ... 70
a) Nichtgeltendmachung des Anfechtungsrechts als vermögenswerte Leistung ... 70
aa) Vermögenswert bei Verfolgung eigener wirtschaftlicher Interessen ... 70
bb) Fehlen einer Vorteilserstrebung in den übrigen Fällen ... 72
cc) Nachteile der Aktiengesellschaft ... 73
b) Absehen von einem Anspruch auf Ersatz der Prozeßkosten ... 74
c) Auswirkung der Ungewißheit der vermögenswerten Rechte ... 76
d) Zusammenfassung ... 79
4. Unanwendbarkeit des § 71 Abs. 1 Nr. 1 AktG ... 79
5. Ergebnis ... 81

III. Grundsatz der Gleichbehandlung ... 82
1. Standpunkt des Gesetzgebers und Auffassungen in der Literatur ... 82
2. Regelungsgehalt des Gleichbehandlungsgebots ... 83
3. Beachtung des Gleichbehandlungsgebots ... 84
a) Ungleichbehandlung ... 84
b) Angemessene Ungleichbehandlung bei Wahrung des Verbots des § 57 Abs. 1 S. 1 AktG ... 84
c) Ungleichbehandlung bei Verletzung des Verbots des § 57 Abs. 1 S. 1 AktG ... 86
4. Kritik des Anspruchs auf Ausschüttung einer erhöhten Dividende ... 88
a) Anspruch auf Gleichbehandlung auf einem hohen Niveau als Ausnahmefall ... 89
b) Mangel der Gleichbehandlung trotz erhöhter Dividendenausschüttung ... 90
c) Fehlende erleichterte Durchsetzbarkeit der Dividendenerhöhung ... 92
5. Ergebnis ... 93

IV. Vorwurf des erpresserischen Aktionärsverhaltens ... 94

V. Pflicht des Vorstands zu sorgfältiger Geschäftsführung ... 95
1. Pflichtgemäßheit bei Abschluß eines zulässigen Vergleichs ... 95
2. Erfüllung der Informationspflichten ... 98
3. Pflichtwidrigkeit eines überhöhten Angebots ... 98

C. Vergleich bei mißbräuchlicher Anfechtungsklage 100

I. Mißbräuchliche Anfechtungsklage 100
1. Grenze des Anfechtungsrechts 104
a) Fehlen einer Treuepflicht 105
b) Schikane 107
c) Verstoß gegen Treu und Glauben, § 242 BGB 108
2. Voraussetzungen der mißbräuchlichen Rechtsausübung 113
a) Ausschließlich zweckwidrige Anfechtungsklage 113
b) Kritik des Maßstabs der ausschließlichen Zweckwidrigkeit 119
c) Weit überwiegend zweckwidrige Anfechtungsklage 121
d) Zeitpunkt der mißbräuchlichen Rechtsausübung 123
3. Mißbrauch bei Erstreben eines vermögenswerten Sondervorteils .. 124
a) Mit der Durchführung einer Anfechtungsklage erstrebbare Vermögensvorteile 125
b) Mißbrauch bei Erstreben eines weiter reichenden Vermögensvorteils 125
c) Vergleich auf Anregung der Aktiengesellschaft 127
4. Nachweis des Mißbrauchs 129
5. Abweisung der Klage als unbegründet 133
6. Schadensersatzanspruch der Aktiengesellschaft 134
a) Fehlen eines Anspruchs aus § 117 AktG 135
b) Ansprüche aus § 823 Abs. 1 BGB, § 823 Abs. 2 S. 1 BGB, § 253 Abs. 1 StGB. 135

II. Vergleichsvertrag zwischen Aktiengesellschaft und Aktionär 136
1. Rechtswidrigkeit des Vergleichsvertrags und der Zuwendung des Sondervorteils 136
a) Verstoß gegen § 57 Abs. 1 S. 1 AktG 137
aa) Nichtigkeit des Vergleichsvertrags 138
bb) Nichtigkeit des Verfügungsgeschäfts 140
cc) Versuch der Umgehung des § 57 Abs. 1 S. 1 AktG 142
b) Keine Verletzung anderer aktienrechtlicher Bestimmungen 145
c) Nichtigkeit aus § 138 BGB 146
d) Anfechtbarkeit des Vergleichsvertrags nach § 123 Abs. 1 BGB . 151
e) Rechtsfolgen bei Verleitung des Aktionärs zum Abschluß des Sondervorteile versprechenden Vergleichsvertrags 152
f) Ergebnis 153
2. Auswirkungen der Nichtigkeit des Vergleichs auf die Rechtshängigkeit der Anfechtungsklage 154
3. Rückgewähransprüche 156
a) Anspruch aus § 62 AktG 157
b) Anspruch aus § 985 BGB 160
c) Schadensersatzansprüche 161
aa) Schadensersatzanspruch aus § 117 AktG 161
bb) Schadensersatzansprüche aus §§ 823, 826 BGB 163

d) Bereicherungsrechtliche Ansprüche 164
e) Rechtsfolgen bei Abschluß des Vergleichs auf Anregung der Aktiengesellschaft 165
f) Ergebnis 169
4. Sorgfaltspflicht des Vorstands bei mißbräuchlicher Klageerhebung . 170
a) Voraussetzungen der Sorgfaltspflicht 170
b) Pflicht zur Geltendmachung des Rückgewähranspruchs 176
c) Pflicht zur Information der Aktionäre und des Aufsichtsrats . . . 176
d) Folgen eines pflichtwidrigen Verhaltens 177
aa) Keine Aktionärsklage 177
bb) Anspruch der Aktiengesellschaft auf Schadensersatz 178
cc) Bestellung eines Sonderprüfers, Entlastungsverweigerung . . 178

Zusammenfassung 180

Literatur 183

Register 199

Einleitung

Das Anfechtungsrecht des Aktionärs und sein Mißbrauch sind nicht nur in den Blickpunkt des juristischen Interesses, sondern sogar der Tagespresse geraten. Das kann nicht verwundern, wenn man ein prominentes Beispiel der aktuellen Rechtsstreitigkeiten betrachtet: die Auseinandersetzung zwischen der Aachener und Münchener Beteiligungs-Aktiengesellschaft und einem Aktionär namens Freitag. Gegen die Zahlung von 1,5 Millionen DM hatte dieser von der Erhebung einer angedrohten, die Aktiengesellschaft ganz erheblich belastenden Anfechtungsklage abgesehen. Dabei besaßen er und eine ihm nahe stehende dritte Person nur je drei kurzfristig erworbene Aktien. Die Bezeichnung entsprechender Sachverhalte als "Schwarze-Freitag-Fälle"[1] ist wohl in mehr als einer Beziehung treffend.

Die Fülle der einschlägigen Gerichtsentscheidungen[2] der letzten Jahre zeigt, daß es sich hierbei nicht um einen Einzelfall gehandelt hat. Wenn man außerdem bedenkt, daß eine Vielzahl weiterer Anfechtungsklagen auf die gerade geschilderte Weise vermieden oder beendet wurden, wird das Ausmaß des Problems deutlich. So berichtet Claussen[3] von siebzig mißbräuchlichen Anfechtungsklagen während der letzten drei Jahre bei 450 börsennotierten Aktiengesellschaften.

---

[1] Martens, AG 88, 118.

[2] Geordnet nach dem jeweiligen Streitgegenstand: LG Bielefeld WM 88, 217 ff.; OLG Hamm WM 88, 943 ff.; OLG Hamm WM 88, 1164 ff.; BGHZ 107, 296 ff.; LG Köln AG 88, 145 f.; OLG Köln WM 88, 1792 ff.; BGH WM 90, 140 ff.; BGH WM 89, 1765 ff.; BVerfG WM 90, 755 ff.; LG Mannheim WM 88, 775 ff.; OLG Karlsruhe WM 89, 1134 ff.; BGH WM 90, 2073 ff.; LG Köln WM 88, 758 ff.; OLG Köln WM 88, 1021 ff.; LG Köln vom 23.08.88, 3 O 725/87 (unveröffentlicht); OLG Köln vom 24.05.89, 16 U 134/88 (unveröffentlicht); LG Köln vom 27.12.88, 3 O 314/88 (unveröffentlicht); LG Frankfurt a. M. WM 90, 592 ff.; OLG Frankfurt a. M. WM 90, 596 ff.; BGH WM 90, 1372 ff.; OLG Zweibrücken WM 90, 599 ff.; LG Frankenthal WM 89, 1854 ff.; OLG Hamburg ZIP 89, 1326 ff.; LG Hamburg ZIP 90, 376 ff.; OLG Hamburg WM 90, 1741 ff.; LG Kassel WM 89, 789 ff.; OLG Karlsruhe ZIP 90, 719 f.; OLG Frankfurt a. M. WM 90, 310 f.; LG Mannheim ZIP 90, 992 ff.; LG Landshut, ZIP 90, 999 ff.; LG Frankfurt a. M. WM 90, 1745 ff.; OLG Frankfurt a. M. WM 90, 2116 ff. Nunmehr liegt auch ein erstes strafgerichtliches Urteil vor: AG Köln ZIP 90, 1404 ff. Zu einigen dieser Verfahren vgl. Timm, in: Aktionärsverhalten, S. 1, 9-16; Diekgräf, Sonderzahlungen, S. 10-20.

[3] Claussen, AG 90, 156, 157.

Es sind nicht zuletzt die Opponenten selbst, die auf ihre gesammelten Erfahrungen hinweisen, um ihrem Begehren nach einer Abfindung Nachdruck zu verleihen. In "rund 20 Fällen" habe man "meist über sechsstellige Beträge gesprochen", verlautbarte ein Aktionär, der sein "Investitionsinteresse" bekundete. Er sei gerne bereit, "mit seinen Gesprächspartnern darüber nachzudenken, wie eine wirtschaftliche Lösung der Frage aussehen" könne.[4]

Eine Aktiengesellschaft wird möglicherweise dann bereit sein, einen Aktionär abzufinden, wenn sie wegen einer rechtshängigen Anfechtungsklage daran gehindert ist, einen Hauptversammlungsbeschluß durchzuführen. Durch eine solche Verzögerung kann der Gesellschaft ein Schaden drohen, der rein rechnerisch weit höher liegt als die von dem Aktionär geforderte Abstandszahlung. Hauptversammlungsbeschlüsse mit einer solchen erheblichen wirtschaftlichen Tragweite können zum Beispiel eine Verschmelzung, einen Unternehmensvertrag oder eine Kapitalerhöhung betreffen. Hier sind Schäden in Millionenhöhe durch eine verzögerte Durchführung schnell erreicht.

Die Gerichte begegneten zunächst dem Einwand einer Aktiengesellschaft, der Aktionär handele mit seiner Klageerhebung rechtsmißbräuchlich, sehr zurückhaltend. Nur in einem Anfechtungsrechtsstreit sah das OLG Köln[5] bei einem von zwei opponierenden Aktionären eine unzulässige Rechtsausübung als erwiesen an. Der Grund für eine enge Auslegung des Mißbrauchstatbestands liegt in der besonderen Bedeutung des Anfechtungsrechts als einem wesentlichen Instrument des Minderheitenschutzes. In dem Spannungsverhältnis von Minderheitenschutz und Mißbrauchsabwehr beließ die Rechtsprechung den Aktionären einen erheblichen Handlungsspielraum. Erst der BGH[6] hat in der Leitentscheidung aus dem Jahr 1989, dem Kochs Adler-Urteil, die Voraussetzungen des Mißbrauchs modifiziert und damit die Chancen der Aktiengesellschaft verbessert, sich gegen das geschilderte Verhalten einzelner Aktionäre zur Wehr setzen zu können.

In dieser Abhandlung sollen die vielfältigen Fragen erörtert werden, die sich aus dem Abschluß eines Vergleichsvertrags zwischen der Aktiengesellschaft und einem opponierenden Aktionär zur Vermeidung oder Beendigung eines Anfechtungsverfahrens ergeben.

In dem einleitenden ersten Teil werden zunächst einige Voraussetzungen des Anfechtungsrechts behandelt. Anschließend sind die Auswirkungen einer rechtshängigen Anfechtungsklage darzustellen, um damit das Interesse der

---

[4] Alle Zitate: OLG Köln WM 88, 1792, 1796.
[5] OLG Köln WM 88, 1792, 1796.
[6] BGHZ 107, 296, 308 ff.

Aktiengesellschaft an einem Vergleichsvertrag mit dem Aktionär zu verdeutlichen. Zu berücksichtigen sind dabei die Hindernisse einer Eintragung des Beschlusses in das Handelsregister und weitere Beeinträchtigungen der Unternehmensinteressen als Folge der rechtshängigen Klage.

Der zweite Teil behandelt die Rechtmäßigkeit eines Vergleichsvertrags. Drei zentrale Einwände werden in der Literatur der Vereinbarung einer Klagerücknahme gegen eine Ausgleichszahlung entgegengehalten: Der Vergleich sei nicht mit der Ratio des Anfechtungsrechts vereinbar, er verstoße gegen das Verbot der Einlagerückgewähr aus § 57 Abs. 1 S. 1 AktG, und er sei mit dem Gleichbehandlungsgebot des § 53 a AktG nicht vereinbar. Es ist zu untersuchen, in welchem Umfang den Bedenken zuzustimmen ist und welche rechtlichen Grenzen sich hieraus für den Vergleichsvertrag ergeben.

Im dritten Teil der Arbeit wird zunächst dargelegt, daß der Aktiengesellschaft gegenüber einem opponierenden Aktionär nicht der Einwand des Rechtsmißbrauchs verwehrt ist. Sodann sind die Kriterien der mißbräuchlichen Ausübung des Anfechtungsrechts zu bestimmen. Es ist aufzuzeigen, daß als Folge eines mißbräuchlichen Verhaltens des Aktionärs ein zwischen ihm und der Aktiengesellschaft geschlossener Vergleichsvertrag unwirksam ist. Hieraus ergeben sich aktienrechtliche und allgemeine zivilrechtliche Rückgewähransprüche der Gesellschaft. Abschließend ist zu erörtern, wie sich der Vorstand unter Wahrung seiner Pflicht zur ordnungsgemäßen Leitung des Unternehmens gegenüber einem mißbräuchlich klagenden Aktionär verhalten kann.

A. Voraussetzungen und Auswirkungen der Anfechtungsklage

I. Anfechtungsrecht des Aktionärs als Individualrecht

Das in §§ 243-248 AktG geregelte Anfechtungsrecht gewährt jedem Aktionär unabhängig von der Höhe seiner Beteiligung an der Aktiengesellschaft die Rechtsmacht, unter gewissen Voraussetzungen die Nichtigerklärung eines rechtswidrigen Hauptversammlungsbeschlusses herbeizuführen. Diese inhaltliche Beschreibung des Anfechtungsrechts sagt jedoch noch nichts über den Zweck der Regelung aus. Ein Teil der Literatur vertritt die Ansicht, das Anfechtungsrecht sei ein eigennütziges Mitgliedschaftsrecht. Der Aktionär könne mit ihm sein eigenes, auf seiner Stellung als Gesellschafter beruhendes Interesse an der Rechtmäßigkeit eines Beschlusses geltend machen.[1] In diesem Sinne heißt es bereits in der Allgemeinen Begründung von 1884[2], daß die Aktionäre einen rechtswidrigen Beschluß der Hauptversammlung "als einen sie verbindenden Willen der Gesellschaft nicht gelten zu lassen (brauchen)".[3] Und Staub[4] schreibt, daß der Aktionär mit der Geltendmachung "nur sein Interesse verfolge, weil er .. für den Inhalt seines Antheilsrechts rechtliche Vorteile erzielen will".

In der Literatur wird aber auch die Ansicht vertreten, das Anfechtungsrecht sei ein überwiegend fremdnütziges Recht.[5] Es solle die Sicherung der Gesetz-

---

[1] Hüffer, in: Geßler/Hefermehl/Eckardt/Kropff, § 243 Rn. 7; Godin/Wilhelmi, § 243 Anm. 3; Brodmann, § 271 Anm. 2 i; auch Schilling, in: GroßKomm., § 243 Anm. 2, anders aber in Anm. 25; Teichmann, JuS 90, 269, 270; Windbichler, in: Aktionärsverhalten, S. 35, 38; auch die Rechtsprechung: RGZ 145, 336, 338; BGH WM 64, 1187, 1191; BGHZ 43, 261, 265; 70, 117, 118.

[2] Im ADHGB von 1884 wurde das Anfechtungsrecht erstmals gesetzlich geregelt. Es war allerdings von der Rechtsprechung und der Literatur zuvor bereits entwickelt worden: ROHG 11, 118, 122 f., 124; 14, 354, 357; RGZ 3, 123, 126. Aus der Literatur: Renaud, Recht der Actiengesellschaften, S. 523; Endemann, Handelsrecht, S. 332; Thöl, Handelsrecht I 2, § 161, S. 491.

[3] Allgemeine Begründung bei Schubert/Hommelhoff, S. 467 unter Berufung auf RGZ 7, 105, 108.

[4] Staub[1] Art 221, § 1.

[5] Schilling, in: GroßKomm., § 243 Rn. 25; Lutter, AcP 180, 138, 142; ders., FS Der Betrieb, S. 193, 208; Immenga, GmbHRdsch 73, 5, 6; Heinze, ZGR 79, 293, 294; Heuer, WM 89, 1401, 1402; Diekgräf, S. 26 f.

und Satzungsmäßigkeit der Hauptversammlungsbeschlüsse im Interesse der Gesellschaft gewährleisten. Das Recht stehe dem Aktionär "um der guten Ordnung der Aktiengesellschaft willen"[6] zu. Auch der BGH hat sich dieser Ansicht angeschlossen. Der klagende Aktionär gewährleiste "nach der gesetzlichen Intention vorwiegend die Rechtmäßigkeitskontrolle des Handelns der sich selbst verwaltenden Korporation".[7] Zwar betont der BGH zugleich den "individuellen Charakter"[8] des Anfechtungsrechts. Er leitet hieraus jedoch lediglich ab, daß der Aktionär stets auf die Geltendmachung des Rechts verzichten kann.[9] Auch zur Stützung der These der Fremdnützigkeit kann bereits auf die Allgemeine Begründung von 1884 zurückgegriffen werden. In ihr wird betont, der Aktionär solle bei der Erhebung der Anfechtungsklage "Träger und Vertreter des Gesammtwillens der Aktionäre sein und nicht vermögensrechtliche Ansprüche zu eigenem Vortheile gegen die Gesellschaft, sondern Rechte der Gesellschaft Namens und im Interesse der Gesellschaft verfolgen".[10] Demnach wäre das Anfechtungsrecht sogar ausschließlich von fremdnützigen Interessen bestimmt. Diese Ansicht spiegelt sich auch in der Bezeichnung der Anfechtungsklage als Popularklage[11] wider.

---

[6] Flume, Grundfragen, S. 14. Bokelmann, Rechtsmißbrauch, S. 43 ist sogar der Ansicht, das Anfechtungsrecht diene, wenn schon nicht dem faktischen, so doch zumindest dem wahren Interesse der Gesellschafter. Statt dieser zweifelhaften Differenzierung sollte man besser von dem Interesse der Aktiengesellschaft sprechen. Gegen den "Aktionär als Funktionär der Rechtsordnung": Mertens, AG 90, 49, 54 f.

[7] BGHZ 107, 296, 310.

[8] BGHZ 107, 296, 310.

[9] In der Literatur wird teilweise versucht, die zwingenden Folgen des Dispositionsgrundsatzes, der auch in dem Anfechtungsrechtsstreit gilt, zu relativieren. Gegen die Zulässigkeit eines Anerkenntnisurteils: Schilling, in: GroßKomm., § 246 Anm. 7; für das Recht der GmbH: K. Schmidt, in: Scholz, § 45 Rn. 159; Koppensteiner, in: Rowedder, § 47 Rn. 123. Anders die h. M.: Zöllner, in: Kölner Komm., § 246 Rn. 71-74; Hüffer, in: Geßler/Hefermehl/Eckardt/Kropff, § 246 Rn. 27; Hueck, Anfechtbarkeit, S. 174; Baumbach/Hueck, § 246 Anm. 8; Godin/Wilhelmi, § 246 Anm. 8; Schlegelberger/Quassowski, § 197 Anm. 7; Diekgräf, S. 227. Jetzt auch BGHZ 107, 296, 310. Zu der Zulässigkeit eines Vergleichs vgl. sogleich im Text und unten Teil B, S. 49 ff.

[10] Allgemeine Begründung bei Schubert/Hommelhoff, S. 466. Bei Vorliegen der Kriterien sei das Recht ein Individualrecht. Als Individualrecht sollte man allerdings nur ein eigennütziges Recht bezeichnen.

[11] Horrwitz, Recht der Generalversammlung, S. 88; Zöllner, in: Kölner Komm., § 243 Rn. 77; Bokelmann, Rechtsmißbrauch, S. 22 f.; Hirte, BB 88, 1469, 1477; ders., ZIP 88, 953, 955; Hommelhoff/Timm, AG 88, 168; Heckschen, ZIP 89, 1168, 1172; Timm, in: Aktionärsverhalten, S. 1.

Die unterschiedlichen Ansichten sind nicht nur von dogmatischem Interesse. Ihre Auswirkungen zeigen sich bei der Beurteilung der Rechtmäßigkeit eines zwischen Aktionär und Aktiengesellschaft geschlossenen Vergleichsvertrags, in dem sich der Aktionär verpflichtet, von seiner Klage Abstand zu nehmen. Handelte es sich bei dem Anfechtungsrecht um ein fremdnütziges Recht, so würde es naheliegen, den Vergleichsvertrag als unvereinbar mit dessen Ratio zu bewerten. Auch die Wertung, ob das Anfechtungsrecht mißbräuchlich ausgeübt werden kann, wird durch die Eigen- oder Fremdnützigkeit des Rechts beeinflußt.

Die Anfechtungsklage ist keine Popularklage, obwohl der Anfechtungskläger unstreitig[12] kein besonderes Interesse an der Nichtigerklärung des Beschlusses geltend zu machen braucht. Ein besonderes Rechtsschutzbedürfnis ist nur bei der Erhebung einer Feststellungsklage eine weitere Zulässigkeitsvoraussetzung. Bei einer Gestaltungsklage - und die Anfechtungsklage ist eine solche - ergibt sich das Rechtsschutzbedürfnis dagegen bereits aus dem Umstand, daß die Rechtsgestaltung nur im Wege der Klage möglich ist.[13] Darüber hinaus besteht aber bei der Anfechtung eines rechtswidrigen Hauptversammlungsbeschlusses stets auch ein eigenes materielles Interesse des Aktionärs an dessen Nichtigerklärung. Es ist das sich aus der Einbindung in eine mehrgliedrige Gesellschaft ergebende, also mitgliedschaftlich motivierte Interesse des Aktionärs, einer Mehrheitsentscheidung nur unterworfen zu sein, wenn sie rechtmäßig erfolgt ist. Das Interesse kann zusätzlich vermögenswerter Art sein, wenn ein rechtswidriger Beschluß den Vermögenswert der Aktie beeinträchtigt. Die Klage kann auch der Wahrung anderer mitgliedschaftlicher Rechte dienen, etwa der eigenen Stimmrechtsmacht bei der Anfechtung eines Beschlusses einer Kapitalerhöhung unter Bezugsrechtsausschluß. Doch auch ohne einen solchen zusätzlichen Umstand besteht das Interesse des Aktionärs, nur einer rechtmäßigen Mehrheitsentscheidung unterworfen zu sein. Eine ausschließlich fremden Interessen dienende Popularklage ist die Anfechtungsklage daher nicht.

Die Durchführung des Anfechtungsrechtsstreits nutzt dennoch auch der Aktiengesellschaft, da sie ein Interesse an einem rechtmäßigen Handeln ihrer Organe hat. Das bedeutet allerdings nicht, daß der Schutz der Gesellschaft

---

[12] Allg. M.: BGHZ 43, 261, 265 f.; 70, 117, 118; BGHZ 107, 296, 308; OLG Celle ZIP 89, 511. Zöllner, in: Kölner Komm., § 248 Rn. 5; Hefermehl/Bungeroth, in: Geßler/Hefermehl/Eckardt/Kropff, § 245 Rn. 7; Baumbach/Hueck, § 245 Anm. 2; Godin/Wilhelmi, § 243 Anm. 3; Diekgräf, S. 23.

[13] Rosenberg/Schwab, Zivilprozeßrecht, § 95 IV, S. 563; Zöllner, in: Kölner Komm., § 246 Rn. 26; Hüffer, in: Geßler/Hefermehl/Eckardt/Kropff, § 246 Rn. 13; Godin/Wilhelmi, § 243 Anm. 3.

auch Zweck der Regelung ist. Zwei Erwägungen stehen einer solchen Bewertung entgegen: Das Anfechtungsrecht des Aktionärs ist erstens nicht geeignet, die Rechtmäßigkeit des Beschlusses und des daraus folgenden Verwaltungshandelns zu gewährleisten, und es ist zweitens hierzu auch nicht erforderlich.

Das Anfechtungsrecht des Aktionärs vermag die Rechtmäßigkeit der Hauptversammlungsbeschlüsse nicht zu gewährleisten, weil es keine Anfechtungspflicht begründet. Eine solche besteht weder gegenüber der Aktiengesellschaft noch gegenüber den übrigen Aktionären.[14] Der Aktionär braucht sein Recht in keinem Fall geltend zu machen, und er kann jederzeit auf die weitere Verfolgung verzichten.[15] Er braucht sein Verhalten in keiner Weise an einem Nutzen der Aktiengesellschaft zu orientieren. Das Anfechtungsrecht ermöglicht demnach zwar die Wahrung der Legalität des Verwaltungshandelns, es gewährleistet sie aber nicht. Es steht in dem freien Belieben des Aktionärs, sein Recht nicht geltend zu machen, so daß man es nicht als geeignetes Mittel zur Wiederherstellung der Verbandsrechtsordnung bezeichnen kann. Der Aktionär wird das Interesse der Gesellschaft an der Wahrung der Verbandsrechtsordnung nur beiläufig, aber nicht gezielt neben seinem eigenen Interesse wahrnehmen.

Das Anfechtungsrecht des Aktionärs ist aber nicht nur zum Schutz der Gesellschaft nicht geeignet, es ist hierzu auch nicht erforderlich. Es ist eine vorrangige Aufgabe des Vorstands, die Wahrung von Gesetz und Satzung bei jedem Verwaltungshandeln der Aktiengesellschaft zu überwachen.[16] Der Vorstand hat daher auch für die Rechtmäßigkeit der Hauptversammlungsbeschlüsse Sorge zu tragen. Zu diesem Zweck hat er die Beschlüsse vorzubereiten und auch der Hauptversammlung einen Beschlußvorschlag zu unterbreiten, § 124 Abs. 3 S. 1 AktG. Zudem hat er nach § 243 Nr. 4 AktG ein eigenes Anfechtungsrecht, das nicht einmal die Einschränkungen des Anfechtungsrechts des Aktionärs aus § 245 Nr. 1 AktG kennt. Zu seiner Geltendmachung ist der Vorstand gemäß §§ 76 Abs. 1 S. 1, 93 Abs. 1 S. 1 AktG gegenüber der Gesellschaft auch verpflichtet.[17] Es hieße geradezu, den Vorstand von seiner

---

[14] Das ist unstrittig, unabhängig von der Diskussion über den Umfang einer Treuepflicht der Aktionäre: Schilling, in: GroßKomm., § 245 Anm. 6; Hueck, Gesellschaftsrecht, § 26 IV 1, S. 248; vgl. jetzt BGHZ 103, 184, 195 f. mit Anm. Timm, NJW 88, 1582, 1583; BGHZ 107, 296, 310; Lutter, ZHR 153, 446 ff.

[15] Das betont erneut BGHZ 107, 296, 310; vgl. oben S. 17 mit Fn. 9.

[16] Allgemeine Begründung bei Schubert/Hommelhoff, S. 467; Mertens, in: Kölner Komm., § 76 Rn. 10; ders., § 93 Rn. 30.

[17] Zur Pflicht des Vorstands, einen Hauptversammlungsbeschluß anzufechten: Zöllner, in: Kölner Komm., § 245 Rn. 62; Schilling, in: GroßKomm., § 245 Anm. 14; Mertens, in: Kölner Komm., § 93 Rn. 31; Baumbach/Hueck, § 245 Anm. 6; Godin/Wilhelmi, § 245 Anm. 5.

Sorgfaltspflicht zu entlasten oder ihn als unfähig zur Wahrnehmung dieser Pflicht anzusehen, würde man dem Anfechtungsrecht des Aktionärs die Aufgabe des Schutzes der Interessen der Aktiengesellschaft zuweisen.

Aus diesen Gründen kann es nicht Zweck des Anfechtungsrechts des Aktionärs sein, ein Interesse der Aktiengesellschaft oder Dritter an der Rechtmäßigkeit des Verwaltungshandelns zu wahren. Es dient vielmehr ausschließlich dem persönlichen, mitgliedschaftlich motivierten Interesse des Aktionärs an der Beachtung der Rechtsordnung durch die Mehrheit der Hauptversammlung. Es ist mithin ein eigennütziges Verwaltungsrecht.

II. Voraussetzungen der Erhebung einer Anfechtungsklage

Das Recht des Aktionärs, einen rechtswidrigen Hauptversammlungsbeschluß anzufechten, ist an bestimmte Voraussetzungen geknüpft. Sie sollen bewirken, daß tatsächlich nur solche Aktionäre eine Anfechtungsklage erheben, die ihr Interesse an der Ordnungsgemäßheit des Beschlusses bekundet haben. Für die Aktiengesellschaft sind die Einschränkungen von Bedeutung, da sie nur unter diesen Voraussetzungen mit einer sie belastenden Anfechtungsklage rechnen muß.

Die formalen Voraussetzungen des Anfechtungsrechts des Aktionärs sind in §§ 245 f. AktG geregelt. Der Aktionär muß in der Regel[18] in der Hauptversammlung erscheinen und Widerspruch gegen den Beschluß zur Niederschrift erklären, § 245 Nr. 1 AktG. Zudem muß er die Klage innerhalb eines Monats erheben, § 246 Abs. 1 AktG.

Der Aktionär braucht zwar nicht persönlich während der Hauptversammlung anwesend zu sein.[19] Es besteht aber andererseits auch keine Pflicht seitens eines Kreditinstituts, das die Aktien für den Aktionär verwahrt, als dessen Vertreter Widerspruch einzulegen. Aus § 135 Abs. 10 AktG ergibt sich für das Kreditinstitut lediglich die Pflicht zur Ausübung des Stimmrechts des Aktionärs.[20]

---

[18] Ausnahmen in § 245 Nr. 2 und 3 AktG.

[19] Hüffer, in: Geßler/Hefermehl/Eckardt/Kropff, § 245 Rn. 29; Zöllner, in: Kölner Komm., § 245 Rn. 29.

[20] Hüffer, in: Geßler/Hefermehl/Eckardt/Kropff, § 135 Rn. 108; Rundschreiben des Bundesverbandes des privaten Bankgewerbes, in: WM 65, 1090, 1098.

1. Zeitpunkt der Aktionärsstellung

Kontrovers wird in Rechtsprechung und Literatur die Frage erörtert, in welchem Zeitraum der Anfechtungskläger Aktionär der Gesellschaft sein muß. Unbestritten ist nur, daß die Aktionärsstellung zumindest zum Zeitpunkt der Klageerhebung erforderlich ist.[21] Unterschiedliche Ansichten werden dagegen zu zwei weiteren Zeitpunkten vertreten: Muß die Aktionärsstellung bereits während der Hauptversammlung und muß sie noch bei der Prozeßbeendigung vorliegen?

a) Mitgliedschaft zum Zeitpunkt der Beschlußfassung

Der Gesetzgeber hat in der Aktienrechtsnovelle 1884 zwar "die Voraussetzungen einer Anfechtungsklage und das Verfahren mit thunlicher Vorsicht"[22] geregelt. Er hat dennoch nicht zu der Frage Stellung genommen, ob die Mitgliedschaft bereits zum Zeitpunkt der Beschlußfassung bestehen muß. Nach herrschender Meinung in der Literatur[23] ist ein Aktionär nur klagebefugt, wenn er bereits zum Zeitpunkt der Hauptversammlung Aktionär war und in deren Verlauf Widerspruch eingelegt hat. Zöllner[24] ist dagegen der Auffassung, anfechtungsbefugt sei auch ein Aktionär, der zwar nicht zum Zeitpunkt der Hauptversammlung Aktionär der Gesellschaft war, aber seine Aktien von einem Aktionär erworben hat, der alle Anfechtungsvoraussetzungen erfüllt, selbst aber noch nicht die Klage erhoben hat. Entscheidungserhebliche Stellungnahmen der Rechtsprechung liegen kaum vor. Lediglich das OLG Celle hat

---

[21] Zöllner, in: Kölner Komm., § 245 Rn. 17; Baumbach/Hueck, § 245 Anm. 2; Schilling, in: GroßKomm., § 245 Anm. 6; Godin/Wilhelmi, § 245 Anm. 2; Hüffer, in: Geßler/Hefermehl/Eckardt/Kropff, § 245 Rn. 23; Diekgräf, S. 171 f.

[22] Allgemeine Begründung bei Schubert/Hommelhoff, S. 468.

[23] Hueck, Anfechtbarkeit, S. 137 f.; Hüffer, in: Geßler/Hefermehl/Eckardt/Kropff, § 245 Rn. 23 f.; Baumbach/Hueck, § 245 Rn. 2; Schilling, in: Groß.Komm. § 245 Rn. 6; Godin/Wilhelmi, § 245 Anm. 2; Lutter, FS Der Betrieb, S. 193, 196; Beyerle, DB 82, 837; Schlegelberger/Quassowski, § 198 Rn. 2; wohl auch Möhring/Nirk/Tank Rz. 670.

[24] Zöllner, in: Kölner Komm., § 245 Rn. 21. Hüffer, in: Geßler/Hefermehl/Eckardt/Kropff, § 245 Rn. 23 führt auch Möhring/Nirk/Tank Rz. 667 als Vertreter dieser Ansicht an. An dieser Stelle wird aber nur die Rechtslage bei der Nichtigkeitsklage behandelt. Entgegen Diekgräf, S. 172 f. ist der Übergang des Anfechtungsrechts nur streitig, solange der Altaktionär noch keine Klage erhoben hat. Ist die Klage bereits rechtshängig, kann der Neuaktionär keine zweite Anfechtungsklage erheben. Zu der dann fortgesetzten Klagebefugnis des Altaktionärs vgl. unten S. 25 ff.

sich ausdrücklich der Auffassung der Mehrheit in der Literatur angeschlossen.[25]

Die herrschende Meinung stützt ihre Ansicht auf den Wortlaut des § 245 Nr. 1 AktG. Die Vorschrift regelt nicht ausdrücklich, daß Anwesenheit und Widerspruch des Rechtsvorgängers des Klägers ausreichen. Aber der Wortlaut der Norm kann auch so ausgelegt werden, daß seine Betonung nicht auf der Person des Widersprechenden, sondern auf der Widerspruchseinlegung für bestimmte Aktien liegt. Dann kann der Neuaktionär in die Rechtsstellung des Altaktionärs eintreten. Für die herrschende Meinung ist allerdings eine andere Erwägung wesentlich. Das ergibt sich aus der von ihr befürworteten Einschränkung des § 245 Nr. 2, 3 AktG: Auch hier sei nur der Aktionär anfechtungsbefugt, der bereits zum Zeitpunkt der Beschlußfassung Aktionär der Gesellschaft war.[26] Aus dem Wortlaut der Vorschrift kann diese zusätzliche Voraussetzung nicht gefolgert werden. Die enge Auslegung jedes Anfechtungsrechts soll vielmehr einem möglichen Mißbrauch entgegenwirken.[27] Somit wird auch verständlich, daß bei einer Universalsukzession auch ein Anfechtungsrecht auf den Rechtsnachfolger übergehen soll.[28] Diese dogmatisch nicht begründbare Differenzierung der Übertragbarkeit nach der Rechtsnatur des Übertragungsakts ist damit

---

[25] OLG Celle, WM 84, 494, 500. Die von der herrschenden Meinung in der Literatur angeführten Belege betreffen fast sämtlich Sachverhalte, bei denen der anfechtende Aktionär nach der Klageerhebung seine Aktionärsstellung verloren hat. Entscheidungserheblich war also nur die Frage nach dem notwendigen letzten Zeitpunkt der Aktionärsstellung. In diesem Zusammenhang sprechen von der Notwendigkeit eines fortdauernden Besitzes einer Aktie auf Grund derer in der Hauptversammlung widersprochen wurde: RGZ 66, 134, 135; OLG Hamm Hold.Mschr. 14 (1905), 301, 302 und OLG Cöln LZ 07, 68. Die über die herrschende Meinung noch hinausgehende Ansicht des KG NJW 59, 439, 440, daß die Aktionärseigenschaft bereits zum Zeitpunkt der Einberufung der Hauptversammlung gegeben sein müsse, war insoweit ebenfalls nicht entscheidungserheblich.

[26] Hüffer, in: Geßler/Hefermehl/Eckardt/Kropff, § 245 Rn. 36, 46; Baumbach/Hueck, § 245 Rn. 2; Schilling, in: GroßKomm., § 245 Rn. 6; Godin/Wilhelmi, § 245 Anm. 2.

[27] Der gleiche Streit wird zu dem Spruchstellenverfahren nach §§ 304, 306 AktG ausgetragen. Die Ansicht, daß auch ein Aktionär, der erst nach Beschlußfassung seine Aktien erworben hat, das Verfahren einleiten oder sich ihm anschließen kann, findet inzwischen vermehrte Zustimmung, vgl. OLG Düsseldorf, WM 89, 1605 mit Anm. Timm, EWiR § 306 AktG 1/89, 634, 635; OLG Frankfurt a. M. WM 90, 148 f. mit Anm. Heckschen, EWiR § 306 AktG 1/90, 227; Schneider, NJW 71, 1109, 1111; Meilicke/Hohlfeld, BB 72, 1249 f; Koppensteiner, in: Kölner Komm., § 304 Rn. 63 m. w. N. auch zur Gegenansicht.

[28] Hueck, Anfechtbarkeit, S. 138; ebenso: Hüffer, in: Geßler/Hefermehl/Eckardt/Kropff, § 245 Rn. 23; vgl. weitere Nachweise oben Fn. 23.

zu erklären, daß der typische[29] Fall der Gesamtrechtsnachfolge der Erbfall ist und im Zuge eines solchen Erwerbs ein Mißbrauch kaum vorstellbar ist.

Um einen Mißbrauch des Anfechtungsrechts zu vermeiden, ist jedoch die von der herrschenden Meinung vorgeschlagene Beschränkung der Anfechtungsbefugnis nicht notwendig. Wer ein mißbräuchliches Handeln beabsichtigt, wird bereits vor der Hauptversammlung eine Aktie erwerben. Nur so ist er nicht darauf angewiesen, daß ein anderer Aktionär Widerspruch einlegt und ihm anschließend seine Aktien überträgt.[30] Der mißbräuchliche Opponent kann zudem entgegen der Ansicht Diekgräfs[31] kein Anfechtungsrecht erwerben, indem er zunächst die gemäß § 246 Abs. 5 AktG erfolgende Veröffentlichung einer Klageerhebung abwartet, dann den Anfechtungskläger ausfindig macht und dessen Aktien erwirbt. Es ist unstreitig, daß ein Übergang des Anfechtungsrechts nur möglich ist, solange der Altaktionär selbst noch keine Klage erhoben hat.[32]

Auch das Argument Beyerles[33] überzeugt nicht, daß es zu einer unerwünschten Aufspaltung der Aktien eines Unternehmens in solche mit und solche ohne Anfechtungsrecht käme. Diese Differenzierung beruht darauf, daß ein Aktionär durch seinen Widerspruch gegen einen Hauptversammlungsbeschluß sein Anfechtungsrecht gewahrt hat. Die Folge, daß mit der Übertragung dieser Aktien auch das Anfechtungsrecht auf den Erwerber übergeht, ist dann nur konsequent. Es bestünden unterschiedliche Aktiengattungen, wenn zwar ein untätig gebliebener Aktionär seine gesamten aus der Mitgliedschaft erwachsenden Rechte übertragen kann, nicht aber ein Aktionär, der Widerspruch eingelegt hat.

Der Einwand Hüffers[34], der Aktionär, der nach Beschlußfassung Mitglied werde, erwerbe das Recht mit der durch den Beschluß eingetretenen Vorprägung, vermag erst recht nicht zu überzeugen. Dieser Einwand ist nichts anderes als eine petitio principii. Ob die Mitgliedschaft durch eine Unanfechtbarkeit vorangegangener Beschlüsse vorgeprägt ist, gilt es gerade abzuwägen.

---

[29] Eine Gesamtrechtsnachfolge kann allerdings auch auf einem Rechtsgeschäft beruhen, so daß ein Mißbrauch mit diesem Kriterium nicht sicher verhindert werden kann.

[30] Ähnlich auch Zöllner, in: Kölner Komm., § 245 Rn. 21. Das OLG Frankfurt a. M. WM 90, 148, 149 hat in einem Spruchstellenverfahren nach § 306 AktG darauf hingewiesen, daß die Möglichkeit weiterer Anträge einem Mißbrauch des Erstantragstellers sogar entgegenwirken kann.

[31] Diekgräf, S. 173.

[32] Vgl. oben S. 21 mit Fn. 24.

[33] Beyerle, DB 82, 837, 838; Diekgräf, S. 173.

[34] Hüffer, in: Geßler/Hefermehl/Eckardt/Kropff, § 245 Rn. 24.

Keines der gegen eine Übertragbarkeit angeführten Argumente vermag also zu überzeugen.

Stattdessen spricht die Interessenlage der Beteiligten für den Übergang des Anfechtungsrechts.[35] Einerseits besteht ein berechtigtes Interesse des Neuaktionärs an einem Erwerb des Anfechtungsrechts, da der Altaktionär nach der Übertragung seiner Aktien keine Anfechtungsklage mehr erheben kann.[36] Wenn das Anfechtungsrecht nicht auf den Neuaktionär überginge, würde der rechtswidrige Hauptversammlungsbeschluß unanfechtbar, obwohl der Altaktionär Widerspruch eingelegt hat. Andererseits besteht kein schützenswertes Interesse der Gesellschaft daran, daß ein Hauptversammlungsbeschluß in Folge eines Aktionärswechsels unanfechtbar wird.

Auch der BGH[37] hat in einem Urteil zur Anfechtungsbefugnis des GmbH-Gesellschafters in einem obiter dictum[38] die Ansicht vertreten, daß mit der Veräußerung des Geschäftsanteils auch das Anfechtungsrecht auf den Erwerber übergehe. Er hat dabei nicht zwischen Beschlüssen vor und nach der Anteilsübertragung differenziert. Das Schrifttum zum GmbH-Recht[39] hat sich dieser Ansicht ebenfalls angeschlossen. Diese Rechtsprechung kann auch auf das Aktienrecht übertragen werden, da die Anfechtungsbefugnis des GmbH-Gesellschafters wegen einer fehlenden Regelung im GmbHG weitgehend einer analogen Anwendung der §§ 243 ff. AktG entnommen wird.[40]

§ 245 Nr. 1 AktG ist daher so auszulegen, daß der Erwerber einer Aktie eine Anfechtungsklage gegen einen Hauptversammlungsbeschluß auch dann erheben kann, wenn er zum Zeitpunkt der Beschlußfassung noch nicht Aktionär

---

[35] So auch Zöllner, in: Kölner Komm., § 245 Rn. 21.

[36] Vgl. oben S. 21 mit Fn. 21. Anders jedoch, wenn der Altaktionär bereits Anfechtungsklage erhoben hat. Vgl. hierzu unten S. 25 ff.

[37] BGHZ 43, 261, 267.

[38] Der Beschluß war zu einem Zeitpunkt gefaßt worden, als der Gesellschafter noch nicht ausgeschieden war. Entscheidungserheblich war auch hier nur die Frage, ob die Gesellschafterstellung noch bis zur Prozeßbeendigung andauern muß; dazu vgl. sogleich S. 25 ff.

[39] Zöllner, in: Baumbach/Hueck, Anh.§ 47 GmbHG Rn. 74; Schilling/Zutt, in: Hachenburg, Anh.§ 47 Rn. 121; K. Schmidt, in: Scholz, § 45 Rn. 132; Fischer/Lutter/Hommelhoff, Anh. § 47 Rn. 48; Koppensteiner, in: Rowedder, § 47 Rn. 117; Roth, § 47 Anm. 65.1; Meyer-Landrut/Miller/Niehus, § 47 Rn. 82. Die Einzelheiten sind jedoch umstritten, so etwa die Frage, ob der Altgesellschafter an den Neugesellschafter seine gesamten Anteile übertragen muß.

[40] Für alle: Zöllner, in: Baumbach/Hueck, Anh.§ 47 GmbHG Rn. 1; K. Schmidt, in: Scholz, § 45 Rn. 36 m. w. N.

war, sein Rechtsvorgänger aber auf der Hauptversammlung Widerspruch zur Niederschrift eingelegt hat.

b) Mitgliedschaft zum Zeitpunkt der letzten mündlichen Verhandlung

Es ist zudem zu erwägen, wie lange die Mitgliedschaft des anfechtenden Aktionärs über den Zeitpunkt der Klageerhebung hinaus fortdauern muß.

Aus Art. 222, 190 a Abs. 3 S. 1 ADHGB 1884 ergab sich mittelbar, daß der Anfechtungskläger bis zur Prozeßbeendigung Aktionär der Gesellschaft sein mußte, weil er bis zu diesem Zeitpunkt "zur Legitimation der Klage"[41] seine Aktien gerichtlich zu hinterlegen hatte. Diese Hinterlegungspflicht wurde jedoch bereits 1897 wieder aufgehoben. In der Literatur wird überwiegend die Ansicht vertreten, daß der Anfechtungskläger bis zum Zeitpunkt der Prozeßbeendigung[42] oder zumindest bis zum Zeitpunkt der letzten mündlichen Verhandlung[43] Aktionär sein muß. Auch die Rechtsprechung folgt dieser Auffassung.[44] Eine Minderheit vertritt hingegen die Ansicht, ein Verlust der Aktionärsstellung nach Klageerhebung sei in Analogie zu § 265 Abs. 2 S. 1 ZPO unschädlich.[45]

Aus dem Wortlaut des § 245 AktG kann eine Anfechtungsbefugnis des nach Klageerhebung ausgeschiedenen Aktionärs nicht geschlossen werden. Demnach ist die Aktionärsstellung eines Klägers erforderlich, und diese Anspruchsvoraussetzung muß nach allgemeinen zivilprozessualen Grundsätzen zum Zeitpunkt der letzten mündlichen Verhandlung vorliegen.[46] Eine fortdauernde Klagebefugnis kann sich auch nicht aus einer direkten Anwendung des § 265 Abs. 2 S. 1 ZPO ergeben, weil der Altaktionär nicht den Streitgegenstand, sondern nur ein präjudizielles Recht auf den Neuaktionär überträgt. Es ist jedoch eine analoge Anwendung des 265 Abs. 2 S. 1 ZPO zu erwägen. Dies setzt eine

---

[41] Allgemeine Begründung bei Schubert/Hommelhoff, S. 467.

[42] Schilling, in: GroßKomm., § 245 Anm. 6; Diekgräf, S. 175; Godin/Wilhelmi, § 245 Anm. 2; Brodmann, § 271 Anm. 2 h, S. 407; Schlegelberger/Quassowski, § 198 Rn. 2; Teichmann/Koehler, § 198 Rn. 1 b.

[43] Baumbach/Hueck, § 245 Anm. 2; Möhring/Nirk/Tank Rz. 670.

[44] RGZ 33, 91, 94; 66, 134, 135; BGHZ 43, 261, 266; OLG Celle, WM 84, 494, 500; OLG Cöln LZ 07, 68; OLG Hamm Holdh.Mschr. 14 (1905), 301, 302; bestätigend: RG Holdh.Mschr. 06 (1915), 241, 243.

[45] Horrwitz, Recht der Generalversammlung, S. 106; Zöllner, in: Kölner Komm., § 245 Rn. 23; Hüffer, in: Geßler/Hefermehl/Eckardt/Kropff, § 245 Rn. 26.

[46] Rosenberg/Schwab, § 134 III 2, S. 839; Hartmann, in: Baumbach/Lauterbach/Albert/Hartmann § 300 Anm. 3 a; Vollkommer, in: Zöller § 300 Rn. 3.

planwidrige Unvollständigkeit des Gesetzes voraus.[47] Für die Planwidrigkeit des Fehlens einer Regelung spricht, daß der Aktiengesellschaft ein Aktionärswechsel weder vor noch nach Klageerhebung zum Vorteil gereichen soll. Der Altaktionär hat zudem ein berechtigtes Interesse, eine bereits erhobene Anfechtungsklage fortzuführen. Nur so kann er eine Beeinträchtigung des Mitgliedschaftsrechts verhindern und erreichen, daß seine Aktien durch die Übertragung nicht an Wert verlieren.[48] Zudem ist die Sorge unbegründet, daß durch ein fortdauerndes Anfechtungsrecht der Mißbrauch durch den Altaktionär erleichtert würde. Ein Aktionär, der eine solche Absicht hegt, müßte selbst nach Ansicht der herrschenden Meinung lediglich eine Aktie während der gesamten Dauer des Rechtsstreits halten.

A. Hueck[49] hat eingewandt, daß eine analoge Anwendung des § 265 ZPO zur Schließung der Regelungslücke nicht geeignet sei, da die Aktiengesellschaft einer Anfechtungsklage des Altaktionärs eine Einwendung entgegenhalten werde. Sie könne gegen den Anspruch des alten Rechtsinhabers die Einreden geltend machen, die ihr gegen den neuen Berechtigten zustehen. Und der neue Aktionär sei nicht anfechtungsbefugt, da er zum Zeitpunkt des Beschlußfassung nicht Aktionär gewesen sei und er keinen Widerspruch eingelegt habe. Die fehlende Aktionärseigenschaft zum Zeitpunkt der Beschlußfassung ist jedoch entgegen Hueck unbeachtlich.[50] Eine Einwendung der Aktiengesellschaft besteht also nicht, so daß die analoge Anwendung des § 265 Abs. 2 ZPO geeignet ist, eine fortdauernde Anfechtungsberechtigung zu begründen, wenn der Kläger nach Klageerhebung nicht mehr Aktionär bleibt.

Zudem sind wiederum höchstrichterliche Stellungnahmen sowohl zu § 51 GenG[51] als auch zur Anfechtungsbefugnis eines während des Rechtsstreites ausgeschiedenen GmbH-Gesellschafters[52] zu berücksichtigen. Während im Recht der GmbH zur Bestimmung des Umfangs eines Anfechtungsrechts

---

[47] Larenz, Methodenlehre, S. 365 f.

[48] So wird unter Umständen der Erwerber der Aktien zur Zahlung eines angemessenen Preises trotz eines vorausgegangenen rechtswidrigen, wirtschaftlich nachteiligen Hauptversammlungsbeschlusses nur bereit sein, wenn der Altaktionär in der Lage bleibt, die Nichtigkeit des Beschlusses herbeizuführen. Vgl. auch Zöllner, in: Kölner Komm., § 245 Rn. 23 f. Diesen möglichen Schaden übersieht Diekgräf, S. 175. Der Neuaktionär kann unstreitig keine zweite Anfechtungsklage erheben, vgl. oben S. 21 mit Fn. 24.

[49] Hueck, Anfechtbarkeit, S. 139.

[50] Vgl. oben S. 24 f.

[51] RGZ 66, 134, 135 f.; 119, 97, 99 f.

[52] BGHZ 43, 261, 268; BGH DB 74, 716, 717.

unmittelbar auf die Regelungen des Aktienrechts zurückgegriffen wird,[53] stimmen die genossenschaftliche und die aktienrechtliche Regelung fast wörtlich überein.[54] Die Entscheidungen weichen von dem scheinbaren "Grundsatz"[55] des Aktienrechts ab, daß ein ausgeschiedener Gesellschafter eine Anfechtungsklage nicht mehr fortführen könne und haben den Klagen stattgegeben, obwohl die Kläger nach der Klageerhebung aus der Genossenschaft beziehungsweise aus der GmbH ausgetreten waren. Das allgemeine Rechtsschutzinteresse folgerten die Gerichte aus einem fortwirkenden wirtschaftlichen Interesse. Diese Entscheidungen haben auch in der Literatur[56] fast einhellige Zustimmung gefunden. Es gibt keine Besonderheiten des GmbH-Rechts oder des Genossenschaftsrechts, die eine andere Bewertung im Aktienrecht rechtfertigen könnten.[57]

In analoger Anwendung des § 265 Abs. 2 S. 1 ZPO kann daher ein Anfechtungskläger auch nach der Veräußerung seiner Aktien die Klage fortsetzen.

2. Erfordernis des Widerspruchs

Gemäß § 245 Nr. 1 AktG ist nur derjenige Aktionär anfechtungsbefugt, der gegen einen Hauptversammlungsbeschluß Widerspruch zur Niederschrift eingelegt hat. In der neueren Literatur wird allerdings die Ansicht vertreten, daß in Ausnahmefällen die Erklärung eines Widerspruchs entbehrlich sei.[58]

---

[53] Vgl. oben S. 24 mit Fn. 40.

[54] Parisius/Crüger § 51 GenG Rn. I. Die Regelung erfolgte in Anlehnung an das Aktiengesetz.

[55] RGZ 66, 134, 135.

[56] Zum Recht der GmbH: Schilling/Zutt, in: Hachenburg, Anh. § 47 Rn. 122; K. Schmidt, in: Scholz, § 45 Rn. 133; Zöllner, in: Baumbach/Hueck, Anh. § 47 GmbHG Rn. 73; Koppensteiner, in: Rowedder, § 47 Rn. 117. Zum Recht der Genossenschaft: Lang/Weidmüller, § 51 Rn. 62 f.; Meyer/Meulenbergh/Beuthien, § 51 Rn. 25; a. A. Müller, § 51 Rn. 72.

[57] Als weitere Parallele kann erneut das Spruchstellenverfahren nach §§ 304, 306 AktG genannt werden. Auch hier spricht sich ein Teil der Literatur für die analoge Anwendung des § 265 Abs. 2, S. 1 ZPO aus: Schneider, NJW 71, 1109, 1111; Meilicke/-Hohlfeld, BB 72, 1249, 1250. Für einen Übergang des Anfechtungsrechts entgegen § 265 ZPO: Koppensteiner, in: Kölner Komm., § 304 Rn. 63 unter Berufung auf Geßler, in: Geßler/Hefermehl/Eckardt/Kropff, § 303 Rn. 134. Geßler beruft sich aber zu Unrecht bestätigend auf die gegenteiligen Äußerungen in der Literatur.

[58] Zöllner, in: Kölner Komm., § 245 Rn. 42; Hüffer, in: Geßler/Hefermehl/Eckardt/Kropff, § 245 Rn. 32; a. A.: J. Geßler § 245 Rn. 9. In der vorangegangenen Literatur wurde eine solche Einschränkung nicht erwogen.

Dies gelte stets dann, wenn der Aktionär die Rechtswidrigkeit des Beschlusses während der Hauptversammlung noch nicht erkennen könne. In diesen Fällen sei das Widerspruchserfordernis "sachlich unsinnig und funktionswidrig".[59]

Selbst wenn man der Einschränkung zustimmen würde, könnte ihr nur eine geringe Bedeutung zukommen, weil bei der Bewertung, ob ein Beschluß erkennbar rechtswidrig ist, nicht auf einen rechtsunkundigen Aktionär abgestellt werden kann. Dieser hat sich zumindest anwaltlicher Hilfe zu versichern. Somit ist die Erkennbarkeit der inhaltlichen Rechtswidrigkeit eines Hauptversammlungsbeschlusses stets zu bejahen, wenn er dem Beschlußvorschlag der Verwaltung entspricht, der in der Bekanntmachung der Tagesordnung gemäß § 124 Abs. 3 S. 1 AktG enthalten ist. Lediglich Verfahrensverstöße im Verlauf der Hauptversammlung sind dann für den Aktionär möglicherweise nicht sofort erkennbar, da er nicht verpflichtet sein kann, seinen Anwalt zur Hauptversammlung mitzubringen.

Die von der Mindermeinung vertretene Einschränkung geht allerdings über den Wortlaut des § 245 Nr. 1 AktG hinaus und kann daher nur mittels einer teleologischen Reduktion der Norm begründet werden. Das setzt voraus, daß das ausnahmslose Erfordernis der Widerspruchseinlegung mit dem Zweck des § 245 Nr. 1 AktG unvereinbar, die gesetzliche Regelung zu weit geraten ist.[60] Hüffer[61] begründet die Einschränkung damit, daß ihr kein berechtigtes Interesse der Aktiengesellschaft entgegenstehe. Die Aktiengesellschaft müsse ohnehin innerhalb der Monatsfrist mit einer auf §§ 243 Abs. 2, 245 Nr. 3 AktG gestützten Anfechtungsklage rechnen. Zudem bestehe ein schutzwürdiges Interesse des Aktionärs, bei einer nicht erkennbaren Rechtswidrigkeit ohne Widerspruch eine Anfechtungsklage innerhalb dieser Frist erheben zu können. Beide Erwägungen vermögen nicht zu überzeugen. Zum einen mangelt es nicht an einer Schutzwürdigkeit der Aktiengesellschaft. Wenn ein Aktionär seine Anfechtungsklage nur noch auf einen besonders schwerwiegenden Anfechtungsgrund stützen kann, so hat die Gesellschaft bereits die Gewißheit, daß ein Großteil möglicher Anfechtungsklagen ausgeschlossen ist. Außerdem hat der Gesetzgeber kein schutzwürdiges Interesse des Aktionärs planwidrig unberücksichtigt gelassen. Er hat in § 245 AktG detailliert und differenziert die Voraussetzung der Widerspruchseinlegung geregelt und somit bewußt eine eigene Wertung der Schutzwürdigkeit der Aktiengesellschaft und des Aktionärs vorgenommen. Er hat sich dabei gegen die von Horrwitz[62] bereits während der Reformdiskussion zum AktG 1937 geforderte Aufgabe der Erfordernisse der

---

[59] Zöllner, in: Kölner Komm., § 245 Rn. 42.

[60] Larenz, Methodenlehre, S. 375 f.

[61] Hüffer, in: Geßler/Hefermehl/Eckardt/Kropff, § 245 Rn. 32.

[62] Horrwitz, ZBH 1933, 86, 90 f.

Anwesenheit des Aktionärs während der Hauptversammlung und der Widerspruchseinlegung entschieden. Die gesetzliche Regelung ist daher nicht lückenhaft.

Eine teleologische Reduktion des § 245 Nr. 1 AktG ist abzulehnen. Hat der Aktionär auf der Hauptversammlung gegen einen Beschluß keinen Widerspruch eingelegt, so kann er seine Anfechtungsbefugnis nur auf §§ 245 Nr. 2, 3 AktG stützen.

III. Auswirkungen der Anfechtungsklage

Je stärker die Aktiengesellschaft allein durch die Rechtshängigkeit der Anfechtungsklage in der Wahrung ihrer Unternehmensinteressen behindert ist, um so größer ist ihr Interesse, ein vorzeitiges Ende des Rechtsstreits durch einen Vergleich mit dem Aktionär herbeizuführen. Das birgt zugleich die Gefahr, daß der Opponent die Vergleichsbereitschaft mißbräuchlich ausnutzt.

Die Aktiengesellschaft ist erheblich beeinträchtigt, wenn ihr der Vollzug eines angefochtenen Hauptversammlungsbeschlusses wegen einer fehlenden Handelsregistereintragung oder einer von dem Anfechtungskläger erwirkten einstweiligen Verfügung unmöglich ist. Es ist daher darzustellen, welche rechtlichen Möglichkeiten einerseits die Aktiengesellschaft und andererseits der Aktionär haben, um ihre jeweiligen Interessen bereits während des anhängigen Verfahrens zu wahren. Eine Behinderung der Aktiengesellschaft kann sich dabei auch aus der bloßen Ungewißheit über die Wirksamkeit eines angefochtenen, aber dennoch eingetragenen Beschlusses ergeben.

1. Eintragungshindernisse

Die Erhebung einer Anfechtungsklage gegen einen Hauptversammlungsbeschluß kann seiner Eintragung in das Handelsregister entgegenstehen, vorausgesetzt es besteht eine Eintragungspflicht. Eintragungspflichtig ist entweder der Hauptversammlungsbeschluß selbst oder die beschlossene Maßnahme.[63]

[63] Die Eintragungspflicht der Hauptversammlungsbeschlüssebzw. der beschlossenen Maßnahmen ergibt sich im einzelnen aus folgenden Vorschriften. Aus dem AktG: §§ 181 Abs. 1 S. 1; 184 Abs. 1 S. 1; 188 Abs. 1; 195; 201 Abs. 1; 202 Abs. 2 S. 1; 203 Abs. 1 S. 1, 2; 207 Abs. 2; 223; 229 Abs. 3; 237 Abs. 2 S. 1, Abs. 4 S. 5; 263 S. 1; 274 Abs. 3 S. 1; 294 Abs. 1 S. 1; 295 Abs. 1 S. 2; 319 Abs. 3 S. 1; 320 Abs. 1 S. 3; 327 Abs. 1 Nr. 1, Abs. 3; 345 Abs. 1 S. 1; 353 Abs. 5 S. 1; 359 Abs. 2 S. 1; 360 Abs. 2 S. 1; 364 S. 1; 367 S. 1; 371 Abs. 1 S. 1. Aus dem UmwG: §§ 4 Abs. 1

Das gilt für eine Satzungsänderung, §§ 179 ff. AktG, für die Maßnahmen der Kapitalbeschaffung und Kapitalherabsetzung, §§ 182 ff., 222 ff. AktG, für den Abschluß, die Änderung und die Aufhebung von Unternehmensverträgen, §§ 291 ff. AktG, für die Eingliederung, Verschmelzung, Vermögensübertragung und Umwandlung der Aktiengesellschaft, §§ 319 ff., 339 ff., 359 f., 362 ff. AktG, §§ 3 ff. UmwG. Auf der anderen Seite besteht eine Eintragungspflicht beispielsweise nicht für Beschlüsse über die Wahl von Aufsichtsratsmitgliedern nach § 101 AktG,[64] den Gewinnverwendungsbeschluß nach § 174 AktG und den Beschluß der Feststellung des Jahresabschlusses, § 173 AktG.

Die Rechtsfolgen der Nichteintragung eines eintragungspflichtigen Beschlusses bzw. der beschlossenen Maßnahme sind unterschiedlich, je nachdem, ob die Eintragung deklaratorischen oder konstitutiven Charakter hat. Konstitutiv heißt dabei nicht, daß eine eventuelle Rechtswidrigkeit des Beschlusses durch eine Eintragung geheilt wird,[65] sondern lediglich, daß die beschlossene Maßnahme nur bei ihrer Eintragung Rechtswirksamkeit erlangen kann.[66]

a) Deklaratorische Eintragung

Im gesamten Aktiengesetz gibt es nur zwei auf einem Hauptversammlungsbeschluß beruhende Maßnahmen, deren Eintragung deklaratorischen Charakter hat: die Eintragung der Auflösung der Aktiengesellschaft nach §§ 262 Abs. 1 Nr. 2, 263 S. 1 AktG[67] und die der Beendigung der Eingliederung, § 327 Abs. 1 Nr. 1 AktG.[68]

Eine Anfechtungsklage eines Aktionärs gegen den Beschluß der Beendigung einer Eingliederung ist kaum denkbar, da die eingegliederte Gesellschaft, auf deren Hauptversammlung die Beendigung beschlossen wird, nur einen Aktionär hat, nämlich die Hauptgesellschaft. Das folgt aus §§ 320 Abs. 4 S. 1, 327

S. 1; 9 Abs. 2; 15 Abs. 1 S. 1; 16 S. 2; 19 Abs. 3; 20 S. 1, 21 Abs. 2; 22 Abs. 2; 23 S. 1. Vgl. auch die Übersicht bei Diekgräf, S. 69.

[64] Auch die Eintragung der Wahl eines Vorstandsmitglieds nach § 81 Abs. 1 AktG ist deklaratorisch, Baumbach/Hueck, § 81 Anm. 4. Aber hier handelt es sich um einen Beschluß des Aufsichtsrats, nicht der Hauptversammlung.

[65] So nur bei § 242 AktG und bei § 352 a AktG. Zu § 352 a AktG vgl. unten S. 40.

[66] Zur Terminologie Zöllner, in: Kölner Komm., § 243 Rn. 33.

[67] Kraft, in: Kölner Komm., § 263 Rn. 10; Hüffer, in: Geßler/Hefermehl/Eckardt/Kropff, § 262 Rn. 36.

[68] Zöllner, in: Kölner Komm., § 243 Rn. 33; Koppensteiner, in: Kölner Komm., § 327 Rn. 3, 17.

Abs. 1 Nr. 3 AktG. Sollte dennoch einmal der Beschluß einer Beendigung der Eingliederung oder aber ein Auflösungsbeschluß nach § 262 Abs. 1 Nr. 2 AktG von einem Aktionär angefochten werden, so hindert die Nichteintragung wegen ihrer nur deklaratorischen Bedeutung nicht die Wirksamkeit der Maßnahme. Das Fehlen einer Eintragung kann lediglich eine Rechtsscheinhaftung nach § 15 Abs. 1 HGB begründen[69] und daher die Interessen der Aktiengesellschaft nicht wesentlich beeinträchtigen.[70]

b) Konstitutive Eintragung

In der Regel wirkt die Eintragung eines Beschlusses oder einer beschlossenen Maßnahme konstitutiv.[71] Die Eintragung ist also für die Wirksamkeit der Maßnahme erforderlich. Daher hat die Aktiengesellschaft ein großes Interesse an der Eintragung, um einen Vollzug des Beschlusses zu ermöglichen.

aa) Eintragungspflicht des Registerrichters im Einzelfall

Die Eintragung in das Handelsregister richtet sich nach §§ 125 ff. FGG. Gemäß § 127 S. 1 FGG liegt es im Ermessen des Registergerichts, eine beantragte Eintragung auszusetzen, wenn sie von der Beurteilung eines Rechtsverhältnisses abhängt, das Gegenstand eines weiteren Rechtsstreits ist. Die Rechtmäßigkeit des Hauptversammlungsbeschlusses ist ein solches präjudizielles Rechtsverhältnis für die Eintragung des Beschlusses, so daß das Registergericht die Aussetzung bei einer rechtshängigen Anfechtungsklage verfügen kann.[72] Der Registerrichter kann gemäß § 127 S. 2 FGG von einer Eintragung auch absehen, ohne daß eine Klage bereits anhängig ist. Die Art und

---

[69] Kraft, in: Kölner Komm., § 263 Rn. 12 f.; Wiedemann, in: GroßKomm., § 263 Anm. 1. Hüffer, in: Geßler/Hefermehl/Eckardt/Kropff, § 263 Rn. 11 betont die geringe Bedeutung des Rechtsscheins, weil die Aktionäre selbst nicht Dritte im Sinne des § 15 Abs. 1 HGB sind.

[70] Ebenso Diekgräf, S. 68.

[71] Zur Terminologie vgl. oben S. 30 mit Fn. 66.

[72] Zöllner, in: Kölner Komm., § 243 Rn. 41; Keidel/Kuntze/Winkler, § 127 Rn. 36; w. N. vgl. unten Fn. 73. Streitig ist nur, ob eine Eintragung erfolgen muß, wenn die Eintragungsfrist abgelaufen ist, ohne daß Klage erhoben wurde, vgl.: Keidel/Kuntze/Winkler, § 127 Rn. 13 f.; Hüffer, in: Geßler/Hefermehl/Eckardt/Kropff, § 243 Rn. 130 f.; Zöllner, in: Kölner Komm., § 243 Rn. 38 m. w. N. Zur Präjudiziabilität abweichend von der h. M.: Baums, Eintragung, S. 161 ff.; ders., BB 81, 262, 263; Timm, in: Aktionärsverhalten, S. 1, 19; dagegen Lüke, ZGR 90, 657, 674; Diekgräf, S. 78 ff.

Weise, wie er das ihm eingeräumte Ermessen auszuüben hat, wird von Rechtsprechung und Literatur im wesentlichen übereinstimmend beurteilt. Es handelt sich stets um eine Einzelfallentscheidung, bei der insbesondere die Erfolgsaussichten einer Klage und die den Beteiligten drohenden Schäden zu berücksichtigen sind.[73] Häufig wird die Ansicht vertreten, das Registergericht solle von einer Eintragung absehen. Da der Ausgang des Anfechtungsrechtsstreits kaum vorhersehbar ist, könnte sonst nicht verhindert werden, daß sich die Entscheidungen des Prozeß- und des Registergerichts möglicherweise widersprechen.[74] Das Registergericht ist zumindest nicht verpflichtet, gemäß § 12 FGG eigene Ermittlungen anzustellen, ob die erhobene Anfechtungsklage Erfolg haben wird,[75] zumal das Prozeßgericht an die Feststellungen des Registergerichts nicht gebunden wäre.[76] Eine Eintragung kann jedoch trotz des ungewissen Ausgangs des Rechtsstreits geboten sein, wenn der antragstellenden Aktiengesellschaft aus der Nichteintragung ein besonderer Schaden droht, der den möglichen Schaden bei dem Anfechtungskläger, den Gesellschaftsgläubigern und anderen betroffenen Dritten infolge der Eintragung wesentlich übersteigt.[77]

---

[73] Hüffer, in: Geßler/Hefermehl/Eckardt/Kropff, § 243 Rn. 134; Baumbach/Hueck, § 243 Rn. 3; Zöllner, in: Kölner Komm., § 243 Rn. 42, 43; Schilling, in: GroßKomm., § 243 Anm. 31; Fischer , in: GroßKomm.^{2}, § 148 Anm. 9; Lutter, NJW 69, 1873, 1874; ders., ZGR 78, 347, 360; Keidel/Kuntze/Winkler, § 127 Rn. 36 f.; Jansen, § 127 Rn. 7; Bumiller/Winkler, § 127 Rn. 2 c; Lüke, ZGR 90, 657, 678 ff.; Diekgräf, S. 75 f., 82; so auch Timm, in: Aktionärsverhalten, S. 1, 20, 22, der allerdings auf S. 18 f. die h. M. als enger bezeichnet. Aus der Rspr.: OLG Hamm WM 88, 943, 944; Bay ObLG Rpfleger 83, 74; Bay ObLGZ 1963, 15, 18; LG Frankfurt a. M. WM 90, 592, 596; KG OLGZ 66, 602, 604; KGJ 21, A 240, A 243.

[74] KGJ 28, A 228, A 238; OLG Hamm WM 88, 944; Jansen, § 127 Rn. 6; Hüffer, in: Geßler/Hefermehl/Eckardt/Kropff, § 243 Rn. 134. A. A. Diekgräf, S. 82: Die Eintragung solle nur im Ausnahmefall ausgesetzt werden können. Einer solchen pauschalen Beurteilung stehen die Interessen Dritter und das öffentliche Interesse an der Richtigkeit des Handelsregisters entgegen, vgl. dazu Lutter, NJW 69, 1873, 1875 f.

[75] LG Bielefeld WM 88, 217, 218; OLG Hamm WM 88, 943, 944 f.; Diekgräf, S. 74, einschränkend aber S. 83; Emmerich, WuB II A., § 345 AktG 2.88; Winkler, OLG Hamm EWiR § 345 AktG 1/88, 639, 640; Ebenso: BGH ZIP 90, 985, 989 f.

[76] Schlegelberger, § 127 Rn. 27.

[77] Diese Abwägung wird nicht nur das Registergericht bei seiner Ermessensausübung leiten, sondern es wird im gleichen Maße auch das Interesse der Aktiengesellschaft an einer frühzeitigen Durchführung des Beschlusses bestimmen. Vgl. dazu unten S. 46 ff.

bb) Registerrechtliche Rechtsbehelfe der Aktiengesellschaft

Hat der Registerrichter nach § 127 S. 1 FGG die Aussetzung verfügt, so kann die antragstellende Gesellschaft gemäß §§ 19 Abs. 1, 20 Abs. 2 FGG Beschwerde bei dem nach § 19 Abs. 2 FGG zuständigen Landgericht einlegen. Zwar handelt es sich bei der Aussetzungsverfügung nicht um eine End-, sondern um eine Zwischenverfügung, die Beschwerdemöglichkeit ist aber unbestritten, da die Aussetzungsverfügung die Rechte der Aktiengesellschaft verletzen kann.[78]

Gegen einen zurückweisenden Beschluß des Landgerichts ist nach § 27 FGG die weitere Beschwerde zum Oberlandesgericht,[79] § 28 Abs. 1 FGG, zulässig.[80] Die Aktiengesellschaft kann hier allerdings nicht mehr eine bloß zweckwidrige Ermessensausübung durch das Register- und das Beschwerdegericht geltend machen, sondern nur eine rechtswidrige Ermessensausübung.[81]

cc) Registerrechtliche Rechtsmittel des Aktionärs

Hat das Registergericht die Eintragung verfügt, also von einer Aussetzung des Verfahrens nach § 127 FGG abgesehen, so stellt sich für den Aktionär die Frage, welche Rechtsmittel er hat, um sein Interesse an der Nichtdurchführung des Beschlusses zu wahren.

Eine Beschwerde nach §§ 19 Abs. 1, 20 Abs. 1 FGG gegen die Eintragungsverfügung ist nicht statthaft, weil die Eintragung in das Handelsregister

---

[78] Keidel/Kuntze/Winkler, § 19 Rn. 9; § 127 Rn. 44; Jansen, § 19 Rn. 25; § 127 Rn. 14; Schlegelberger, § 19 Rn. 8; § 127 Rn. 27; OLG Hamm Rpfleger 86, 139; KG, WM 67, 63.

[79] § 199 Abs. 1 FGG ermöglicht eine Spezialzuweisung. In Bayern ist das Oberste Landesgericht (Art. 11 Abs. 3 Nr. 1 Bay AGGVG), in Rheinland-Pfalz das OLG Zweibrücken (G.v. 15.6.49 § 1 in GVBl 333 i. d. F. des ÄndG v. 16.9.82 in GVBl 337) zuständig: vgl. Keidel/Kuntze/Winkler, § 28 Rn. 1; § 199 Rn. 1 f.

[80] Beispiele für Beschwerde und weitere Beschwerde sind LG Bielefeld WM 88, 217 ff.; OLG Hamm WM 88, 943 ff und LG Frankfurt a. M. WM 90, 592 ff; OLG Frankfurt a. M. WM 90, 596 ff.

[81] Keidel/Kuntze/Winkler, § 27 Rn. 26 f.; OLG Hamm WM 88, 943, 944. Entgegen Diekgräf, S. 83 ist bei einer Beschwerde gemäß §§ 19, 20 FGG auch die Zweckmäßigkeit zu überprüfen, vgl. Keidel/Kuntze/Winkler, § 23 Rn. 6 a; Habscheid, Freiwillige Gerichtsbarkeit, § 32 IV 2, S. 235; LG Frankfurt a. M. WM 90, 592 ff. Die von Diekgräf, S. 83 in Fn. 370 genannten Belegstellen stehen dem nicht entgegen.

einen erhöhten Bestandsschutz genießt.[82] Sie kann nur noch unter den Voraussetzungen der §§ 142 ff. FGG von Amts wegen gelöscht werden. Dennoch ist dem Anfechtungskläger nicht jeder Rechtsbehelf abgeschnitten.[83] Er hat die Möglichkeit, entweder beim Registergericht, das heißt nach § 125 Abs. 1 FGG beim Amtsgericht, oder gemäß § 143 Abs. 1 FGG beim Landgericht anzuregen, daß es die Eintragung nach §§ 142, 143, 144 Abs. 2 FGG als nichtig lösche.[84] § 143 Abs. 1 S. 1 FGG begründet insoweit ausnahmsweise eine konkurrierende Zuständigkeit des Landgerichts zu der des Registergerichts.[85] Bezeichnet der Anfechtungskläger sein Vorgehen als Beschwerde, so hat das Gericht sie als Anregung zur Amtslöschung nach §§ 142 ff. FGG umzudeuten.[86]

Bei der Anregung zur Löschung des Beschlusses handelt es sich nicht um einen Antrag, da das Amtslöschungsverfahren kein Antragsverfahren ist. Dennoch ist allgemein anerkannt, daß das erstinstanzlich angerufene Amts- oder Landgericht der Anregung nachzugehen hat.[87] Ob die Eintragung eines Hauptversammlungsbeschlusses gelöscht werden kann, bestimmt sich nach

[82] Fast allg. M.: OLG Karlsruhe Rpfleger 86, 140; Bay ObLG Rpfleger 86, 390; fast wortgleich:, DB 85, 383;, DB 84, 1518; Frankfurt a. M. OLGZ 83, 189, 190; OLG Hamm BB 81, 259, 260. Zur älteren Rspr. vgl. Baums, Eintragung, S. 167 Fn. 30. In der Literatur wird zwischen der innerdienstlichen Anweisung des Registerrichters an den Urkundsbeamten, den Rechtsakt einzutragen, und der Eintragung selbst unterschieden. In beiden Fällen wird eine Beschwerdemöglichkeit verneint: Keidel/Kuntze/Winkler, § 19 Rn. 5; Jansen, § 19 Rn. 15 f.; Bumiller/Winkler, § 19 Rn. 2 a aa; Habscheid, § 31 I 3 b, c, S. 221; wohl auch Godin/Wilhelmi, § 243 Anm. 6, der zwar von einer Beschwerde spricht, aber inhaltlich an die sogleich zu besprechende Amtslöschung anknüpft. Nur Baums, Eintragung, S. 167 ff., 175 f. und BB 81, 263, 264 bejaht die Beschwerdemöglichkeit gegen die innerdienstliche Eintragungsanweisung, obwohl sie doch keine Außenwirkung hat und daher die Rechte der Beteiligten nicht verletzen kann. In der Rechtsprechung wird nur ausnahmsweise ein Beschwerderecht angenommen, wenn das Registergericht diese Eintragungsanweisung den Beteiligten bekanntgegeben hat: Stuttgart OLGZ 70, 419, 420; 74, 340, 341; Rpfleger 75, 97; auch Keidel/Kuntze/Winkler, § 19 Rn. 5 mit Fn. 11 b.

[83] A. A. Heckschen, Verschmelzung, S. 44.

[84] OLG Hamm OLGZ 74, 139; Bay ObLGZ 55, 333, 339; OLG Frankfurt a. M. Rpfleger 76, 213; Keidel/Kuntze/Winkler, § 142 Rn. 20; Bumiller/Winkler, § 142 Rn. 7; Keidel/Schmatz/Stöber Rz.1392.

[85] Keidel/Kuntze/Winkler, § 143 Rn. 1.

[86] Bay ObLG, DB 85, 383; OLG Hamm NJW 63, 1554; Bay ObLGZ 77, 321, 322; Keidel/Kuntze/Winkler, § 142 Rn. 20; Jansen § 19 Rn. 16, § 142 Rn. 25, § 143 Rn. 3; Keidel-Schmatz-Stöber Rz.1392.

[87] Bay ObLGZ 55, 333, 339; OLG Frankfurt a. M. Rpfleger 76, 213; Keidel/Kuntze/Winkler, § 142 Rn. 20; Keidel/Schmatz/Stöber Rz. 1392.

§ 144 Abs. 2 FGG, der gegenüber § 142 Abs. 1 FGG lex specialis ist.[88] Unklar ist, ob § 144 Abs. 2 FGG auch Anwendung findet, wenn nicht der Hauptversammlungsbeschluß, sondern der Rechtsakt selbst einzutragen ist. So sind die Satzungsänderung, die Durchführung der Kapitalerhöhung, die Eingliederung, der Unternehmensvertrag, die Verschmelzung, die Vermögensübertragung und die formwechselnde Umwandlung einzutragen.[89] § 144 Abs. 2 FGG hätte dann nur Bedeutung bei einer übertragenden Umwandlung,[90] in einigen Fällen der Kapitalerhöhung[91] und bei der Kapitalherabsetzung.[92] Eine ungleiche Bewertung der verschiedenen Arten der Umwandlung und der Kapitalerhöhung und -herabsetzung ist nicht gerechtfertigt. Stattdessen trifft auf alle Hauptversammlungsbeschlüsse gleichermaßen die Ratio des § 144 Abs. 2 FGG zu, daß tief in das Gesellschaftsgefüge eingreifende Maßnahmen einen erhöhten Vertrauensschutz genießen.[93] § 144 Abs. 2 FGG ist daher stets anwendbar.[94]

Das Gericht wird eine Löschung wegen des erhöhten Bestandsschutzes der Eintragung nur verfügen, wenn an der Rechtswidrigkeit der Eintragung keine

---

[88] OLG Hamm BB 81, 259, 261; OLG Karlsruhe OLGZ 86, 155, 157; Keidel/Kuntze/Winkler, § 144 Rn. 20; Baums, BB 81, 262, 264.

[89] Vgl.: §§ 181 Abs. 3, 188 Abs. 1, 294 Abs. 1 S. 1; § 319 Abs. 3 S. 1; 345 Abs. 1 S. 1, 359 Abs. 2 S. 1, 365 S. 1 AktG.

[90] Hier zeigt sich exemplarisch, daß der Gesetzgeber die Folgen seiner Wortwahl nicht hinreichend bedacht hat: Bei der übertragenden Umwandlung ist gemäß § 4 Abs. 2 UmwG der Beschluß einzutragen, für die formwechselnde Umwandlung spricht § 365 S. 1 AktG von der "Eintragung der Umwandlung", obwohl nach § 364 S. 1 AktG der Umwandlungsbeschluß anzumelden ist.

[91] Dies betrifft die Fälle, in denen keine konstitutiv wirkende Eintragung der Durchführung einer Kapitalerhöhung erfolgt: §§ 195, 202 Abs. 2 S. 1, 207, 223, 229, 237 AktG, nicht aber den Regelfall der Kapitalerhöhung gemäß § 189 AktG.

[92] §§ 223, 229 Abs. 3, 237 Abs. 2 S. 1, Abs. 4 S. 5 AktG.

[93] Begr. RegE bei Kropff zu § 294 S. 382.

[94] Für die Anwendung des § 144 Abs. 2 FGG bei der Löschung einer Eintragung betreffend die Durchführung einer Kapitalerhöhung: Karlsruhe OLGZ 86, 155, 157. Zustimmend: Bokelmann, OLG Karlsruhe EWiR § 144 FGG 1/86, 367, 368; Lutter/Friedewald, ZIP 86, 691, 693; weitgehend auch Hefermehl/Bungeroth, in: Geßler/Hefermehl/ Eckardt/Kropff, § 189 Rn. 40 f.; a. A. noch Baumbach/Hueck, § 188 Anm. 4; Lutter, in: Kölner Komm., § 189 Rn. 6; Godin/Wilhelmi, § 188 Anm. 8; auch KGJ 28 A 228. Für § 144 Abs. 2 FGG bei der Löschung der Eintragung der Eingliederung: OLG Hamm BB 81, 259, 260 mit zust. Anm. Baums, BB 81, 262, 264. Für § 144 Abs. 2 FGG bei der Löschung einer Verschmelzung: bereits KGJ 37, A 152, A 154; KG, JW 36, 1383. Für § 142 f. FGG bei der Löschung eines Beherrschungs- und Gewinnabführungsvertrags: OLG Zweibrücken WM 88, 1826, 1827, ohne die Problematik zu berühren, ablehnend daher Peterhoff, WuB II A., § 291 AktG 1.89.

Zweifel bestehen.[95] Die Beurteilung der Rechtmäßigkeit der Eintragung ist aber, abgesehen von offensichtlich begründeten oder offensichtlich unbegründeten Klagen kaum möglich. Dessen war sich bereits der Gesetzgeber bewußt: "In dem Fall, daß eine Nichtigkeits- oder Anfechtungsklage seitens eines Beteiligten gegen die Gesellschaft erhoben ist, wird der Registerrichter, wie es der Natur der Sache entspricht, zunächst den Ausgang des Rechtsstreits abzuwarten haben".[96]

Gegen die Ablehnung der Löschung der Eintragung kann der Opponent Beschwerde nach §§ 19 Abs. 1, 20 Abs. 1 FGG einlegen, wenn die Ablehnungsverfügung ihn in seinen Rechten unmittelbar beeinträchtigt.[97] Aus diesem Grundsatz folgt nach ständiger Rechtsprechung[98] ein Beschwerderecht des Aktionärs, der gegen den umstrittenen Hauptversammlungsbeschluß Widerspruch eingelegt und rechtzeitig Klage erhoben hat. In der Literatur ist diese Auslegung zwar umstritten,[99] im Ergebnis bejaht aber auch die ganz herr-

---

[95] OLG Zweibrücken WM 88, 1826, 1828; Bay ObLGZ 58, 16, 21; 79, 351, 356; Keidel/Kuntze/Winkler, § 142 Rn. 17; § 144 Rn. 31; Bumiller/Winkler, § 142 Rn. 7; § 144 Rn. 5; Jansen § 142 Rn. 9; Keidel-Schmatz-Stöber Rz.91. Das OLG Zweibrükken weist zusätzlich darauf hin, daß eine Löschung bei ungewisser Rechtslage nach den Interessen der Beteiligten zu beurteilen ist. Dem ist zuzustimmen, sofern nicht dabei die Interessen Dritter, etwa der Gläubiger der Gesellschaft übersehen werden.

[96] Vgl. Denkschrift zum FGG in Hahn/Mugdan, Materialien Bd. VII, S. 71. Aus der Rechtsprechung und Literatur: OLG Hamm WM 88, 943, 944; Godin/Wilhelmi, § 243 Anm. 6; Fischer, in: GroßKomm.², § 148 Anm. 9; Schlegelberger/Quassowski, § 197 Rn. 8; Jansen, § 127 Rn. 6; Hüffer, in: Geßler/Hefermehl/Eckardt/Kropff, § 243 Rn. 134.

[97] Schlegelberger, § 20 Rn. 24. Im Bemühen um eine restriktive Fassung sind die Formulierungen unterschiedlich. Keidel/Kuntze/Winkler, § 142 Rn. 21 hält die Verletzung eines Sonderrechts für erforderlich, Jansen, § 142 Rn. 17 und Bassenge/Herbst, § 142 Rn. 7 die Verletzung eines Individualrechts.

[98] KGJ 37, A 152, A 153 f.; 41, A 157, A 159; KG JFG 1, 253, 255 f.; Bay ObLGZ 55, 333, 339; KG OLGZ 1967, 97, 100; OLG Hamm BB 81, 259, 260; OLG Zweibrücken, ZIP 89, 241. A. A. für einen Sonderfall: OLG Zweibrücken WM 90, 598 f.: Ein Beschwerderecht des Aktionärs bestehe nicht gegen die Eintragung einer Verschmelzung in das Handelsregister des Sitzes der übertragenden Gesellschaft. Eine unmittelbare Beeinträchtigung der Mitgliedschaftsrechte liege nicht vor, da die konstitutive Wirkung der Verschmelzung nach § 346 Abs. 3, 4 AktG erst mit der Eintragung bei der übernehmenden Gesellschaft eintritt.

[99] Der Rspr. zustimmend: Keidel/Kuntze/Winkler, § 142 Rn. 21; § 20 Rn. 104; Bassenge/Herbst § 142 Rn. 7; Baumbach⁵, § 197 AktG Anm. 1 B; Godin/Wilhelmi, § 243 Anm. 6; wohl auch Zöllner, in: Kölner Komm., § 181 Rn. 27; a. A. : Jansen, § 142 Rn. 17; Schlegelberger, § 20 Rn. 24; Baums, Eintragung, S. 174 f.; Baumbach/Hueck, § 243 Anm. 3; Josef, Holdh.Mschr 19 (1910), 127.

schende Meinung[100] eine Beschwerdebefugnis des Aktionärs bei der Ablehnung der Löschung einer Eintragung. Für die sich unter Umständen anschließende weitere Beschwerde gilt das oben[101] bereits Gesagte.

c) Eintragungssperre bei erforderlicher Negativerklärung

Bei der Eintragung einer Eingliederung nach §§ 319 ff. AktG, einer Verschmelzung nach §§ 339 ff. AktG und einer Vermögensübertragung nach §§ 359 f. AktG, die nach §§ 319 Abs. 4, 346 Abs. 3, 359 Abs. 2 S. 1 AktG jeweils konstitutiv wirkt, scheint das Registergericht des Problems des Ermessens einer Aussetzung der Eintragungsverfügung enthoben. Denn nach § 345 Abs. 2 S. 1, AktG haben die Vorstände der an der Verschmelzung beteiligten Gesellschaften und nach §§ 319 Abs. 3 S. 2, 359 Abs. 2 S. 1 AktG der Vorstand der einzugliedernden oder vermögensübertragenden Gesellschaft zu erklären, daß die Hauptversammlungsbeschlüsse innerhalb der Anfechtungsfrist nicht angefochten worden sind oder daß die Anfechtung rechtskräftig zurückgewiesen worden ist.[102] Solange eine Anfechtungsklage rechtshängig ist, kann die Aktiengesellschaft diese Erklärung nicht abgeben.

Dennoch haben das LG Bielefeld[103] und das OLG Hamm[104] die Ansicht vertreten, § 345 Abs. 2 S. 1 AktG enthalte keine Registersperre, die zwingend die Eintragung einer Verschmelzung bei einer erhobenen Anfechtungsklage verhindere. Allerdings fügten die Gerichte einschränkend hinzu, daß die

---

[100] So bejaht Jansen, § 142 Rn. 17 ein Beschwerderecht bei Kapitalerhöhungsbeschlüssen und der Eintragung einer Verschmelzung. Ebenso Schlegelberger, § 20 Rn. 24 und Josef, Holdh.MSchr 19 (1910), 127 f. Der Entscheidung des OLG Karlsruhe OLGZ 86, 155, 157, die eine Beschwerde gegen die Ablehnung der Löschung eines Durchführungsbeschlusseseines Kapitalerhöhungsbeschlussesbetrifft, stimmen zu: Lutter/Friedewald, ZIP 86, 691, 692; Bokelmann, OLG Karlsruhe EWiR § 144 FGG 1/86, 367.

[101] Vgl. oben S. 33.

[102] Eine entsprechende Regelung enthält der Diskussionsentwurf des Bundesministeriums der Justiz zur Umsetzung der 6. EG (Spaltungs-) Richtlinie vom 17.12.82 (82/891/EWG) bei Lutter, Europäisches Gesellschaftsrecht, S. 159 ff. in einem einheitlichen Verschmelzungs- und ÜbertragungsG zu jedem Regelungsabschnitt, vgl. §§ 16 Abs. 2, 140 S. 1, 169, 195, 235, 236, 262 Abs. 3.

[103] LG Bielefeld WM 88, 217, 219; hierin folgend der Vorinstanz, vgl. LG Bielefeld WM 88, 218.

[104] OLG Hamm WM 88, 943. Ebenso: LG Frankfurt a. M. WM 90, 592 ff; a. A. das OLG Frankfurt a. M. WM 90, 596 ff.; dagegen jetzt BGH WM 90, 1372 ff.; vgl. insbesondere unten S. 39 mit Fn. 117.

Eintragung "*allenfalls*"[105] dann in Betracht kommen könne, "wenn diese offensichtlich unzulässig oder unbegründet seien, so daß vernünftigerweise keine andere Entscheidung als eine Zurückweisung in Betracht käme".[106] Das zielt darauf ab, bei einem mißbräuchlichen Verhalten des Anfechtungsklägers die Möglichkeit einer Eintragung der Verschmelzung zu begründen. Zwar kann ein mißbräuchliches Verhalten eines Aktionärs nicht den Schutz der Rechtsordnung genießen, im Ergebnis ist den Urteilen also zuzustimmen, doch kann das Ergebnis kaum mit dem Wortlaut des § 345 Abs. 2 S. 1 AktG begründet werden.[107] Demgegenüber machen beide Gerichte geltend, daß § 345 Abs. 2 S. 1 AktG nicht ausdrücklich eine Registersperre formuliere.[108] Der Wortlaut der Vorschriften weist jedoch in die gegenteilige Richtung. § 345 Abs. 2 S. 1 AktG enthält mit der Unanfechtbarkeits- bzw. Klageabweisungserklärung eine zusätzliche Eintragungsvoraussetzung, die auch nicht weniger deutlich als in § 345 Abs. 3 S. 4 AktG formuliert ist.[109] Der Unterschied liegt lediglich darin, daß Abs. 3 S. 4 eine Negativformulierung enthält, Abs. 2 S. 1 dagegen positiv gefaßt ist. Auch die Entstehungsgeschichte spricht eine deutliche Sprache. So heißt es in der Begründung des Regierungsentwurfs zum AktG 1965[110] zur Erläuterung des § 345 Abs. 2 S. 1 AktG: "Dadurch wird verhindert, daß die Verschmelzung in das Handelsregister eingetragen wird,...". Es handelt sich hierbei durchaus um eine bewußte Wortwahl handelt, denn die im übrigen wörtlich übernommene Formulierung der Begründung zum Referentenentwurf lautete: "Dadurch soll verhindert werden,...".[111]

Die Auslegung des § 345 Abs. 2 S. 1 AktG, des insoweit wortgleichen 319 Abs. 3 S. 2 AktG sowie des auf § 345 Abs. 2 AktG verweisenden § 359 Abs. 2 S. 1 AktG kann nur zu dem Ergebnis führen, daß diese Vorschriften eine Registersperre enthalten.

Die Eintragung einer Verschmelzung, einer Vermögensübertragung oder einer Eingliederung trotz einer mißbräuchlich erhobenen Anfechtungsklage[112]

---

[105] Hervorhebung im Original.

[106] LG Bielefeld WM 88, 217, 219; Diekgräf, S. 73, 74.

[107] Ebenso: OLG Frankfurt a. M. WM 90, 596, 597 f.; BGH WM 90, 1372, 1373.

[108] LG Bielefeld WM 88, 217, 218; OLG Hamm WM 88, 943, 944. Jetzt auch LG Frankfurt a. M. WM 90, 592, 594; Timm/Schick, DB 90, 1221, 1222 mit Fn. 15; Lüke, ZGR 90, 657, 673.

[109] A. A. OLG Hamm WM 88, 943, 944; zustimmend Diekgräf, S. 72.

[110] Begr. RegE § 345 bei Kropff, S. 459. Hinzu kommt die Begr. RegE bei Kropff zu § 352 AktG S. 465, vgl. unten S. 41 mit Fn. 125. Ebenso zur historischen Auslegung jetzt auch ausführlich BGH WM 90, 1372, 1374 f.

[111] Begr. RefE zu § 302 S. 426.

[112] Zur mißbräuchlichen Anfechtungsklage ausführlich unten Teil C, S. 100 ff.

kann nur mit einer teleologischen Reduktion der §§ 319 Abs. 3 S. 2, 345 Abs. 2 S. 1, 359 Abs. 2 S. 1 AktG begründet werden.[113] Wenn ein Opponent die Registersperre als ein Mittel zum Mißbrauch des Anfechtungsrechts einsetzt, steht dies ihrer Ratio entgegen, einen klagenden Aktionär vor einem endgültigen Schaden zu bewahren. Die Regelung der uneingeschränkten Registersperre erweist sich hier als zu weit, weil sie ihrem eigenen Zweck einer pauschalierten Abwägung der Interessen der Aktiengesellschaft und des Aktionärs nicht mehr gerecht wird.[114] Dies rechtfertigt eine teleologische Reduktion der Vorschriften. Die Notwendigkeit der Reduktion folgt zudem nicht nur aus dem Regelungszweck der Norm selbst. Es ist gleichermaßen der im gesamten Rechtsverkehr zu wahrende allgemeine Rechtsgrundsatz von Treu und Glauben,[115] der dem Schutz eines mißbräuchlich handelnden Aktionärs entgegensteht.[116]

Bei mißbräuchlichen Klagen ist eine Registereintragung einer Eingliederung, eines Verschmelzungsvertrags oder einer Vermögensübertragung also nicht durch §§ 319 Abs. 3 S. 2, 345 Abs. 2 S. 1, 359 Abs. 2 S. 1 AktG ausgeschlossen.

Die hier dargelegte Auffassung hat nun ebenfalls der BGH sowohl im Ergebnis als auch in der Begründung vertreten.[117]

Der Schutz der Aktiengesellschaft mittels der teleologischen Reduktion der in §§ 319 Abs. 3 S. 2, 345 Abs. 2 S. 1, 359 Abs. 2 S. 1 AktG angeordneten Registersperre ist dennoch gering. Das Registergericht kann zwar eine Han-

---

[113] Ebenso jetzt Baums, in: Aktionärsverhalten S. 85, 86. In der Sache auch BGH WM 90, 1372, 1377.

[114] A. A. OLG Frankfurt a. M. WM 90, 596, 598: Der Gesetzgeber könne die Möglichkeit des Mißbrauchs des Anfechtungsrechts nicht übersehen haben und habe bewußt selbst für diesen Fall die Registersperre hingenommen.

[115] BGH NJW 60, 673; RGZ 113, 19, 24. Prägnant jetzt auch der BGH WM 90, 1372, 1377: "Rechtsmißbrauch steht niemals unter dem Schutz des Gesetzes."

[116] Zu der Einschränkung einer Norm "durch ein für eine bestimmte Fallgruppe vorrangiges, dem Gesetz immanentes Prinzip" vgl. Larenz, Methodenlehre, S. 376.

[117] BGH WM 90, 1372 ff. Das Verfahren hatte das OLG Frankfurt a. M. WM 90, 596 ff. dem BGH nach § 28 Abs. 2 S. 1 FGG vorgelegt, da es von der Entscheidung des OLG Hamm WM 88, 943 abweichen und eine Eintragung ablehnen wollte. Das, AG Frankfurt a. M. hatte in dem Verfahren ursprünglich die Eintragung des Hauptversammlungsbeschlusses ausgesetzt, das LG Frankfurt a. M. WM 90, 592, 594 dagegen die weitere Durchführung des Eintragungsverfahrens auf eine Beschwerde der anmeldenden Gesellschaft angeordnet. Der Vorlagebeschluß des OLG Frankfurt a. M. auf die weitere Beschwerde war auch Anlaß für weitere Stellungnahmen in der Literatur: Timm/Schick, DB 90, 1221 ff.; Lüke, ZGR 90, 657 ff.

delsregistereintragung vornehmen, wenn es von einem mißbräuchlichen Verhalten des Aktionärs überzeugt ist. Aber es besteht keine umfassende Prüfungspflicht des Gerichts, ob ein solches Verhalten vorliegt.[118] Das ist Gegenstand des Verfahrens der Hauptsache und ermöglicht gerade dem Registergericht die Aussetzung des Verfahrens nach § 127 FGG, also ein Absehen von der sofortigen Eintragung des angefochtenen Beschlusses.[119] Das Registergericht handelt bei der Aussetzung des Eintragungsverfahrens bereits dann pflichtgemäß, wenn es eine Eintragung nicht vornimmt, weil die Mißbräuchlichkeit des Aktionärsverhaltens nicht offensichtlich ist.[120] Auch das LG Bielefeld und das OLG Hamm haben daher im Ergebnis keine Eintragung angeordnet.[121]

Die teleologische Reduktion der Registersperre darf jedoch wiederum nicht den schutzwürdigen Interessen eines nicht mißbräuchlich klagenden Aktionärs entgegenstehen. Die vorläufige Eintragung einer Verschmelzung oder einer Vermögensübertragung kann daher nicht zu dem Ergebnis führen, daß die beschlossene Maßnahme endgültig wirksam ist und auch eine Nichtigerklärung des Beschlusses im Anfechtungsrechtsstreit hieran nichts mehr zu ändern vermag.[122] Das läge allerdings bei einer strikten Anwendung des § 352 a

---

[118] Zur fehlenden Ermittlungspflicht des Registergerichts vgl. oben S. 32 mit Fn. 75. Ebenso BGH WM 90, 1372, 1374, 1377.

[119] Auch bei Bestehen einer Registersperre wird das Eintragungsverfahren nur nach § 127 FGG ausgesetzt, nicht aber der Antrag abgewiesen: OLG Hamm WM 88, 943, 944 mit zust. Anm. Winkler, OLG Hamm EWiR § 345 AktG 1/88, 639, 640; LG Bielefeld WM 88, 217, 218; Heckschen, Verschmelzung, S. 38; ders., WuB II. A. § 345 AktG 1.90 m. w. N.; im Ergebnis auch Diekgräf, S. 71 f. Die Zurückweisung des Eintragungsantrags wird wegen §§ 345 Abs. 3 S. 4, 359 Abs. 2 S. 1, 360 Abs. 2 S. 1 AktG als unangemessen bewertet. Zustimmend: BGH WM 90, 1372, 1378. In Betracht kommt aber nur eine analoge Anwendung des § 127 FGG, da nach dem Wortlaut des § 345 Abs. 2 S. 1 AktG die Negativerklärung "bei der Anmeldung" zu erbringen ist. Da diese fehlt, ist die Eintragung nicht von der Beurteilung des streitigen Rechtsverhältnisses abhängig. Für eine Abweisung des Antrags anstatt einer Aussetzung: Zöllner, in: Kölner Komm., § 243 Rn. 40; Hüffer, in: Geßler/Hefermehl/Eckardt/Kropff, § 243 Rn. 135.

[120] Auf die Offensichtlichkeit stellt auch BGH WM 90, 1372, 1377 ab.

[121] Insoweit ist den oben angeführten Urteilen zuzustimmen: LG Bielefeld, WM 88, 217, 219; OLG Hamm WM 88, 639, 640. Das LG Frankfurt a. M. WM 90, 592, 594 hat hingegen in einem anderen Rechtsstreit das Registergericht angewiesen, einen Verschmelzungsbeschluß einzutragen. Dagegen wiederum das OLG Frankfurt a. M. WM 90, 596, 597. Auch der BGH WM 90, 1372, 1379 hat im Ergebnis den amtsgerichtlichen Aussetzungsbeschluß wiederhergestellt.

[122] Für eine Einschränkung auch Martens, AG 86, 57, 63; Geßler, § 352 a Rn. 2; Timm, in: Aktionärsverhalten, S. 1, 23. Martens bejaht allerdings unter Heranziehung der Grundsätze der fehlerhaften Gesellschaft nur eine Nichtigkeit ex nunc. Die An-

AktG und der Verweisungsvorschriften der §§ 359 Abs. 2 S. 1, 360 Abs. 2 S. 1 AktG nahe.[123] So stehen nach dem Wortlaut des § 352 a AktG Mängel der Verschmelzung ihrer Wirksamkeit nicht mehr entgegen, sobald sie in das Handelsregister eingetragen ist.[124] Diese Regelung schränkte nach Ansicht des Gesetzgebers den Schutz des Anfechtungsklägers nicht ein, weil § 345 Abs. 2 S. 1 AktG einer Eintragung des Hauptversammlungsbeschlusses gerade zwingend entgegenstehen sollte, solange eine Anfechtungsklage rechtshängig ist.[125] Soweit § 345 Abs. 2 S. 1 AktG eine Eintragung nicht ausschließt, ist daher der Schutz des Klägers vor einer endgültigen Wirksamkeit des Hauptversammlungsbeschlusses auf eine andere Weise sicherzustellen. Dies kann nur durch eine teleologische Reduktion des § 352 a AktG erfolgen. Demnach werden durch die Eintragung einer Verschmelzung keine Rechtsmängel geheilt, wenn das Registergericht sie trotz einer rechtshängigen Anfechtungsklage vornimmt. Gleiches gilt für die vorläufige Eintragung und Durchführung einer Vermögensübertragung.

Das Gericht hat daher die Eintragung einer Verschmelzung oder einer Vermögensübertragung wieder zu löschen, wenn es sie zunächst trotz einer bevorstehenden oder rechtshängigen Anfechtungsklage vorgenommen hat. Demgegenüber muß das Schutzinteresse der Aktiengesellschaft, nicht den Folgen einer Entschmelzung ausgesetzt zu sein, zurücktreten. Dieses Risiko muß die Aktiengesellschaft tragen, sofern sie eine Verschmelzung trotz der rechtshängigen Anfechtungsklage durchführt.

---

wendbarkeit dieser Grundsätze wird auch bei anderen fehlerhaften Unternehmenszusammenschlüssen diskutiert. Für eine ex tunc Wirkung: Koppensteiner, in: Kölner Komm., § 297 Rn. 35 f.; Köhler, ZHR 85, 307, 310 f., 321 mit Fn. 34; Timm, in: Aktionärsverhalten, S. 1, 23. Ebenso für die GmbH bei einer nichtigen Verschmelzung: Priester, in: Scholz, § 31 KapErhG Rn. 7; Fischer/Lutter/Hommelhoff § 31 KapErhG Rn. 4. Für die GmbH besteht keine mit § 352 a AktG vergleichbare Regelung.

[123] Das LG Frankfurt a. M. WM 90, 592, 595 spricht allerdings ohne Einschränkung von dem Wirksamwerden der Verschmelzung. Das LG Bielefeld WM 88, 217, 218 und das OLG Hamm WM 88, 943, 944, die keine Eintragung angeordnet haben, erörtern die Eintragungsfolgen nicht.

[124] Heckschen, Verschmelzung, S. 62; Möhring/Nirk/Tank Rz. 801; Priester, NJW 83, 1459, 1464 f.; Zimmermann, in: Rowedder, Anh. § 77 Rn. 418; Köhler, ZGR 85, 307, 324; eindeutig auch die Gesetzesbegründung: Begr. RegE BTDS 9/1065, S. 20, abgedruckt bei Geßler, § 340 Rn. 8-10.

[125] Vgl. zu § 352 a AktG: Begr. RegE. bei Kropff zu § 352 S. 465. Auch diese Begründung spricht dafür, die Vorschrift des § 345 Abs. 2 S. 1 AktG als Registersperre zu bewerten.

Solange das Registergericht die Anfechtungsklage nicht als mißbräuchlich erachtet, ist es an die strikte Registersperre des § 345 Abs. 2 S. 1 AktG gebunden.[126] Sie enthält die Wertung des Gesetzgebers, daß angesichts der erheblichen Beeinträchtigung der Mitgliedschaftsrechte eines anfechtenden Aktionärs durch einen möglicherweise rechtswidrigen Eingliederungs-, Verschmelzungs- oder Vermögensübertragungsbeschlusses das Interesse der Aktiengesellschaft an einer sofortigen Durchführung des Beschlusses nicht wesentlich überwiegt.[127]

Erachtet die Aktiengesellschaft das Verhalten des Opponenten als mißbräuchlich, so kann sie gegen eine Aussetzung der Eintragungsverfügung wiederum Beschwerde und weitere Beschwerde einlegen.[128] Der Aktionär wiederum kann bei einer Eintragung des Beschlusses die Amtslöschung nach § 144 Abs. 2, 142, 143 FGG anregen und gegen die Zurückweisung Beschwerde und weitere Beschwerde einlegen.[129]

2. Einstweilige Verfügung

a) Antrag des Aktionärs auf Erlaß einer einstweiligen Verfügung

Die Aktiengesellschaft kann nicht nur durch eine fehlende Registereintragung an dem Vollzug des Hauptversammlungsbeschlusses gehindert werden, sondern auch durch eine von dem Opponenten bei dem Gericht der Hauptsache erwirkten einstweiligen Verfügung nach § 940 ZPO. In der Literatur findet sich zwar der Hinweis, der anfechtende Aktionär würde hiervon zumeist absehen, um nicht der verschuldensunabhängigen Haftung aus § 945 ZPO ausgesetzt zu sein.[130] Das prominente Beispiel der Auseinandersetzung der Israel British Bank mit der VW-AG bei dem Streit um die Eintragung eines Beherrschungs-

---

[126] Nunmehr ausdrücklich auch BGH WM 90, 1372, 1377; weiter Lüke, ZGR 90, 657, 679 f.

[127] Das LG Bielefeld WM 88, 220 hat dargelegt, daß Gründe, die in der Mehrzahl der aller Verschmelzungsfälle vorliegen, eine Eintragung nicht rechtfertigen könnten. Möglich sei dies allerdings, wenn "äußerst gravierende Umstände auf seiten der beteilgten Gesellschaften ... die sofortige Wirksamkeit der Verschmelzung *geradezu unabweislich* machten". Bestätigend: OLG Hamm WM 88, 943, 945.

[128] Vgl. oben S. 33 unter bb.

[129] Vgl. oben S. 33 unter cc.

[130] Lutter, ZGR 78, 347, 360; Baums, BB 81, 262, 263; vgl. Hüffer, in: GroßKomm., HGB § 16 Rn. 30 f.; Heinze, ZGR 79, 293, 320 f.

vertrags zwischen VW und Audi/NSU[131] zeigt aber, daß eine einstweilige Verfügung auch praktisch bedeutsam sein kann.

Für den Erlaß einer einstweiligen Verfügung ist nach §§ 937 Abs. 1, 943 Abs. 1 ZPO das Gericht der Hauptsache zuständig. Der Antrag des Aktionärs kann darauf gerichtet sein, daß der Antragsgegner, d. h. die Aktiengesellschaft, einen Eintragungsantrag zu unterlassen oder zurückzunehmen hat oder den streitigen Hauptversammlungsbeschluß einstweilen nicht ausführen darf.[132] Das Gericht hat bei seiner Entscheidung eine Interessenabwägung vorzunehmen,[133] bei der es die gleichen Kriterien zu berücksichtigen hat wie das Registergericht bei seiner Entscheidung, ob es eine Eintragung trotz der Rechtshängigkeit einer Anfechtungsklage vornehmen soll. Es muß die mögliche Beeinträchtigung der mitgliedschaftlichen Rechte des Aktionärs infolge einer Umsetzung einer rechtswidrigen Maßnahme gegen die wirtschaftlichen Folgen auf Seiten der Aktiengesellschaft bei Nichtdurchführung einer rechtmäßigen Maßnahme abwägen.

Aus § 16 Abs. 2 HGB ergibt sich, daß der anfechtende Aktionär jedoch auch beantragen kann, daß das Gericht der Hauptsache durch einstweilige Verfügung die Eintragung des Rechtsaktes in das Handelsregister für unzulässig erklärt.[134] Auch hier hat das Gericht bei der Interessenabwägung den gleichen Maßstab anzuwenden. Die Regelungsverfügung richtet sich nicht unzulässigerweise unmittelbar gegen das Registergericht, sie ergeht vielmehr in einem Verfahren zwischen den Prozeßparteien und entfaltet unter ihnen ihre Rechtswirkung. Dennoch ist gemäß dem Wortlaut des § 16 Abs. 2 HGB unmittelbar die Unzulässigkeit der Eintragung zu verfügen und nicht ein Verbot an die Antragsgegnerin, eine Eintragung zu beantragen. Das Registergericht ist zwar nicht Adressat der Verfügung, aber unmittelbar in seiner Entscheidung gebun-

---

[131] Vgl. BGH WM 76, 449, 450 unter 4; zu weiteren Verfahren vgl. Heinze, ZGR 79, 293, 322 ff.

[132] Lüke, ZGR 90, 657, 676; Zöllner, in: Kölner Komm., § 242 Rn. 13; A. Hueck, Anfechtbarkeit, S. 183; Hüffer in Geßler/Hefermehl/Eckardt/Kropff, § 243 Rn. 148 f.; Schilling, in: GroßKomm., § 243 Rn. 30 a. E.; Heinze, ZGR 79, 293, 315; Damm, ZHR 154, (1990), 413, 437 f.

[133] Grunsky, in: Stein/Jonas, § 940 Rn. 12; Rosenberg/Gaul/Schilken, § 76 II 2b, , S.84 mit Fn. 23.

[134] Zöllner, in: Kölner Komm., § 242 Rn. 14; Schilling, in: GroßKomm., § 243 Rn. 30 a. E.; Timm, in: Mißbräuchliches Aktionärsverhalten, S. 1, 20; Lüke, ZGR 90, 657, 676; Baur, ZGR 72, 421, 426; Heinze, ZGR 79, 293, 315. LG Heilbronn AG 71, 372. Weitere Entscheidungen zu § 16 Abs. 2 HGB: LG Düsseldorf DB 60, 172, OLG Düsseldorf DB 60, 520, 523.

den.[135] Es darf die Eintragung nicht gegen den Widerspruch des Aktionärs, der die einstweilige Verfügung erwirkt hat, anordnen.[136] Hat das Registergericht die Eintragung bereits verfügt, so kann der Aktionär eine Löschung derselben nicht nach § 16 Abs. 2 HGB erlangen. Hier bleibt dem Aktionär nur das Amtslöschungsverfahren.[137]

Gegen die vom Aktionär ohne mündliche Verhandlung erwirkte einstweilige Verfügung kann die Aktiengesellschaft Widerspruch nach §§ 936, 924, 925 ZPO bei dem Gericht einlegen, das die einstweilige Verfügung erlassen hat.[138] Gegen das Urteil ist die Berufung möglich.[139] Nach § 927 Abs. 1 ZPO kann die Aktiengesellschaft auch Aufhebung der einstweiligen Verfügung wegen veränderter Umstände beantragen oder die Aufhebung nach § 926 Abs. 2 ZPO verlangen.

b) Antrag der Aktiengesellschaft auf Erlaß einer einstweiligen Verfügung

Auch die Aktiengesellschaft wird erwägen, ob sie mittels einer einstweiligen Verfügung ihre Rechtsstellung für die Dauer des Anfechtungsrechtsstreits verbessern kann. Die Aktiengesellschaft könnte eine einstweilige Verfügung des Prozeßgerichts auf Eintragung des angemeldeten Rechtsakts in das Handelsregister beantragen. Das wäre eine Parallele zu der gerade dargestellten einstweiligen Verfügung des Aktionärs gemäß § 16 Abs. 2 HGB. Die Bedeutung dieses Rechtsbehelfs beschränkte sich allerdings darauf, der Aktiengesellschaft ein weiteres Rechtsmittel neben der Beschwerde und der weiteren

---

[135] Es ist allgemein anerkannt, daß die einstweilige Verfügung eine vollstreckbare Entscheidung im Sinne des § 16 Abs. 2 HGB ist: Hüffer, in: GroßKomm., § 16 HGB Rn. 25; Hildebrandt/Steckhan, in: Schlegelberger, § 16 Rn. 6; Sonnenschein in: Heymann, § 16 Rn. 11; Bondi in: Staub, § 16 Rn. 8; Hüffer, in: Geßler/Hefermehl/Eckardt/Kropff, § 243 Rn. 151; ebenso bereits die Denkschrift zum HGB bei Hahn/-Mugdan Bd.VI, S. 214. In der Literatur erörtern Baur, ZGR 72, 421, 426 und Hüffer, in: GroßKomm., § 16 HGB Rn. 10 zwar eine teleologische Reduktion des § 16 Abs. 2 HGB; sie gilt jedoch gerade nicht bei einer einstweiligen Verfügung im Rahmen eines Anfechtungsverfahren: Baur, ZGR 72, 421, 426 unter 5.

[136] Der Widerspruch des Aktionärs kann dadurch erfolgen, daß er die einstweilige Verfügung beim Registergericht einreicht und sich zugleich erkennbar gegen eine Eintragung wendet: Hüffer , in: GroßKomm. HGB, § 16 Rn. 26.

[137] Vgl. oben S. 33 ff.

[138] Grunsky, in: Stein/Jonas, § 924 Rn. 17 mit Fn. 37.

[139] Erfolgte die einstweilige Verfügung nach mündlicher Verhandlung durch Urteil, so ist sofort Berufung einzulegen: Grunsky, in: Stein/Jonas, § 924 Rn. 8.

Beschwerde nach §§ 20, 27 FGG an die Hand zu geben, wenn das Registergericht die Eintragungsverfügung nach § 127 FGG ausgesetzt hat.

Die herrschende Meinung[140] erachtet einen solchen Antrag der Aktiengesellschaft aber wegen fehlenden Rechtsschutzinteresses als unzulässig. Die einstweilige Verfügung des Prozeßgerichts könne das Registergericht nicht in seiner Entscheidung binden. Der Registerrichter brauche sich bei der Ermessensabwägung, ob er eine Aussetzungsverfügung gemäß § 127 FGG erlasse oder aufrecht erhalte, nicht nach den Entscheidungen des Prozeßgerichts zu richten.

Zu einem anderen Ergebnis, der Bindung des Registergerichts, kann man allenfalls dann gelangen, wenn auch dem Endurteil des Prozeßgerichts uneingeschränkte Bindungswirkung zukommen würde, also eine Klageabweisung eine Eintragungspflicht zur Folge hätte. Lutter[141] hat aufgezeigt, daß der Registerrichter bei der Eintragung auch eine Kontrollfunktion im Interesse Dritter, also der Gläubiger der Aktiengesellschaft und der Allgemeinheit, wahrnimmt. Er kann daher bei seiner Entscheidung, die Eintragung zu verfügen, nicht an die nur die Parteien des Anfechtungsrechtsstreits bindenden Feststellungen gebunden sein.[142] Wenn also bereits das klageabweisende Endurteil keine Eintragungspflicht des Registergerichts zur Folge hat, dann kann erst recht keine einstweilige Verfügung im Verlauf des Rechtsstreits eine solche Pflicht des Registergerichts begründen. Ein hierauf gerichtetes Gesuch der Aktiengesellschaft ist deshalb mangels Rechtsschutzinteresses unzulässig.

Timm[143] hat nunmehr die Ansicht vertreten, die Aktiengesellschaft könne in analoger Anwendung des § 16 Abs. 2 HGB beim Prozeßgericht zumindest eine einstweilige Verfügung erwirken, die eine Eintragung im Handelsregister für unzulässig erklärt. Diese einstweilige Verfügung würde es dem Register-

---

[140] Zöllner, in: Kölner Komm., § 243 Rn. 46; Hüffer, in: Geßler/Hefermehl/Eckardt/Kropff, § 243 Rn. 152; Martens, AG 88, 118, 119; Baums, BB 81, 262, 263 Fn. 16; Lüke, ZGR 90, 657, 677; Diekgräf, S. 83. A. A. Hirte, BB 88, 1469, 1476; Heckschen, WM 90, 377, 386 in Anlehnung an Timm, in: Aktionärsverhalten, S. 1, 25 f. Zu Timm vgl. unten S. 45.

[141] Lutter, NJW 69, 1873, 1878.

[142] In der älteren Literatur wurde eine Eintragungspflicht noch bejaht: Hueck, Anfechtbarkeit, S. 253; Schlegelberger, § 127 FGG Rn. 10; KG RJA 15, 140, 141; KG OLG Rspr. 34, 348. In Folge der Ausführungen Lutters, NJW 69, 1873 ff. vertritt die ganz h. M. den gegenteiligen Standpunkt: Wiedemann, in: GroßKomm., § 181 Anm. 7 c; Schilling, in: GroßKomm., § 243 Anm. 32; Zöllner, in: Kölner Komm., § 243 Rn. 38; Hüffer, in: Geßler/Hefermehl/Eckardt/Kropff, § 243 Rn. 131.

[143] Timm, in: Aktionärsverhalten, S. 1, 26 f; Timm/Schick, DB 90, 1221, 1224; a. A.: Lüke, ZGR 90, 957, 977. Baums, in: Aktionärsverhalten, S. 85, 87 f.

richter gestatten, die Interessen des opponierenden Aktionärs nicht bei der Abwägung zu berücksichtigen, ob eine Eintragung trotz erhobener Anfechtungsklage vorgenommen werden solle. Eine solche einstweilige Verfügung sei erforderlich, um eine Waffengleichheit zwischen Aktionär und Aktiengesellschaft zu erreichen, da auch der Aktionär eine einstweilige Verfügung des Prozeßgerichts nach § 16 Abs. 2 HGB erlangen könne.

Bei seiner Argumentation verkennt Timm aber, daß die Möglichkeit des Aktionärs, eine solche einstweilige Verfügung zu erwirken, gerade erst die Waffengleichheit hergestellt hat. Denn dieses Verfahren ist das Gegenstück zu dem trotz Erhebung einer Anfechtungsklage möglichen Antrag der Aktiengesellschaft bei dem Registergericht, eine Eintragung zu verfügen. Die Möglichkeit eines weiteren Rechtsbehelfs der Aktiengesellschaft vermag auch inhaltlich nicht zu überzeugen, da das Prozeßgericht bei der Entscheidung über die einstweilige Verfügung keine weiteren Kriterien als das Registergericht bei der Prüfung der Eintragung heranzuziehen hätte. Dem Antrag der Aktiengesellschaft bei dem Prozeßgericht fehlt daher bereits das allgemeine Rechtsschutzinteresse, da sie durch den Antrag bei dem Registergericht, die Eintragung des Hauptversammlungsbeschlusses vorzunehmen, eine weiterreichende Entscheidung erstreben kann. Eine Regelungslücke, die eine analoge Anwendung des § 16 Abs. 2 AktG erfordert, besteht nicht.

3. Anfechtungsklage und Unternehmensinteresse

Ob die Durchführung eines Hauptversammlungsbeschlusses trotz der rechtshängigen Anfechtungsklage im Interesse des Unternehmens liegt, braucht die Aktiengesellschaft nur zu erwägen, wenn sie nicht bereits ohnehin wegen einer fehlenden Registereintragung oder einer einstweiligen Verfügung des Anfechtungsklägers gehindert ist, den Hauptversammlungsbeschluß zu vollziehen.

Bei der Bestimmung der Unternehmensinteressen ist zunächst die Pflicht der Gesellschaft zur Wahrung der Rechtsordnung zu beachten.[144] Zwar ist in der Regel nicht erkennbar, ob das Prozeßgericht einen Hauptversammlungsbeschluß für nichtig erklären wird. Hieraus kann aber nicht geschlossen werden, daß die Aktiengesellschaft grundsätzlich den Vollzug eines angefochtenen Beschlusses aufschieben muß, bis über seine Rechtmäßigkeit entschieden ist. Das folgt bereits daraus, daß die Handelsregistereintragung des Beschlusses nicht zwingend ausgeschlossen, sondern nach § 127 FGG in das Ermessen des

---

[144] Mertens, in: Kölner Komm., § 76 Rn. 10; ders. § 93 Rn. 30; vgl. weitere Nachweise unten S. 95 mit Fn. 194.

Registergerichts gestellt ist. Die Eintragung des umstrittenen Beschlusses hat gerade zum Ziel, der Gesellschaft die Durchführung des Beschlusses zu ermöglichen. Solange die Gesellschaft davon ausgeht, daß der Beschluß Gesetz und Satzung entspricht, steht die rechtshängige Anfechtungsklage der Durchführung nicht zwingend entgegen.[145] Dies ergibt sich auch daraus, daß der Vorstand, solange eine Rechtslage zweifelhaft ist, sich nach der für die Gesellschaft günstigeren Ansicht richten darf.[146]

Es sind dann allerdings auch weitere Kriterien bei der Bestimmung der Unternehmensinteressen zu berücksichtigen. Zumindest mittelbar wird hier dem wirtschaftlichen Interesse der Gesellschaft entscheidende Bedeutung zukommen.[147] Die Gesellschaft hat zwischen dem möglichen wirtschaftlichen Nutzen der Durchführung des Beschlusses und dem Schaden bei einer nachträglichen Erkenntnis der Rechtswidrigkeit des Beschlusses abzuwägen. Es ist dabei nicht nur ein der Aktiengesellschaft drohender Schaden zu berücksichtigen, sondern auch zu beachten, in welchem Umfang der Vollzug, sollte er sich als rechtswidrig erweisen, in die Mitgliedschaftsrechte der Aktionäre eingreift.

Die Ungewißheit über die Wirksamkeit des Hauptversammlungsbeschlusses wird infolgedessen oft einer Durchführung entgegenstehen. So wird der Vollzug eines angefochtenen Kapitalerhöhungsbeschlusses in aller Regel erhebliche Schwierigkeiten bereiten. Die jungen Aktien sind kaum handelbar, da unsicher ist, ob sie überhaupt ein Mitgliedschaftsrecht verkörpern. Zum zweiten würden die Mehrheitsverhältnisse in der Hauptversammlung höchst ungewiß, da erst nach der Beendigung des Anfechtungsverfahrens erkennbar wäre, ob ein Stimmrecht bestanden hat. Gleiches gilt für die Dividendenberechtigung der jungen Aktien. All diese Umstände werden in der Regel nicht nur das Registergericht veranlassen, die Durchführung der Kapitalerhöhung nicht einzutragen, sondern es auch der Aktiengesellschaft als ratsam erscheinen lassen, aus eigenem Interesse den Ausgang des Anfechtungsverfahrens abzuwarten. Allerdings drohen der Aktiengesellschaft infolge der Nichtdurchführung ebenfalls erhebliche Schäden. Sie ist entweder darauf angewiesen, Fremdkapital aufzunehmen. Dann ist sie zu Zinszahlungen verpflichtet, die schnell Millionenbeträge erreichen können.[148] Oder sie muß geplante Geschäftstätigkeiten verschieben, einschränken oder aufgeben.

Bei der Durchführung grundlegender Beschlüsse, die die Konzernstruktur betreffen, wird einerseits in besonderem Maße das Interesse an einer stetigen,

---

[145] Vgl. auch Mertens, in: Kölner Komm., § 93 Rn. 31.

[146] Mertens, in: Kölner Komm., § 93 Rn.38.

[147] Zöllner, in: Kölner Komm., Einl. Rn. 136.

[148] Vgl. Lutter, FS Der Betrieb, S. 193, 194; Diekgräf, S. 19 f.

berechenbaren Entwicklung des Unternehmens zu berücksichtigen sein. Und dieses Interesse wird ebenfalls meist einem Vollzug entgegenstehen, solange eine Anfechtungsklage rechtshängig ist. Das betrifft sowohl eine Verschmelzung, eine Eingliederung, eine Vermögensübertragung als auch den Abschluß oder die Änderung eines Beherrschungs- und Gewinnabführungsvertrags. Die Gesellschaft muß vor der Umsetzung des Beschlusses zusätzlich in Betracht ziehen, daß ihr erhebliche Schadensersatzansprüche Dritter drohen, die auf die Wirksamkeit der Maßnahme vertraut haben. Auch die Organmitgliedern müssen gegen sie persönlich gerichtete Schadensersatzansprüche befürchten. Außerdem hat die Gesellschaft zu berücksichtigen, daß durch die Umsetzung eines solchen Beschlusses die Mitgliedschaftsrechte zumindest der Minderheitsgesellschafter erheblich beeinträchtigt werden, und dies nachträglich unter Umständen nicht mehr rückgängig zu machen ist. Auf der anderen Seite kann sich gerade die Verzögerung der Durchführung eines solchen Grundlagenbeschlusses für die Gesellschaft existenzbedrohend auswirken, etwa wenn zur Abwendung eines drohenden Konkurses ein schnelles Handeln geboten ist. Unter solchen Umständen kann sich die Gesellschaft zu einem Vollzug trotz des damit verbundenen Risikos veranlaßt sehen. Das gilt um so mehr, je überzeugter sie von der Unbegründetheit der Klage ist.

4. Ergebnis

Als Ergebnis ist festzuhalten, daß die Erhebung einer Anfechtungsklage oftmals den Vollzug eines Hauptversammlungsbeschlusses wesentlich verzögern wird. Besteht eine gesetzliche Registersperrre, so ist die Durchführung nur möglich, wenn das Registergericht die Klage als mißbräuchlich erkennt und daher die Eintragung verfügt. In den übrigen Fällen einer konstitutiven Eintragung liegt dieselbe im Ermessen des Registergerichts. Darüber hinaus kann eine einstweilige Verfügung des Aktionärs der Durchführung ebenso entgegenstehen wie das Interesse der Gesellschaft an einer kontinuierlichen Unternehmensführung.

B. Vergleich zwischen Aktiengesellschaft und Aktionär

Die Aktiengesellschaft kann bestrebt sein, eine rechtshängige Anfechtungsklage durch einen Vergleich zu beenden, um ihre Unternehmensinteressen zu wahren. Auch der Aktionär kann ein Interesse an einem schnellen Ende des Rechtsstreits haben, weil die Klage für ihn mit einem erheblichen Prozeßrisiko verbunden ist, das mit zunehmender Dauer des Rechtsstreits stetig anwächst. Unter diesen Umständen bietet es sich an, daß die Aktiengesellschaft dem Aktionär eine vermögenswerte Leistung, insbesondere den Ersatz seines Schadens, gegen die Rücknahme der Klage oder seine Zustimmung zu einem Prozeßvergleich vorschlägt.

In der gesamten Literatur[1] wurden lange Zeit keine Bedenken gegen die Zulässigkeit eines Vergleichs[2] zwischen Aktionär und Aktiengesellschaft erhoben. Auch der Gesetzgeber, der das Anfechtungsrecht 1884 zum ersten Mal gesetzlich regelte,[3] erachtete einen Vergleichsvertrag als möglich. In der Allgemeinen Gesetzesbegründung heißt es: "Deshalb kann auch die Beseitigung einiger Widersprüche durch Vergleich, Verzicht oder Urtheil für die übrigen noch unerledigten Widersprüche nicht präjudizirlich sein".[4]

---

[1] Ritter, § 200 Anm. 2 b, S. 570; Pinner, in: Staub, § 273 Anm. 1; Brodmann, § 273 Anm. 1 e; Schlegelberger/Quassowski, § 197 Anm. 7; Koenige, § 273 Anm. 1; Hueck, Anfechtbarkeit, S. 173; Hüffer, in: Geßler/Hefermehl/Eckardt/Kropff, § 248 Rn. 34; Zöllner, in: Kölner Komm., § 248 Rn. 45; Godin/Wilhelmi, § 246 Anm. 8; Schilling, in: GroßKomm., § 246 Anm. 7; Bork, ZIP 90, 1037, 1042; aus der Rspr.: RGZ 24, 427, 429; für die GmbH: Schilling/Zutt, in: Hachenburg, Anh. § 47 Rn. 161.

[2] Nicht zuzustimmen ist dem Einwand Hirtes, BB 88, 1469, 1473 f., ein Vergleichsvertrag könne nicht vorliegen, wenn der Aktionär sich gegenüber der Aktiengesellschaft nur zur Klagerücknahme verpflichte. Zwar erfordert ein Vergleichsvertrag ein gegenseitiges Nachgeben, aber es ist für die Bewertung des Rechtsgeschäfts als Vergleichsvertrag unwesentlich, welcher Art das Nachgeben der Gegenseite ist: für alle Thomas, in: Palandt § 779 Rn. 9; Bork, Vergleich, S. 240 ff. Es reicht der Verzicht auf die Erhebung oder Fortführung einer Anfechtungsklage, ebenso: Diekgräf, S. 256 f.

[3] Vgl. oben S. 16 mit Fn. 2.

[4] Allgemeine Begründung bei Schubert/Hommelhoff, S. 468. Allerdings ist ein Teilendurteil, betreffend nur einige Anfechtungsklagen, nicht möglich, da es sich bei mehreren Klägern um eine notwendige Streitgenossenschaft aus prozessualen Gründen wegen einseitiger Rechtskrafterstreckung handelt: Zöllner, in: Kölner Komm., § 246 Rn. 88; Hüffer, in: Geßler/Hefermehl/Eckardt/Kropff, § 246 Rn. 7; Rosenberg/

Erst in der neueren Literatur[5] werden grundsätzliche Bedenken gegen die Wirksamkeit eines Vergleichs geltend gemacht, in dem sich ein Aktionär gegen eine Ausgleichszahlung verpflichtet, eine Anfechtungsklage nicht zu erheben oder nicht fortzusetzen. Die Autoren führen drei Kardinaleinwände gegen eine solche Vereinbarung an. Der Vergleichsvertrag sei nicht mit der Ratio des Anfechtungsrechts vereinbar, er verstoße gegen das Verbot der Einlagerückgewähr aus § 57 Abs. 1 S. 1 AktG, und er sei mit dem Gleichbehandlungsgebot des § 53 a AktG nicht vereinbar. Diese Einwände gilt es im folgenden zu würdigen.

I. Vereinbarkeit des Vergleichs mit der Ratio des Anfechtungsrechts des Aktionärs

Während der Beratungen zur Reform des Aktienrechts 1965 wurde erstmals die Ansicht vertreten, daß der Zweck des Anfechtungsrechts einem Vergleichsvertrag zwischen Aktiengesellschaft und Aktionär entgegenstehe. Der Abkauf des Rechts sei mit dem Schutzbedürfnis der Aktionäre, die von der Erhebung einer Anfechtungsklage abgesehen hätten, nicht vereinbar. Der Regierungsentwurf zum AktG 1965 enthielt daher in seinem § 389 eine Vorschrift, daß sich derjenige strafbar mache, der eine Anfechtungsklage dem Kläger abkaufe und ebenso derjenige, der sie sich abkaufen lasse.[6] Der dem Regierungsentwurf vorangegangene Referentenentwurf[7] hingegen hatte in § 362 - in Anlehnung an den damals geltenden § 299 AktG 1937 - nur für den Abkauf und das Abkaufenlassen von Stimmrechten eine Strafandrohung enthalten. Diesen eingeschränkten Regelungsentwurf übernahm der Gesetzgeber unter Abmilderung des Straftatbestandes in eine Ordnungswidrigkeit in § 405 Abs. 3 Nr. 6 und

---

Schwab, § 50 II 3 a, S. 274. Das folgt aus der Rechtskrafterstreckung bei Stattgabe der Anfechtungsklage: Art 190 a Abs. 5 S. 1 ADHGB 1884; nunmehr § 248 Abs. 1 S. 1 AktG. Bei einer notwendigen Streitgenossenschaft ist ein Teilendurteil unzulässig: Leipold, in: Stein/Jonas, § 62 Rn. 37; ders. § 301 Rn. 10; BGH NJW 74, 2124.

[5] Vgl. die Einzelangaben im Verlauf der folgenden Ausführungen.

[6] RegE zum AktG 1965, BTDS IV/171, § 389 mit Begr. RegE BTDS IV/171, S. 262. Insoweit nicht in Kropff zu § 405, S. 508. Der Wortlaut des Regelungsentwurfs ist ebenfalls abgedruckt bei Diekgräf, S. 6. Allerdings enthielt auch dieser Regelungsvorschlag die Einschränkung, daß das Verbot nur solche Vergleichsschlüsse betreffe, in denen sich der Aktionär "besondere Vorteile" versprechen ließ bzw. die Aktiengesellschaft sie anbot. In den Ausschußberatungen wurde hieraus abgeleitet, daß zumindest Kostenvergleiche zulässig seien, vgl. die Ausschußberatungen bei Kropff zu § 405, S. 508.

[7] Referentenentwurf eines AktG, § 362 mit kurzer Begründung S. 444.

Nr. 7 AktG 1965. Der Regierungsentwurf hatte zu der vorgeschlagenen Neuregelung[8] ausgeführt: "Aktionäre, die im Vertrauen auf eine von einem anderen Aktionär angekündigte oder bereits anhängig gemachte Anfechtungsklage von ihrem eigenen Anfechtungsrecht keinen Gebrauch gemacht haben, müssen davor geschützt werden, daß die Durchführung oder Fortführung des Anfechtungsprozesses nicht[9] deshalb unterbleibt, weil dem Anfechtungskläger besondere Vorteile für das Nichterheben oder die Zurücknahme der Anfechtungsklage gewährt werden. Im Zeitpunkt der Klagerücknahme kann die Anfechtungsfrist für die anderen Aktionäre bereits verstrichen sein."[10]

Diese Bestimmung der Ratio des Anfechtungsrechts vermag nicht zu überzeugen. Jeder Aktionär kann selbst eine Anfechtungsklage erheben und sein Recht durchsetzen, wenn er nur die oben genannten formellen Voraussetzungen beachtet. Er ist auf die Wahrung seiner Interessen durch Dritte nicht angewiesen. Daher besteht keine Notwendigkeit, daß ein Aktionär sein Recht zum Schutz dritter Aktionäre ausübt. Kein Aktionär kann darauf vertrauen, daß ein anderer für ihn die Kosten und Mühen eines Anfechtungsrechtsstreits tragen wird. Zwar kann eine Treuepflicht eines Aktionärs bestehen,[11] sie verpflichtet ihn aber nicht, anderen Aktionären einen solchen Schutz zu gewähren, den diese durch ein eigenes Handeln selbst erzielen können. Auch der Rechtsausschuß des Bundestags hat die Begründung des Regierungsentwurfs nicht wieder aufgegriffen. Er empfahl, die Regelung abzulehnen, da sie zur Verhinderung eines Mißbrauchs des Rechts nicht erforderlich sei.[12]

Auch Lutter[13] hat die Ansicht vertreten, daß ein Vergleich nicht mit dem Gesetzeszweck des Anfechtungsrechts vereinbar sei. Das gelte zumindest dann, wenn die Aktiengesellschaft zugleich eine Zahlung an den Aktionär erbringe. Die Anfechtungsklage sei ein Verfahren "zur Wahrung und Wiederherstellung der Rechtsordnung im Verband, der Legalität von Organhandeln im Verband. Würde man das für 'vergleichsfähig' halten im Sinne von einer Zahlung an den

---

[8] In der Begr. des Regierungsentwurfs BTDS IV/171, S. 262 heißt es, daß es sich um einen dem "geltenden Recht unbekannten Tatbestand" handele. Die Wiedergabe bei Kropff zu § 405, S. 508 enthält den sinnentstellenden Druckfehler "bekannten Tatbestand" und ist im übrigen nur stark verkürzt wiedergegeben.

[9] So der Wortlaut. Die Verneinung ist aber unlogisch, der Satz muß ohne das "nicht" gelesen werden.

[10] Begründung des RegE BTDS IV/171, S. 262; ebenso Diekgräf, S. 162 f.

[11] BGHZ 103, 184, 194 f. mit Anm. Timm, NJW 88, 1582, 1583, vgl. auch unten S. 105.

[12] Man hielt die allgemeinen Straftatbestände für ausreichend, vergleiche Begr. RegE bei Kropff zu § 405, S. 508.

[13] Lutter, ZGR 78, 347, 350.

Aktionär gegen Klagerücknahme, so stünde die Verbandsrechtsordnung zur wirtschaftlichen Disposition der Verwaltung und ihrer bzw. einzelner Aktionäre".[14] Diese Schlußfolgerung ist naheliegend, wenn man das Anfechtungsrecht als ein fremdnütziges Recht bewertet.[15]

Lutter ist jedoch bei der Zweckbestimmung des Anfechtungsrechts zu widersprechen. Es ist ein eigennütziges Verwaltungsrecht, das dem Aktionär die Durchsetzung seines eigenen mitgliedschaftlich motivierten Interesses an der Rechtmäßigkeit eines Hauptversammlungsbeschlusses ermöglicht.[16] Ein weitergehender Zweck besteht nicht. Insbesondere obliegt die Wahrung der Verbandsrechtsordnung nicht dem Aktionär, sondern dem Vorstand der Aktiengesellschaft.[17] Es ist dessen, aus seiner Pflicht zur sorgfältigen Geschäftsführung folgende Aufgabe, ein rechtmäßiges Organhandeln sicherzustellen. Zur Wahrung dieser Pflicht hat er die Beschlußfassung vorzubereiten und notfalls sein eigenes Anfechtungsrecht aus § 245 Nr. 4 AktG auszuüben. Ein Aktionär ist nicht verpflichtet, einen Beschluß anzufechten. Er kann sein Recht zwar nicht willkürlich geltend machen,[18] aber er kann höchst willkürlich hierauf verzichten,[19] gerade weil es sich um ein eigennütziges Verwaltungsrecht handelt. Zudem ist die Einschränkung Lutters[20], daß lediglich der Klageverzicht gegen Geldzahlung unzulässig sei, nicht überzeugend. Dies hieße, einen willkürlichen oder zweckfremden Grund der Nichtgeltendmachung des Rechts auszuschließen, andere willkürliche Anlässe aber als unbedenklich zu bewerten.

Das Anfechtungsrecht des Aktionärs bezweckt weder, die Rechtmäßigkeit des Verwaltungshandelns zu garantieren noch das Vertrauen dritter Aktionäre zu schützen, daß der Opponent ihre Interessen wahrnehmen werde. Da keine Pflicht des Aktionärs besteht, gegen rechtswidrige Beschlüsse vorzugehen, bedeutet ein Absehen von der Rechtsverfolgung keine Verletzung der Ratio des Anfechtungsrechts.

---

[14] Lutter, FS Der Betrieb, S. 193, 198; vorher bereits ders., ZGR 78, 347, 350; ebenso Mertens, in: Kölner Komm., § 93 Rn. 39; auch Flume, Grundfragen, S. 14 spricht von dem Recht "um der guten Ordnung der Aktiengesellschaft" willen. Bedenken ebenfalls jetzt bei Mertens, AG 90, 49 ff., insbesondere S. 54 f.; K. Schmidt, in: Scholz, § 45 Rn. 158; Koppensteiner, in: Rowedder, § 47 Rn. 123 für die GmbH.

[15] Konsequent daher Lutter, FS Der Betrieb, S. 193, 208, dazu vgl. oben S. 16 ff.

[16] Vgl. oben S. 16 ff, insbesondere S. 20; ebenso Windbichler, S. 35, 38.

[17] Vgl. oben S. 19.

[18] Zum Mißbrauch des Anfechtungsrechts vgl. unten Teil C, S. 100 ff.

[19] Ebenso Diekgräf, S. 228 f.

[20] Lutter, FS Der Betrieb, S. 193, 199.

In diesem Zusammenhang bedarf auch noch die mehrfach in der Rechtsprechung anzutreffende Formulierung einer Klarstellung, daß der Gegenstand des Anfechtungsrechtsstreits nicht vergleichsfähig sei.[21] Diese Rechtsansicht hat der BGH im Rahmen der Bewertung einer Schiedsgerichtsvereinbarung vertreten. Nach §§ 1025 Abs. 1, 1048 ZPO kann die Zuständigkeit eines Schiedsgerichts nur vereinbart werden, wenn der Gegenstand des Rechtsstreits vergleichsfähig ist. Die Parteien eines Anfechtungsverfahrens können aber unstreitig nicht in einem Vergleichsvertrag die Nichtigkeit eines Hauptversammlungsbeschlusses vereinbaren.[22] Der Beschluß kann vielmehr nur durch Urteil für nichtig erklärt werden, da nur so die notwendige Rechtskrafterstreckung des § 248 Abs. 1 S. 1 AktG eintreten kann.[23] Die Schiedsgerichtsklausel ist daher unwirksam, weil den Parteien ein Vergleich über die Nichtigkeit eines Hauptversammlungsbeschlusses verwehrt ist. Dies spricht aber nicht gegen die Zulässigkeit eines Vergleichs, in dem sich der Anfechtungskläger zur Klagerücknahme verpflichtet.[24]

Als Ergebnis ist festzuhalten, daß sich aus der Ratio des Anfechtungsrechts keine Bedenken gegen einen auf Rücknahme der Klage gerichteten Vergleichsschluß zwischen Aktiengesellschaft und Aktionär ergeben.

II. Verbot der Einlagerückgewähr

Bei dem Abschluß des Vergleichsvertrages über die Nichterhebung oder Rücknahme einer Anfechtungsklage gegen Erbringung einer vermögenswerten Leistung ist außerdem das Verbot der Einlagerückgewähr aus § 57 Abs. 1 S. 1 AktG zu beachten. Es wurde bereits dargestellt, daß der Aktienrechtsgesetzgeber davon ausging, daß ein solcher Vergleich zulässig sei.[25] Auch der Regierungsentwurf zur Aktiengesetznovelle 1965, der den vom Gesetzgeber letztlich abgelehnten Vorschlag der Strafbarkeit des Abkaufs des Anfechtungsrechts beinhaltete, erörterte keinen Verstoß gegen § 57 Abs. 1 S. 1 AktG.[26]

---

[21] BGH LM Nr. 1 zu § 199 AktG 1937 Bl. 1; BGH WM 66, 1132, 1133; BGH NJW 79, 2567, 2569; OLG Hamm ZIP 87, 780, 783.

[22] Hüffer, in: Geßler/Hefermehl/Eckardt/Kropff, § 248 Rn. 34; Zöllner, in: Kölner Komm., § 248 Rn. 45; Schilling, in: GroßKomm., § 246 Rn. 7; BGH LM Nr. 1 zu § 199 AktG; Diekgräf, S. 221 f.

[23] Vgl. oben S. 49 mit Fn. 4.

[24] A. A: Hirte, BB 88, 1469, 1473.

[25] Vgl. oben S. 49.

[26] Vgl. oben S. 50.

1. Stellungnahmen in der Literatur und der Rechtsprechung

Auch in der Literatur wurde zunächst lediglich betont, daß ein Vergleich nicht die Wirkung des § 248 Abs. 1 S. 1 AktG haben kann. "Vergleiche anderen Inhalts"[27] sind nach Auffassung Ritters möglich. Schilling fügt hinzu, daß die Aktiengesellschaft sich "insbesondere über die Prozeßkosten"[28] vergleichen könne.

Eine andere Ansicht hat erstmals Lutter[29] vertreten. Er bejahte einen Verstoß gegen § 57 Abs. 1 S. 1 AktG mit dem Argument, es würden dem Aktionär Vermögenswerte im Hinblick auf seine mitgliedschaftliche Position zugewandt.[30] Seine wiederholt[31] vorgetragene Ansicht wird von einem Teil der neueren Literatur[32] geteilt.

Andere Autoren sind der Ansicht Lutters jedoch entgegengetreten. Schlaus[33] stellt unterschiedliche Lösungsansätze dar, um eine unzulässige Einlagerückgewähr zu verneinen, ohne sich aber letztlich zu entscheiden. Er erwägt zunächst, ob die Zahlung an den Anfechtungskläger deshalb keine Verletzung des § 57 Abs. 1 S. 1 AktG sei, weil eine Anfechtungsklage nicht nur von einem Aktionär erhoben werden könne und die Aktionärseigenschaft somit für den Abschluß des Vergleichs unwesentlich sei.[34] Zum zweiten zieht Schlaus eine analoge Anwendung des § 71 Abs. 1 S. 1 AktG in Betracht, um die Zahlung der Aktiengesellschaft an den Aktionär zu rechtfertigen. Letztlich erwägt er, der allgemeinen Sorgfaltspflicht des Vorstands aus §§ 76 Abs. 1, 93 Abs. 1 S. 1 AktG "den Vorrang vor §§ 57, 53 a AktG zu geben".[35]

Martens erachtet ebenfalls "Sonderzahlungen aus Anlaß seriöser Vergleichsverträge"[36] als zulässig. Er verneint einen Verstoß gegen § 57 Abs. 1 S. 1

---

[27] Ritter, § 200 Anm. 2 b; ähnlich Hueck, Anfechtbarkeit, S. 176.

[28] Schilling, in: GroßKomm., § 246 Rn. 7; Zöllner, in: Kölner Komm., § 248 Rn. 45, § 246 Rn. 77; Hüffer, in: Geßler/ Hefermehl/Eckardt/Kropff, § 248 Rn. 34.

[29] Lutter, ZGR 78, 343, 354 f.

[30] Lutter, ZGR 78, 343, 354.

[31] Lutter, FS Der Betrieb, S. 193, 198-200; ders., in: Kölner Komm., § 57 Rn. 29; ders., WuB II A., § 62 AktG 1.88.

[32] Hirte, DB 88, 1469, 1473; ebenso insoweit Martens, AG 88, 118, 120, dessen dort gegebene Begründung nicht nur auf die Zahlung bei Zurücknahme einer mißbräuchlich erhobenen Anfechtungsklage zutrifft.

[33] Schlaus, AG 88, 113, 116.

[34] Zu diesem fehlgehenden Argument vergleiche unten S. 60 mit Fn. 65.

[35] Schlaus, AG 88, 113, 116. Insoweit geht Schlaus also zunächst von einem Verstoß gegen § 57 Abs. 1 S. 1 AktG aus.

[36] Martens, AG 88, 118, 122.

AktG, ohne jedoch ein exaktes Kriterium aufzuzeigen, an Hand dessen ein Verstoß zu ermitteln sei.[37] Die Höhe der zulässigen Zahlung soll sich seiner Ansicht nach aus dem Maßstab des § 76 Abs. 1 S. 1 AktG ergeben. Ein Marktpreis für den Verzicht auf ein Anfechtungsrecht bestehe allerdings nicht. Da es aber nicht gerechtfertigt sei, den Betrag an dem oftmals großen wirtschaftlichen Interesse der Gesellschaft an der Klagerücknahme zu messen, müsse sich die Zahlung an dem berechtigten Interesse des Aktionärs orientieren. Das ermögliche der Gesellschaft maximal eine Zahlung in Höhe der gesamten prozessualen und außerprozessualen Kosten, ferner eine Erstattung des persönlichen Aufwands des Klägers und den Ersatz eines durch einen rechtswidrigen Hauptversammlungsbeschluß entstandenen Schadens des Aktionärs.[38]

Hommelhoff und Timm[39] vertreten die Ansicht, eine Zahlung an einen Aktionär sei nur zulässig, wenn die Gesellschaft die Rechtswidrigkeit eines umstrittenen Hauptversammlungsbeschlusses erkannt habe und eine erneute Beschlußfassung veranlasse. Dann dürfe sie sich gegenüber dem Aktionär zu einer Zahlung in Höhe der Gebühren eines Prozeßanwalts zweiter Instanz verpflichten. Insoweit erbringe sie nur eine zulässige Aufwandspauschale. Den Betrag der Pauschale begründen Hommelhoff und Timm mit einer üblicherweise entsprechenden Honorarvereinbarung in schiedsgerichtlichen Verfahren.

Götz[40] wiederum verneint bei jeder Zahlung einen Verstoß gegen das Verbot des § 57 Abs. 1 S. 1 AktG, da der geleisteten Zahlung jeder finale Bezug zur Einlage fehle.

Die Rechtsprechung hatte bisher nur in einem Fall die Vereinbarkeit eines Vergleichsvertrags mit dem Verbot des § 57 Abs. 1 S. 1 AktG zu überprüfen. Eine Aktiengesellschaft hatte zunächst 1,5 Mio. DM an einen Aktionär gezahlt, damit er von der Erhebung einer Anfechtungsklage absah. Anschließend machte sie einen Rückgewähranspruch geltend. Sie begründete den Anspruch zum einen mit einem erpresserischen Verhalten des Aktionärs, zum anderen aber auch mit dem Vorbringen, die Leistung verstoße gegen das Verbot der

---

[37] Vgl. insbesondere die Unvereinbarkeit mit seiner Darlegung a.a.O., S. 120, dazu oben S. 54 mit Fn. 32.

[38] Weitere Beschränkungen einer zulässigen Entgeltvereinbarung entnimmt Martens der Erwägung, eine Legalitätskontrolle durch einen Aktionär dürfe der Vorstand nicht unlauter beeinträchtigen. Das deutet darauf hin, daß eine solche Zahlung mit der Sorgfaltspflicht des Vorstands nicht vereinbar sei, aber § 57 Abs. 1 S. 1 AktG unberührt lasse. Zur Sorgfaltspflicht vgl. unten S. 95 ff.

[39] Hommelhoff/Timm, AG 89, 168, 169.

[40] Götz, DB 89, 261, 263. Götz ist an Verfahren beteiligt, bei denen ein rechtsmißbräuchliches Klägerverhalten erörtert wird, vgl. Hirte, BB 89, 267 Fn. 4.

Einlagerückgewähr.[41] Das LG Köln[42] bejahte zunächst in einem Arrestverfahren einen Verstoß gegen § 57 Abs. 1 S. 1 AktG, obwohl "nicht ohne weiteres davon ausgegangen werden (könne), daß grundsätzlich Ausgleichszahlungen an Aktionäre als Gegenleistung für den Verzicht auf die Geltendmachung von Aktionärsrechten verboten im Sinne von § 62 Abs. 1 AktG in Verbindung mit § 57, 58 Abs. 5 AktG"[43] seien. Im Verfahren der Hauptsache haben sowohl das LG Köln[44] als auch das OLG Köln[45] der Klage aus § 62 Abs. 1 S. 1 AktG stattgegeben. Das OLG Köln führte aus, daß die Zahlung entgegen § 57 Abs. 1 S. 1 AktG erfolgt sei, weil die Aktiengesellschaft eine Zahlung erbracht habe, ohne eine vollwertige Gegenleistung erhalten zu haben.[46]

2. Voraussetzungen der Einlagerückgewähr

a) Minderung des Gesellschaftsvermögens

Ob der Vergleich zwischen Aktiengesellschaft und Aktionär das Verbot des § 57 Abs. 1 S. 1 AktG verletzt, kann erst nach einer Klärung der Voraus-

---

[41] Zur mißbräuchlichen Ausübung des Anfechtungsrechts vgl. unten Teil C, S. 100 ff.

[42] LG Köln WM 88, 758, 760. Das OLG Köln WM 88, 1021 f. hat in dem Berufungsurteil zu § 57 Abs. 1 S. 1 AktG nicht Stellung genommen.

[43] LG Köln WM 88, 758, 760; dagegen Lutter, WuB II A., § 62 AktG 1.88.

[44] LG Köln vom 23.8.88, 3 O 725/87, S. 4: "Diese Haftung des Beklagten und seine Rückzahlungspflicht ergeben sich aus § 62 AktG. Der Beklagte hat nämlich durch sein Verhalten gegen seine Treuepflicht als Aktionär verstoßen. Der Empfang eines so hohen Betrags in Höhe von 1,5 Mio. DM ist durch keinerlei sachliche Interessen gerechtfertigt."

[45] OLG Köln vom 24.5.89, 16 U 134/88, S. 10 f.: "... die Zahlung fällt unter das Verbot der Rückgewähr von 'Einlagen' nach § 57 Aktiengesetz. Aus §§ 58, 59 Aktiengesetz ergibt sich nämlich, daß - ohne Erhalt einer vollwertigen Gegenleistung - nichts außer ordnungsgemäß festgestelltem und zur Verteilung beschlossenem Bilanzgewinn oder Gewinnabschlag an den Aktionär als solchen von der Aktiengesellschaft geleistet werden darf; was nicht Verteilung von Bilanzgewinn ist, ist Einlagerückgewähr. ... Er (der Grundsatz der Kapitalerhaltung) schließt allerdings nicht Geschäfte mit einem Aktionär aus, insbesondere Umsatzgeschäfte, in denen der Aktionär wie ein Dritter behandelt wird. Um ein solches handelt es sich jedoch nicht bei der Vereinbarung vom 13.03.1987, weil diese eine der Zahlung entsprechende Gegenleistung des Beklagten nicht erkennbar vorsieht."

[46] Der Aktionär konnte eine entsprechenden Gegenleistung im Urkundenprozeß nicht nachweisen. Die Aktiengesellschaft konnte ihrerseits einen Urkundenprozeß führen, da sie die Leistung an den Aktionär durch einen Barscheck erbracht hatte.

setzungen einer unzulässigen Einlagerückgewähr erörtert werden. Über sie besteht auch in der neueren Literatur keineswegs Einigkeit. Dies wird nicht zuletzt an den unterschiedlichen Bewertungen des Vergleichs deutlich.

Das Reichsgericht und die früher herrschende Lehre bestimmten den Umfang des Verbots der Einlagerückgewähr aus einer Auslegung des Begriffs der Einlage. Typisch ist die an den Beginn einer Kommentierung gestellte Definition: "Einlage" sei alles, "was auf die Aktie als Beitrag zum Garantiekapital der Gesellschaft geleistet worden ist".[47] Das Reichsgericht folgerte hieraus, daß ein Verstoß nur vorliegen könne, wenn das Leistungsversprechen dem Aktionär "in Verbindung mit der Gründung oder Kapitalerhöhung erteilt wurde", nicht aber, wenn es "einem die Aktien betreffenden Umsatzgeschäft als Bestandteil angehört".[48] Leistungen der Aktiengesellschaft an einen Zweiterwerber der Aktie konnten nach Ansicht des Gerichts keine Einlagerückgewähr sein, da dieser niemals eine Einlage erbracht habe.[49]

In der Literatur wurde darüber hinaus die Auffassung vertreten, das Verbot der Einlagerückgewähr sei nicht betroffen, sofern sich die Aktiengesellschaft zu einer Leistung verpflichte oder sie erbringe, die nicht zu Lasten des Grundkapitals erfolge, sondern aus einer Rücklage oder dem Gewinn der Gesellschaft entnommen werde[50]. Das Reichsgericht[51] hat diese Ansicht jedoch mit der

---

[47] Flechtheim, in: Düringer/Hachenburg, § 213 Anm. 2; im gleichen Sinn: Pinner, in: Staub § 213 Anm. 1; Goldmann, § 213 Rn. 1; Makower, § 213 Rn. I a; aus der neueren Kommentarliteratur ebenso: Barz, in: GroßKomm., § 57 Anm. 2; Godin/Wilhelmi, § 57 Anm. 3.

[48] RGZ 77, 71, 73; 87, 339, 340; 121, 99, 106.

[49] Vgl. Fn. 48; zustimmend: Hachenburg, Recht 1907, 225, 226; Bondi, DJZ 1906, 1250, 1251; H. Pinner, in: FS A. Pinner, S. 613; 627; weitere Nachweise bei Pinner, in: Staub, § 213 Anm. 1; ablehnend: Sievers, Recht 1906, 974, 978; Breit, JW 1916, 490, 491; Brodmann, § 213 Anm. 3 c mit weiteren Nachweisen in Anm. 3 a am Ende. In RGZ 146 84, 90 f., 94 vertritt das Reichsgericht dann ausdrücklich die gegenteilige Auffassung. Das nicht leicht verständliche Urteil birgt die Schwierigkeit, daß das RG seine eigene frühere Ansicht nicht ausdrücklich aufgegeben hat, sondern unter Berufung auf RG JW 30, 3730 ff., auf RGZ 77, 71, 73 - diese Entscheidung wurde zuvor anders interpretiert, vgl. RGZ 87, 339, 340 - und kaum haltbar auch auf RGZ 107, 161, 166; 88, 271, 273 den unzutreffenden Eindruck einer einheitlichen Rechtsprechung hervorruft. Hinzu kommt, daß Brodmann in dem im Urteil angesprochenen Privatgutachten wohl gerade die gegenteilige Ansicht zu seiner eigenen Kommentierung in Brodmann, § 213 Anm. 3 b, c vertreten hat, obwohl das Reichsgericht in JW 30, 3730 sich erstmals gerade auf diese Kommentierung berufen hatte.

[50] Breit, ZHR 76, 415, 446 ff., 449; ders., JW 1916, 490, 491; Flechtheim, JW 16, 937, 939; H. Pinner, in: FS A. Pinner, S. 613, 628; Wieland, Handelsrecht II, S. 25.

[51] RGZ 88, 187, 189; ebenso bereits Sievers, Recht 06, 974, 976 zu § 215 HGB.

Begründung abgelehnt, daß sie mit dem Wortlaut des § 213 HGB nicht vereinbar sei.

Ein wegweisendes Urteil des Reichsgerichts[52] betraf das verwandte Problem, ob das Verbot der Einlagerückgewähr auch den Teil einer Leistung der Aktiengesellschaft umfaßt, der die ursprünglich erbrachte Einlage des Aktionärs übersteigt. Das Reichsgericht bejahte dies. Es sei nicht einsehbar, daß die Zahlung eines geringen Betrages unzulässig, "dagegen die Ausschüttung des mehrfachen hiervon von den §§ 213, 215, 217 HGB nicht betroffen sein sollte".[53] Die entscheidende Begründung des Reichsgerichts folgte jedoch aus einer Erweiterung des Schutzbereichs des Verbots der Einlagerückgewähr. Aus ihm wurde nunmehr ein umfassender Schutz des Vermögens der Aktiengesellschaft abgeleitet. Das Reichsgericht verdeutlichte mit seiner Formulierung, "daß weder der Aktionär von der Gesellschaft mehr oder anderes als die Dividende fordern, noch die Gesellschaft anderes an ihn zahlen darf oder kann",[54] daß das Verbot der Einlagerückgewähr nicht durch den Begriff der Einlage begrenzt wird. Damit stellte sich das Reichsgericht auf die Seite Brodmanns[55], der bereits zuvor die Ansicht vertreten hatte, nur ein solcher umfassender Vermögensschutz würde der Ratio der Vorschrift, dem Schutz der Gesellschaftsgläubiger,[56] gerecht. Dieser Auslegung ist uneingeschränkt zuzustimmen, da den Gläubigern nur die Gesellschaft mit ihrem Vermögen haftet, aber kein Aktionär persönlich.

Die Erweiterung des Schutzbereichs ist heute allgemein anerkannt, auch wenn sich die Literatur teilweise noch auf den Begriff der Einlage stützt.[57] Das Verbot der Einlagerückgewähr schützt nicht nur das Grundkapital, sondern

---

[52] RG JW 30, 3730, 3731 f.

[53] RG JW 30, 3730, 3732.

[54] RG JW 30, 3730, 3731.

[55] Brodmann, § 213 Anm. 1 a.

[56] Ballerstedt, Kapital, S. 132; dort auch zu den drei weiteren Zielen des Verbots; Gail WPg 70, 237, 238; Hefermehl/Bungeroth, in: Geßler/Hefermehl/Eckardt/ Kropff, § 57 Rn. 2; Lutter, in: Kölner Komm., § 57 Rn. 2; Barz, in: GroßKomm., § 57 Anm. 3.

[57] So bei Barz, in: GroßKomm., § 57 Anm. 2; Godin/Wilhelmi, § 57 Anm. 3; Baumbach/Hueck, § 57 Rn. 3; ohne diesen Mißverständnissen Vorschub leistenden Formmangel: Lutter, in: Kölner Komm., § 57 Rn. 5, 16; Hefermehl/Bungeroth, in: Geßler/Hefermehl/Eckardt/Kropff, § 57 Rn. 4; für die Rechtsprechung OLG Hamburg AG 80, 275, 278; OLG Koblenz AG 77, 231; LG Düsseldorf AG 79, 290, 291. Götz, BB 89, 261, 263 Fn. 19 übersieht diese ganz einhellige Ansicht, wenn er glaubt, über §§ 57 Abs. 1 S. 1, 62 Abs. 1 S. 1 AktG könne nur ein Betrag in Höhe des Nennwertes (!) der vom Vergleichspartner gehaltenen Aktien zurückgefordert werden.

das gesamte Vermögen der Aktiengesellschaft vor Leistungen an die Aktionäre.[58] Das läßt sich heute bereits aus § 58 Abs. 5 AktG entnehmen, der zur Auslegung des § 57 Abs. 1 S. 1 AktG herangezogen werden kann. § 58 Abs. 5 AktG ist die positive Ergänzung zur negativen Formulierung des § 57 Abs. 1 S. 1 AktG und besagt, daß vor der Auflösung der Gesellschaft an die Aktionäre nur der Bilanzgewinn verteilt werden darf.

Damit erweist sich § 57 Abs. 1 S. 1 AktG nicht nur als Ausdruck des Grundsatzes der Aufbringung und Erhaltung des Grundkapitals, sondern weitergehend als Folge eines umfassenden Vermögensschutzes der Aktiengesellschaft[59]. Brodmann hat dies auf den gern zitierten[60] Punkt gebracht: "Denn ein Drittes außer Zahlung von Dividende und Rückzahlung auf Einlage gibt es nicht".[61]

Als erstes Ergebnis ist festzuhalten: Jedes Rechtsgeschäft zwischen Aktiengesellschaft und Aktionär, das zugunsten des Aktionärs das Vermögen der Aktiengesellschaft mindert, wird von dem Schutzbereich des § 57 Abs. 1 S. 1 AktG umfaßt. Eine solche Vermögensminderung kann die Folge einer einseitigen Leistung der Aktiengesellschaft an den Aktionär sein. Sie kann aber auch eintreten, wenn ein Mißverhältnis zwischen einer Leistung des Aktionärs und einer Gegenleistung der Aktiengesellschaft zu Lasten der Gesellschaft vorliegt.

b) Kriterium der causa societatis

aa) Stellungnahmen in der Literatur

Ein Teil der neueren Literatur erachtet jedoch eine Vermögensminderung nicht oder nur eingeschränkt als Voraussetzung einer unzulässigen Einlagerückgewähr und betont ein anderes Kriterium. Ein Rechtsgeschäft verstoße gegen § 57 Abs.1 S.1 AktG, wenn die Aktiengesellschaft es abschließt, weil der Vertragspartner ihr Aktionär ist. Die Zahlung müsse also wegen dessen Stel-

---

[58] Vgl. die Nachweise in Fn. 57, ebenso Brodmann, § 213 Anm. 1 a; Wiedemann, Gesellschaftsrecht, § 10 IV 2 b, S. 561 f.; K. Schmidt, Gesellschaftsrecht, § 29 II 2, S. 673; Luther, Aktiengesellschaft, S. 33; Diekgräf, S. 85, 88; Horn, ZIP 87, 1225, 1226; Ballerstedt, S. 122; Döllerer, BB 67, 1437, 1439.

[59] Barz, in: GroßKomm., § 57 Anm. 3.

[60] Z.B. in RG JW 30, 3730, 3732; Lutter, in: Kölner Komm., § 57 Rn. 5; Diekgräf, S. 85.

[61] Brodmann, § 213 Anm. 1 a.

lung als Aktionär erbracht werden.[62] Die Verpflichtung der Aktiengesellschaft erfolge dann causa societatis.

Auch in der Diskussion, ob der Vergleich zwischen Aktiengesellschaft und Aktionär das Verbot der Einlagerückgewähr verletzt, spielt dieses Kriterium eine wesentliche Rolle. So argumentiert Lutter, daß eine Deutung des Vergleichs als normales Umsatzgeschäft nicht möglich sei, da der Kläger nur klagen könne, weil er Aktionär sei.[63] Und Martens ist der Ansicht, daß "die Voraussetzungen des § 57 AktG offensichtlich erfüllt" seien, "wird doch die Geldleistung gerade wegen der Aktionärseigenschaft"[64] gezahlt. Andererseits erwägt Schlaus, eine Verletzung des § 57 Abs. 1 S. 1 AktG gerade unter Heranziehung dieses Kriteriums zu verneinen. Die Leistung der Aktiengesellschaft erfolge nicht causa societatis, da § 245 AktG nicht nur einem Aktionär das Anfechtungsrecht gewähre.[65] Mit der Begründung, der Zahlung fehle jeder finale Bezug zu der Einlage, wendet sich auch Götz[66] gegen einen Verstoß gegen § 57 Abs. 1 S. 1 AktG.

---

[62] Flume, Jur.Pers. § 8 IV 2 b, S. 286; ders., 49. DJT Bd. II Q, S. 24; K. Schmidt, § 29 II 2 a, S. 673; Diekgräf, S. 88 f.; Wilhelm, FS Flume, S. 337, 379; Lutter, FS Der Betrieb, S. 193, 198; Hirte, BB 88, 1469, 1473.

[63] Lutter, ZGR 78, 347, 354; zustimmend Hirte, BB 88, 1469, 1473. Dieser Satz ist allerdings nicht umkehrbar in dem Sinne, daß eine Anfechtungsklage nur von einem Aktionär erhoben werden könne. Nach § 245 Nr. 4, 5 AktG gibt es weitere Anfechtungsberechtigte. Unzutreffend daher die Formulierung von Lutter, FS Der Betrieb, S.93, 198.

[64] Beide Zitate Martens, AG 88, 118, 120.

[65] Schlaus, AG 88, 113, 116. Dieses Argument ist aber nicht folgerichtig. Ein Vergleich zwischen Aktiengesellschaft und Vorstand beziehungsweise einem Vorstands- oder Aufsichtsratsmitglied erfolgte zwar in der Tat nicht causa societatis, weil die Anfechtungsbefugnis der genannten Personen nicht auf einer Aktionärseigenschaft beruht. Hieraus kann aber nur geschlossen werden, daß nicht jeder Vergleich über eine Anfechtungsklage causa societatis erfolgt. Für den Vergleichsschluß über die auf § 245 Nr. 1 AktG gestützte Anfechtungsklage gilt, daß die Anfechtungsklage sehr wohl auf der Aktionärseigenschaft des Klägers beruht. Ohne diese Voraussetzung hätte der Aktionär das Anfechtungsrecht nicht geltend machen können. Dann hätte die Aktiengesellschaft keinen Vergleich mit dem Aktionär geschlossen und somit sich nicht zur Erbringung der vermögenswerten Leistung bereit gefunden. Eine Leistung causa societatis liegt also vor. Nur im Ergebnis übereinstimmend Diekgräf, S. 96 f.

[66] Götz, DB 89, 261, 263.

bb) Mangelnde Übereinstimmung mit dem Merkmal der Vermögensminderung

Bei der Bewertung des Kriteriums der Leistung causa societatis ist zunächst zu beachten, daß der Begriff doppeldeutig ist. Er kann als objektive und als subjektive Voraussetzung aufgefaßt werden. Versteht man ihn als objektives Merkmal, so beschreibt er ohne Zweifel eine notwendige Voraussetzung einer unzulässigen Einlagerückgewähr. Eine Leistung der Aktiengesellschaft an eine Person, die nicht Aktionär der Gesellschaft ist, kann keine Einlagerückgewähr beinhalten.[67] Der Begriff der causa societatis wäre eine Umschreibung der objektiven Tatbestandsvoraussetzung der Leistung an einen Aktionär.

In dem Begriff der causa societatis ist jedoch auch ein finales Element enthalten. Die Leistung erfolgt, um einem Aktionär etwas zuzuwenden. Wenn die Aktiengesellschaft dieses Ziel anstrebt, hat sie stets Kenntnis von der Aktionärseigenschaft des Leistungsempfängers. Daher bewerten einige Autoren das Merkmal der causa societatis als subjektive Voraussetzung einer unzulässigen Einlagerückgewähr.[68] Nach ihrer Ansicht verstößt eine Leistung nur dann gegen das Verbot des § 57 Abs. 1 S. 1 AktG, wenn die Gesellschaft mit ihr bezweckt, dem Empfänger die Leistung zuzuwenden, weil er Aktionär ist.

Beide Auslegungen lassen aber offen, ob jede Leistung der Aktiengesellschaft an einen Aktionär causa societatis erfolgen kann oder nur eine solche, die nicht durch eine entsprechende Gegenleistung des Aktionärs ausgeglichen wird. Es ist also unklar, ob zugleich eine Vermögensminderung der Aktiengesellschaft vorliegen muß. Deshalb kann ein Verstoß gegen das Verbot der Einlagerückgewähr nicht allein anhand des Kriteriums der causa societatis bestimmt werden.[69] Bewertet man den Begriff als objektive Voraussetzung, so bleibt das notwendige Erfordernis der Vermögensminderung auf seiten der Gesellschaft unberücksichtigt. Legt man den Begriff dagegen als subjektive Voraussetzung aus und verlangt die Kenntnis der Aktiengesellschaft, daß der Vertragspartner einer ihrer eigenen Aktionäre ist, so entspricht diese Voraussetzung ebenfalls nicht der des Mißverhältnisses zwischen Leistung der Aktiengesellschaft und Gegenleistung des Aktionärs.

---

[67] Hefermehl/Bungeroth in Geßler/Hefermehl/Eckardt/Kropff, § 57 Rn. 22. Eine Ausnahme gilt bei Umgehungsgeschäften, bei den die Aktiengesellschaft an einen Dritten die Leistung erbringt und der Aktionär selbst erst mittelbar den Vorteil erlangt. Vgl. dazu unten S. 142 ff.

[68] Vgl. die Nachweise in Fn. 63 - Fn. 66; vgl. auch unten S. 64 f.

[69] Ob eine causa societatis als zusätzliche subjektive Voraussetzung einer unzulässigen Einlagerückgewähr zu bewerten ist, dazu vgl. unten S. 64 f.

Zwar werden beide Kriterien häufig zu dem gleichen Ergebnis führen, weil die Gesellschaft meist erkennen wird, daß sie ein für sie ungünstiges Geschäft abschließt. Und sie wird es nur abschließen, weil sie weiß, daß ihr Vertragspartner ein Aktionär der Gesellschaft ist. Notwendig ist die Übereinstimmung allerdings nicht. So liegt einerseits keine Leistung causa societatis, wohl aber ein Mißverhältnis vor, wenn die Aktiengesellschaft eine Sache an einen Aktionär weit unter Wert veräußert, weil die Parteien den Wert falsch eingeschätzt hatten. Andererseits beinhaltet nicht jede Leistung causa societatis zugleich ein Mißverhältnis von Leistung und Gegenleistung: Ein Beispiel ist ein Vertrag zwischen der Aktiengesellschaft und einem Aktionär über die Lieferung einer minderwertige Ware zu einem Preis, den die Aktiengesellschaft Dritten nur einräumt, wenn diese einen Minderungsanspruch geltend gemacht haben. Zu unterschiedlichen Ergebnissen gelangt man auch, wenn der Vertragspartner eine vermögenswerte Leistung erbringt, die er nur erbringen kann, weil er Aktionär ist. Leistung und Gegenleistung können dann ausgeglichen sein, obwohl der Vertrag wegen der Aktionärseigenschaft abgeschlossen wurde. Eine solche Konstellation kann gerade bei einem Vergleichsvertrag zwischen der Aktiengesellschaft und einem Aktionär über die Rücknahme einer Anfechtungsklage vorliegen.[70]

Der Begriff der Leistung causa societatis ist daher mit der Voraussetzung der Vermögensminderung nicht deckungsgleich. Dieses letztgenannte Kriterium ist jedoch, wie oben dargelegt wurde,[71] eine notwendige Voraussetzung eines Verstoßes gegen § 57 Abs. 1 S. 1 AktG. Das Verbot der Einlagerückgewähr bezweckt einen Schutz des Vermögens der Gesellschaft und ist daher gar nicht betroffen, sofern eine Vermögensminderung nicht vorliegt.

Als weiteres Ergebnis ist also festzuhalten, daß ein Verstoß gegen § 57 Abs. 1 S. 1 AktG nicht damit begründet werden kann, daß die Leistung der Aktiengesellschaft causa societatis erfolgt sei. Das Kriterium der Leistung causa societatis vermag nicht die Voraussetzung des Mißverhältnisses zwischen Leistung und Gegenleistung zu ersetzen.

---

[70] Das betont jetzt auch Diekgräf, S. 250 unter bb), S. 252 unter (a), S. 255 unter cc) und schließt hieraus zu Recht ebenfalls, daß allein das Kriterium der causa societatis zur Bestimmung eines Verstoßes gegen § 57 Abs. 1 S. 1 AktG nicht ausreicht.

[71] Vgl. oben S. 58 mit Fn. 57.

c) Erfordernis einer zusätzlichen Einschränkung des Verbots der Einlagerückgewähr

Es ist jedoch zu erwägen, ob das Kriterium des Mißverhältnisses eines Leistungsaustausches zwischen Aktiengesellschaft und Aktionär zu Lasten der Aktiengesellschaft eine hinreichende Voraussetzung einer unzulässigen Einlagerückgewähr ist oder ob ein zusätzliches einschränkendes Merkmal notwendig ist.

Für das Erfordernis einer weiteren, einschränkenden Voraussetzung sprechen gute Gründe. Die allgemeine Rechtssicherheit wäre erheblich gefährdet, wenn jede Vermögensminderung zugunsten eines Aktionärs einen Verstoß gegen § 57 Abs. 1 S. 1 AktG zur Folge hätte. Jeder vertragliche Leistungsaustausch zwischen Aktiengesellschaft und Aktionär würde für beide Parteien zu einem schwer kalkulierbaren Risiko, da stets die Gefahr bestünde, daß ein erst erheblich später offenbar werdendes Mißverhältnis zur Nichtigkeit[72] des Rechtsgeschäfts führen würde. Eine Aktiengesellschaft und ihre Aktionäre könnten diese Unsicherheit nur verhindern, indem sie von jeglichen Geschäftsbeziehungen untereinander absähen. Diese Folge beabsichtigt das Aktiengesetz aber nicht.

aa) Vormalige Begrenzung des Verbots

Eine Einschränkung des Verbots wurde in der Literatur und der Rechtsprechung von jeher vorgenommen. Allerdings sind die Methoden sehr unterschiedlich und ihnen ist gemeinsam, daß sie häufig nicht begründet werden. Eine Begründung ist jedoch erforderlich, um die Geeignetheit und die Erforderlichkeit einer solchen Begrenzung bewerten zu können. So muß die Einschränkung angesichts der Bedeutung des Grundsatzes der Kapitalaufbringung und -erhaltung den Interessen der Aktionäre und der Aktiengesellschaft nach Rechtssicherheit bei dem Abschluß von Rechtsgeschäften untereinander unter möglichst geringer Einschränkung des Verbots Rechnung tragen.

Die früher herrschende Meinung[73] beschränkte das Verbot der Einlagerückgewähr auf Rechtsgeschäfte der Aktiengesellschaft mit einem Erstaktionär, da nur er eine "Einlage" geleistet habe. Von einer Begrenzung des Verbots mittels des Begriffs der Einlage sind Rechtsprechung und Literatur allerdings zu Recht abgerückt.[74] Außer im Wege der Tatbestandseinschränkung kann ein Schutz

---

[72] Zur Nichtigkeit als Rechtsfolge der Verletzung des § 57 Abs. 1 S. 1 AktG vgl. unten S. 138 ff.

[73] Vgl. oben S. 57 ff.

[74] Vgl. oben S. 58.

der Beteiligten auch durch eine Einschränkung der Rechtsfolgen bei Verletzung des Verbots des § 57 Abs. 1 S. 1 AktG erreicht werden. Eine solche Begrenzung wird in der Literatur ebenfalls vorgeschlagen.[75] Das Rechtsgeschäft solle nicht insgesamt nichtig, sondern unter Heranziehung des § 139 BGB teilwirksam sein. Ungeachtet anderer Einwände[76] kann dieser Vorschlag jedenfalls nicht ausreichend zur Schaffung der erforderlichen Rechtssicherheit beitragen, denn der Aktionär bliebe weiterhin der Gefahr drohender Rückforderungsansprüche ausgesetzt. Es ist also auf der Tatbestandsseite nach möglichen Einschränkungen zu suchen.

bb) Causa societatis als zusätzliches subjektives Merkmal

In der Literatur wird die Ansicht vertreten, eine Einlagerückgewähr erfordere eine zusätzliche, subjektive Voraussetzung. Das Motiv der Vorteilszuwendung müsse die Gesellschaftereigenschaft des Begünstigten sein. Das Rechtsgeschäft müsse also gerade im Hinblick auf seine mitgliedschaftliche Position erfolgen.[77] Das Merkmal der Leistung causa societatis tritt somit als zusätzliches subjektives Kriterium neben die Voraussetzung des Mißverhältnisses. Die Auslegung des Kriteriums ist bereits wieder umstritten,[78] notwendig wäre jedoch zumindest die Kenntnis der Gesellschaft von der Aktionärsstellung des Leistungsempfängers.

Gegen eine solche Voraussetzung spricht zunächst, daß der Nachweis einer positiven Kenntnis typischerweise schwer zu erbringen ist. Dies bedeutete eine

---

[75] Dazu ausführlich unten S. 138, 140.

[76] Vgl. unten S. 138 mit Fn. 188.

[77] Hefermehl/Bungeroth, in: Geßler/Hefermehl/Eckardt/Kropff, § 57 Rn. 13 m. w. N.; Barz, in: GroßKomm., § 57 Anm. 3; Geßler, FS Fischer, S. 131, 136; Flume, Jur. Pers., § 8 IV 2 b, S. 287; Zöllner, Schranken, S. 316; Diekgräf, S. 88 f.; Wilhelm, FS Flume, S. 379 f.; Ballerstedt, S. 118 f., der im Ergebnis dennoch auch ohne Kenntnis einen Verstoß gegen § 57 Abs. 1 S. 1 AktG bejaht, vgl. Fn. 78.

[78] Nach Barz, in: GroßKomm., § 57 Anm. 3 ist Kenntnis der Aktionärseigenschaft und Kenntnis eines Mißverhältnisses zwischen Leistung und Gegenleistung auf Seiten der Aktiengesellschaft erforderlich. Nach Zöllner, Schranken, S. 316 ist sogar eine Umgehungsabsicht betreffend das Verbot der Einlagerückgewähr notwendig. Ballerstedt, S. 118 f. verlangt zwar grundsätzlich ein zumindest stillschweigendes Einverständnis der Parteien, daß die Leistung als Gewinn oder in sonstiger Weise als Vergütung aus gesellschaftlicher causa erfolge. Zugleich vertritt er aber die Ansicht, daß die gesellschaftliche Treue den Gesellschafter verpflichte, jede einseitige Zahlung als Einlagerückgewähr gelten zu lassen. Wilhelm, FS Flume, S. 337, 382 bejaht eine solche Treuepflicht nur, wenn ein Beherrschungsverhältnis besteht.

erhebliche Gefahr für den Grundsatz der Kapitalaufbringung und -erhaltung. Bei einem Vergleich, der die Rücknahme einer Anfechtungsklage beinhaltet, hat die Aktiengesellschaft allerdings notwendigerweise Kenntnis von der Aktionärseigenschaft des Vertragspartners.

Darüber hinaus ist gegen das Kriterium vor allem einzuwenden, daß es zu einem unangemessenen Risiko auf Seiten der Aktionäre führt, deren Aktionärseigenschaft der Gesellschaft mehr oder weniger zufällig bekannt ist. Zwar wird eine Aktiengesellschaft zumeist nur ihre Großaktionäre kennen, und bei diesen ist in der Praxis die Gefahr besonders groß, daß sie ihren Einfluß dazu nutzen, besondere Vorteile zu erlangen. Dennoch ist kein Grund erkennbar, daß gerade die Aktionäre, deren Gesellschaftereigenschaft der Aktiengesellschaft bekannt ist, sei es nun ein Großaktionär oder zufällig bekannte Kleinaktionäre, bei sämtlichen Rechtsgeschäften mit der Aktiengesellschaft stets das Risiko eines Mißverhältnisses tragen müssen. Außerdem kann bei fehlender Kenntnis der Aktionärsstellung eine Einlagerückgewähr nicht stets ausgeschlossen sein. Bereits aus § 62 Abs. 1 S. 2 AktG folgt, daß der Aktionär auch bei einem fahrlässigen Verhalten nicht schutzwürdig zu sein braucht, weil der Grundsatz der Kapitalaufbringung und -erhaltung übergeordnete Bedeutung hat.

Somit hängt die Schutzwürdigkeit der Aktiengesellschaft und des Aktionärs nicht von der Kenntnis der Aktiengesellschaft über die Aktionärseigenschaft des Vertragspartners ab. Ein subjektives Kriterium als weitere Voraussetzung des § 57 Abs. 1 S. 1 AktG kann keine Zustimmung finden.

cc) Geringfügiges Mißverhältnis zwischen Leistung und Gegenleistung

Ein anderer Teil der Literatur schränkt das Verbot der Einlagerückgewähr mit dem Argument ein, daß ein rechtlich relevantes Mißverhältnis zwischen Leistung und Gegenleistung fehle, wenn sich die Aktiengesellschaft bei ihrer Leistung im Rahmen eines gewissen Bewertungsspielraums halte. In der Praxis sei ein wahrer Wert der Aktionärsleistung nicht ermittelbar, sondern es könne stets nur eine Bandbreite mehrerer möglicher Bewertungen angegeben werden.[79] Dem Erfordernis der Wahrung der Rechtssicherheit wird mit diesem Maßstab aber nicht ausreichend Rechnung getragen. Es bestünde weiterhin das zum Zeitpunkt des Vertragsschlusses nicht vermeidbare Risiko, daß sich

[79] Luther, S. 37; Lutter, in: Kölner Komm., § 57 Rn. 16-20, dessen Differenzierung in Rn. 17 f. mit der Bedeutung des Begriffs "Marktpreis" nicht vereinbar erscheint; ähnlich: Barz, in: GroßKomm., § 57 Anm. 3, der aus obigem Maßstab ein subjektives Kriterium ableiten will; Ballerstedt, S. 121, der ebenfalls ein subjektives Element erkennen läßt.

nachträglich neue Aspekte ergeben, die ein Überschreiten einer zulässigen Bandbreite anzeigen. Aus § 62 Abs. 1 S. 2 AktG kann nunmehr in umgekehrter Weise geschlossen werden, daß ein nicht fahrlässig handelnder Aktionär in einem gewissen Maße schutzwürdig ist. Die erforderliche Rechtssicherheit kann nicht gewährleistet werden, indem man ein rechtlich relevantes Mißverhältnis bei geringen Abweichungen des Wertes der Leistung von dem der Gegenleistung verneint. Eine solche Einschränkung des Verbotstatbestandes ist zum Schutze der Vertragspartner nicht geeignet.

dd) Erkennbarkeit des Mißverhältnisses als zusätzliches Merkmal

Als weiteres Kriterium zur Begrenzung des Verbots der Einlagerückgewähr bietet sich die Kenntnis oder die Erkennbarkeis des Mißverhältnisses zwischen Leistung und Gegenleistung an.[80]

Auch diese Ansicht findet Zustimmung in der Literatur, wenn auch in unterschiedlichem Maße. Einige Autoren vertreten die Auffassung, eine unzulässige Einlagerückgewähr komme nur in Betracht, wenn das Mißverhältnis von der Aktiengesellschaft oder auch zusätzlich von dem Aktionär tatsächlich erkannt worden ist.[81] Andere Autoren erachten es als ausreichend, wenn der Vorstand der Gesellschaft das Mißverhältnis bei Beachtung der Sorgfalt eines ordentlichen und gewissenhaften Geschäftsleiters hätte erkennen können.[82]

Verlangte man tatsächlich eine Kenntnis von dem Mißverhältnis, sei es nur auf Seiten der Gesellschaft oder auch des Aktionärs, handelte es sich erneut um ein subjektives Kriterium. Das bedeutete einerseits einen starken Schutz der Rechtsgeschäfte zwischen Aktiengesellschaft und Aktionär, andererseits allerdings auch eine ganz erhebliche Einschränkung des Vermögensschutzes der Aktiengesellschaft. Weisser[83] begründet die nach seiner Auffassung erforderliche beiderseitige Vereinbarung einer Einlagerückgewähr damit, daß auch im Handelsrecht Privatautonomie und Vertragsfreiheit gälten und daß daher eine

---

[80] Dieser Maßstab ist nicht auf die Kenntnis oder die Erkennbarkeit der Aktionärsstellung bezogen, dazu vgl. oben S. 59 ff.

[81] Barz, in: GroßKomm., § 57 Anm. 3; Wilhelm, FS Flume, S. 337, 379; Weisser, Gewinn, S. 107. Oftmals erfolgt allerdings keine genaue Bestimmung der subjektiven Elemente. Vgl. etwa: Hefermehl/Bungeroth, in: Geßler/Hefermehl/Eckardt/Kropff, § 57 Rn. 13.

[82] Döllerer, BB 67, 1437, 1443; Gail, WPg 70, 237, 240; Luther, S. 37 f.; Horn, ZIP 87, 1225, 1227; Holtermann, BB 88, 1538, 1539; wohl auch Mestmäcker, Verwaltung, S. 233.

[83] Weisser, S. 107.

Einlagerückgewähr ohne eine entsprechende Vereinbarung nicht vorliegen könne. Das überzeugt nicht, weil § 57 Abs. 1 S. 1 AktG eine Verbotsnorm im Interesse Dritter, d. h. der übrigen Aktionäre und der Gesellschaftsgläubiger, ist. Die Auslegung der zwingenden Vorschrift erfolgt unabhängig von Parteivereinbarungen nach dem Schutzzweck der Norm. Die Parteien können daher einen Verstoß gegen das Verbot des § 57 Abs. 1 S. 1 AktG nicht durch die bloße Abrede vermeiden, daß die Leistung keine Einlagerückgewähr sein solle. Der Grundsatz der Privatautonomie wird hierbei nicht berührt.

Darüber hinaus spricht auch hier gegen das subjektive Kriterium, daß die Schutzwürdigkeit des Aktionärs bei einem fahrlässigen Verhalten im Regelfall zu verneinen ist. Das ist aus § 62 Abs. 1 S. 2 AktG zu schließen.

Beide Bedenken sind ausgeräumt, wenn man eine verbotene Einlagerückgewähr bereits dann bejaht, sobald das Mißverhältnis nur erkennbar ist. Der BFH hat diese Ansicht bei dem parallel gelagerten Problem des steuerrechtlichen Verbots der verdeckten Gewinnausschüttung vertreten. Dieses Verbot ist jetzt in § 8 Abs. 3 S. 2 KStG (1977) geregelt. In ständiger Rechtsprechung bejaht der BFH eine verdeckte Einlagerückgewähr, "wenn eine Kapitalgesellschaft einem Gesellschafter einen Vermögensvorteil zuwendet, den sie bei Anwendung der Sorgfalt eines ordentlichen und gewissenhaften Geschäftsleiters einem Nichtgesellschafter nicht gewährt hätte".[84] Die Übertragung dieses Maßstabs auf die Bewertung einer Leistung als handelsrechtlich unzulässige Einlagerückgewähr ist im Recht der GmbH nahezu unbestritten.[85] Auch der BGH hat sich dieser Ansicht zu § 30 Abs. 1 GmbHG ausdrücklich angeschlossen.[86]

Für eine entsprechende Auslegung des § 57 Abs. 1 S. 1 AktG spricht, daß dann in Übereinstimmung mit § 62 Abs. 1 S. 2 AktG ein nur fahrlässiges Verhalten einer unzulässigen Einlagerückgewähr nicht entgegensteht. Zugleich wird damit den Interessen der Gläubiger der Gesellschaft in weit größerem Maße Schutz vor einer Verminderung des Gesellschaftsvermögens gewährt. § 62 Abs. 1 S. 2 AktG setzt allerdings ein grob fahrlässiges Verhalten des Aktionärs voraus. Dieser erhöhte Schutz des Aktionärs ist mit dem in § 62

---

[84] BFHE 150, 524, 527 mit weiteren Nachweisen; BFHE 152, 74, 75 f.; für die Literatur: Klemm, DStR 88, 484, 485; Knobbe-Keuk, Bilanz- und Unternehmenssteuerrecht § 19 I 1, S. 525 gegen subjektive Elemente; a. A. nur: J. Lange, Gewinnausschüttungen, Rn. 41-43, S. 60-62.

[85] Hueck, in: Baumbach/Hueck, § 29 GmbHG Rn. 70 mit umfangreichen Nachweisen; Westermann, in: Scholz, § 30 Rn. 18; Goerdeler-Müller, in: Hachenburg, § 30 Rn. 39.

[86] BGH WM 87, 348, 349 mit umfangreichen Nachweisen.

Abs. 1 S. 2 AktG geregelten Leistungsgegenstand zu begründen. Nur bei dem Empfang der Dividende verdient der Aktionär diesen besonderen Schutz. Andererseits kann aus dieser Regelung geschlossen werden, daß in den übrigen Fällen einer einseitigen Leistungsgewährung jedes fahrlässige Verhalten der Aktiengesellschaft oder des Aktionärs ausreicht, um eine Einlagerückgewähr zu begründen.

Gegen das Kriterium kann nicht eingewandt werden, daß der BFH mit dieser zusätzlichen Voraussetzung das steuerrechtliche Verbot der verdeckten Gewinnausschüttung eingeschränkt hat und diese Begrenzung auf das Aktienrecht nicht übertragbar sei. Zwar ist das Regelungsziel beider Normen nicht identisch. § 57 Abs. 1 S. 1 AktG bezweckt einen Schutz der Gesellschaftsgläubiger und der übrigen Gesellschafter,[87] während das Verbot des § 8 Abs. 3 S. 2 KStG eine ordnungsgemäße Besteuerung der Gesellschaft sichert. Gemeinsam ist aber beiden Normen das Ziel einer Einschränkung des Verbotstatbestands, um die Rechtssicherheit zu wahren. Diese Übereinstimmung ist es auch, die zur Übernahme des Kriteriums zur Beschränkung des § 30 GmbHG geführt hat. Für die gleichmäßige Beschränkung einer steuerrechtlichen und einer handelsrechtlich unzulässigen Einlagerückgewähr spricht zudem, daß der BFH das einschränkende steuerrechtliche Kriterium unter Heranziehung der aktienrechtlichen Vorschriften des § 93 AktG entwickelt hat.[88]

Ausschlaggebend für die Übertragung dieses Kriteriums als weitere Voraussetzung des § 57 Abs. 1 S. 1 AktG ist folgende Überlegung: Als zusätzliches Merkmal zur Begrenzung des Verbots der Einlagerückgewähr vermag nur ein Kriterium zu überzeugen, das dem Risiko eines Verstoßes gegen § 57 Abs. 1 S. 1 AktG unmittelbar entgegenwirkt. Nur so ist einerseits ein wirksamer Schutz des Geschäftsverkehrs zwischen Aktiengesellschaft und Aktionär möglich und andererseits das Interesse der Gesellschaftsgläubiger an einem weitestmöglichen Schutz des Vermögens der Gesellschaft gewahrt. Ursache der Rechtsunsicherheit im Geschäftsverkehr zwischen Aktiengesellschaft und Aktionär ist die zum Zeitpunkt des Abschlusses des Rechtsgeschäfts vorhandene Ungewißheit, ob das Vermögen der Aktiengesellschaft durch ein Mißverhältnis der vertraglichen Leistung und Gegenleistung gemindert wird. Eines Schutzes bedürfen die Parteien, wenn dieses Mißverhältnis zum Zeitpunkt des Vertragsabschlusses auch bei sorgfältiger Nachprüfung nicht erkennbar ist. Der Vorstand der Aktiengesellschaft muß hierbei gemäß § 93 Abs. 1 S. 1 AktG die Sorgfalt eines ordentlichen und gewissenhaften Geschäftsleiters beachten.

---

[87] Ballerstedt, S. 132, vgl. oben S. 58 mit Fn. 56.

[88] BFHE 152, 75 f.; 150, 339; 150, 527; 141, 271.

Das Kriterium des BFH wird also dem Schutzbedürfnis in vollem Umfang gerecht und ist daher zur Einschränkung des Verbotstatbestandes des § 57 Abs. 1 S. 1 AktG heranzuziehen.

Der BFH hat allerdings die Ansicht vertreten, die einschränkende Voraussetzung gelte nicht, wenn eine verdeckte Gewinnausschüttung im Rahmen eines Rechtsgeschäfts zu beurteilen ist, das nur zwischen Aktiengesellschaft und Aktionär abgeschlossen werden kann.[89] Wenn ein Vergleich mit einem Drittgeschäft ausgeschlossen ist, sei auch das Kriterium des Handelns eines ordentlichen und gewissenhaften Geschäftsführers nicht heranzuziehen. Auch in der Literatur[90] wird die Ansicht vertreten, daß eine einseitige Zuwendung eines Vermögensvorteils im Rahmen eines nur zwischen Aktiengesellschaft und einem Aktionär möglichen Rechtsgeschäfts ohne weiteres auch eine handelsrechtlich unzulässige Einlagerückgewähr sei. Die Einschränkung verdient Beachtung, betrifft sie doch auch einen möglichen Vergleichsvertrag über eine erhobene Anfechtungsklage des Aktionärs. Auch ein solcher Vergleich kann notwendig nur zwischen Aktionär und Aktiengesellschaft geschlossen werden. Die Ausweitung des Verbots der Einlagerückgewähr kann zumindest bei dem handelsrechtlichen Verbot nicht überzeugen. Ob der Vorstand die allgemeinen Regeln sorgfältiger Geschäftsführung beachtet hat, kann auch ohne Heranziehung eines Drittvergleichs unmittelbar aus den ihn treffenden Sorgfaltspflichten ermittelt werden. Auch das Drittgeschäft ist nur ein Rechtsgeschäft, dessen Konditionen unter Anlegung der allgemeinen Regeln ordnungsmäßiger Geschäftsführung ermittelt werden. Es ist nur ein Hilfsmittel zur Ermittlung des pflichtgemäßen Verhaltens.

Es ist weder notwendig noch angemessen, bei einem Teil der zwischen Aktiengesellschaft und Aktionär abgeschlossenen Rechtsgeschäfte auf die zusätzliche Voraussetzung der Erkennbarkeit des Mißverhältnisses zu verzichten. Ein Rechtsgeschäft zwischen Aktionär und Aktiengesellschaft ist nicht weniger schutzwürdig, wenn ein Drittvergleich nicht möglich ist. Die Parteien haben stets ein berechtigtes Interesse, daß die Rechtssicherheit gewahrt bleibt. Es ist kein sachlicher Grund ersichtlich, der es erforderlich erscheinen läßt, daß ein nicht erkennbares Mißverhältnis zur Nichtigkeit des Vertrags führen müßte.

---

[89] BFH WM 85, 537, 539; BFHE 141, 266, 271; zustimmend Knobbe-Keuk, § 19 I 1, S. 526 Fn. 20, die zu Recht darauf hinweist, daß eine verdeckte Gewinnausschüttung auch dann stets zumindest eine einseitige Zuwendung eines Vermögensvorteils erfordert.

[90] Lutter, in: Kölner Komm., § 57 Rn. 21; Flume, Jur. Pers. § 8 IV 2 b, S. 290.

Zusammenfassend ergibt sich, daß ein Rechtsgeschäft zwischen Aktiengesellschaft und Aktionär gegen § 57 Abs. 1 S. 1 AktG verstößt, wenn ein Mißverhältnis zwischen Leistung und Gegenleistung zu Lasten der Aktiengesellschaft vorliegt und ein ordentlicher und gewissenhafter Vorstand es erkannt und daher das Rechtsgeschäft nicht abgeschlossen hätte. Die gleiche Voraussetzungen gelten für ein Rechtsgeschäft, das aus objektiven Gründen nur zwischen der Aktiengesellschaft und einem Aktionär abgeschlossen werden kann. Die Voraussetzung der Erkennbarkeit des Mißverhältnisses sollte nicht als Leistung causa societatis umschrieben werden. Es ist zum einen keine notwendig subjektive Voraussetzung, zum anderen wird der Begriff in der Literatur in vielfältiger Weise verwandt.

3. Ausgeglichenheit zwischen Leistung und Gegenleistung bei Abschluß des Vergleichs

Auch bei einem Vergleich über die Rücknahme einer Anfechtungsklage setzt ein Verstoß gegen § 57 Abs.1 S.1 AktG daher zunächst voraus, daß einer vermögenswerten Leistung der Aktiengesellschaft keine gleichwertige Leistung des Aktionärs gegenübersteht. Das erfordert die Feststellung des Vermögenswertes der von dem Aktionär im Zuge des Vergleichs erbrachten Leistungen.

a) Nichtgeltendmachung des Anfechtungsrechts als vermögenswerte Leistung

Im Rahmen des Vergleichsvertrags verpflichtet sich der Aktionär, sein Anfechtungsrecht nicht weiter zu verfolgen. Die Parteien können dabei im Einzelfall einen Prozeßvergleich oder einen außerprozessualen Vergleich abschließen. Auf den Vermögenswert der Leistung hat das keinen Einfluß.

aa) Vermögenswert bei Verfolgung eigener wirtschaftlicher Interessen

Folgt man der üblichen Qualifizierung der Aktionärsrechte in Mitverwaltungs- und Vermögensrechte,[91] so gehört das Anfechtungsrecht zu der Gruppe der Mitverwaltungsrechte, da seine Geltendmachung und Durchsetzung zur Wiederherstellung eines rechtmäßigen Verwaltungshandelns führt. Das Anfechtungsrecht kann dennoch zugleich einen Vermögenswert aufweisen, so daß der

---

[91] Hueck, Gesellschaftsrecht, § 26 III 3 a, S. 244; Kübler, Gesellschaftsrecht, § 15 II 4 b, S. 185; noch weiter differenzierend: K. Schmidt, § 19 III 3 c aa, S. 412; vgl. aber auch § 28 I 1 a, S. 608; Wiedemann, § 71 II, S. 366.

Aktionär mit seinem Verzicht auch eine vermögenswerte Leistung an die Aktiengesellschaft erbringt. So kann der opponierende Aktionär mit der Ausübung seines Rechts immer dann wirtschaftliche Interessen verfolgen, wenn er einen rechtswidrigen Beschluß anficht, der den Vermögenswert seiner Beteiligung mindert.[92] Zwar steht zum Zeitpunkt des Vergleichsschlusses noch nicht fest, ob der Beschluß tatsächlich rechtswidrig ist. Die Auswirkungen dieser Ungewißheit sind aber erst in einem zweiten Schritt zu bestimmen.[93]

Vermögenswerte Interessen des Aktionärs sind beispielsweise durch einen rechtswidrigen Dividendenbeschluß betroffen, bei dem ein Mehrheitsgesellschafter unter Verletzung des § 243 Abs. 2 S. 1 AktG für eine zu geringe Ausschüttung gestimmt hat, um zum Schaden der übrigen Aktionäre einen Sondervorteil zu erlangen.[94] Der Anfechtungskläger erstrebt dann mit seiner Klage das vermögenswerte Ziel einer erneuten Beschlußfassung und die Ausschüttung einer angemessenen Dividende. Ein solches Interesse verfolgt der Aktionär ebenfalls, wenn er einen Zustimmungsbeschluß zu einer Geschäftsführungsmaßnahme anficht, die den Vermögenswert seiner Beteiligung beeinträchtigt. Dies gilt insbesondere bei Maßnahmen, die wegen ihrer erheblichen Einwirkung auf die Rechtsstellung der Aktionäre der Zustimmung der Hauptversammlung bedürfen.[95] Der vermögenswerte Charakter des Anfechtungsrechts und damit auch des Verzichts kann nicht mit dem Argument bestritten werden, der Aktionär verzichte bei einer Klagerücknahme nicht nur auf einen eigenen Vorteil, sondern füge der Aktiengesellschaft gleichzeitig einen Schaden zu, da nun die Maßnahme, die das Gesellschaftsvermögen mindere, durchgeführt werde. Die Vermögensminderung der Gesellschaft tritt nicht unmittelbar durch das Aktionärsverhalten ein, sondern durch eine sich anschließende Maßnahme des Vorstands gegenüber Dritten, bei dem die Gesellschaft zu ihren Lasten den Dritten einen Vorteil einräumt. Die vermögenswerte Leistung, die der Aktionär an die Aktiengesellschaft erbringt, ist sein Verzicht auf das Recht, die Aktiengesellschaft an einer ihn schädigenden Maßnahme zu hindern.

---

[92] Vgl. oben S. 18; ebenso Martens, AG 88, 118, 134 mit Fn. 34. Auch Diekgräf, S. 265 erkennt im Grundsatz an, daß der Aktionär ein vermögenswertes Ziel verfolgt, wenn er etwa einen Kapitalerhöhungsbeschluß anficht, der mit einem Bezugsrechtsausschluß verbunden ist. Ein Ausgleich verstoße nicht gegen § 57 Abs. 1 S. 1 AktG, er müsse aber wegen bestehender institutioneller Schranken an alle Aktionäre erfolgen. Zu den institutionellen Schranken vgl. Diekgräf, S. 158 ff. und unten S. 95 ff. mit S. 96 mit Fn 197. Unklar bleibt jedoch, ob die institutionellen Schranken auch bestehen sollen, wenn die Rechtswidrigkeit des Beschlusses ungewiß ist, vgl. Diekgräf, S. 161 f.

[93] Dazu unten S. 76 ff.

[94] Ein Beispiel ist BGH WM 62, 456, 457.

[95] BGHZ 83,122, 131 in der sog. Holzmüller-Entscheidung; dazu K. Schmidt, S. 662, 704 m. w. N.

Es gibt allerdings eine gesetzliche Schranke, die einer Bewertung des Verzichts des Aktionärs als eine vermögenswerte Leistung an die Aktiengesellschaft entgegenstehen kann. Der Aktionär kann mit der Geltendmachung eines Anfechtungsrechts keine Vermögensinteressen erstreben, soweit er zu ihrer Verfolgung auf das Spruchstellenverfahren nach § 306 AktG, § 30 UmwG angewiesen ist. Besteht die Möglichkeit eines solchen Spruchstellenverfahrens zur Wahrnehmung bestimmter Vermögensinteressen, so ist dieses gemäß ausdrücklicher gesetzlicher Anordnung[96] ausschließlich zu deren Wahrnehmung eingerichtet. Es dient der Bestimmung eines angemessenen Ausgleichs- oder Abfindungsbetrags nach §§ 304 f. AktG bei Abschluß eines Beherrschungs- und Gewinnabführungsvertrags, der Bestimmung des Abfindungsbetrags in Folge eines Eingliederungsbeschlusses gemäß § 320 Abs. 5 AktG, der Bestimmung des Umtauschverhältnisses im Rahmen einer Verschmelzung nach § 340 Abs. 2 Nr. 3 AktG sowie der Bestimmung der Art und Höhe der Gegenleistung bei einer Vermögensübertragung gemäß §§ 359 Abs. 2 S. 1 und 4, 360 Abs. 2 S. 1 und 2 AktG[97] sowie der Bestimmung einer angemessenen Barabfindung bei einer formwechselnden, § 375 Abs. 2 S. 2 AktG, und einer übertragenden Umwandlung, §§ 13 S. 2, 15 Abs. 1 S. 1, 19 Abs. 3, 22 Abs. 2 UmwG.[98] Dem Anfechtungsrecht eines außenstehenden Aktionärs gegen einen zustimmenden Hauptversammlungsbeschluß zu einem Beherrschungsvertrag, einer Fusion, einer Eingliederung, einer Vermögensübertragung oder einer Umwandlung kann daher kein Vermögenswert beigemessen werden. Mit ihm kann der Aktionär nur die Beseitigung einer Beeinträchtigung seiner Mitverwaltungsrechte erstreben.

bb) Fehlen einer Vorteilserstrebung in den übrigen Fällen

Verfolgt der opponierende Aktionär mit seiner Anfechtungsklage das Ziel, seine sonstigen mitgliedschaftlichen Rechte zu wahren oder die Rechtmäßigkeit eines Hauptversammlungsbeschlusses sicherzustellen,[99] so sind mit der Klage keine vermögenswerten Interessen des Aktionärs verbunden. Dem Aktionär

---

[96] §§ 304 Abs. 3 S. 2, 320 Abs. 6, 352 c Abs. 1 S. 1, 359 Abs. 2 S. 1, 360 Abs. 2 S. 1 AktG, §§ 13 S. 1, 15 Abs. 1 S. 1, S. 2, 19 Abs. 3, 22 Abs. 2 UmwG.

[97] Auch bei einer Vermögensübertragung nach § 361 AktG hat der BGH ein Spruchstellenverfahren in analoger Anwendung der §§ 305 f. AktG erwogen: BGHZ 82, 188, 193.

[98] Die Verweisung auf das Spruchstellenverfahren erfolgt in den §§ 320 Abs. 6 S. 2, 352 c Abs. 2 S. 3, 359 Abs. 2 S. 1, 360 Abs. 2 S. 1, 375 Abs. 2 S. 2 AktG, 13 S. 2, 15 Abs. 1 S. 2, 19 Abs. 3, 20 S. 1, 22 Abs. 2 UmwG.

[99] Vgl. oben S. 18.

entstehen insoweit keine Vermögensnachteile, wenn er von einer Weiterverfolgung seines Rechts absieht.

cc) Nachteile der Aktiengesellschaft

Es ist zu erwägen, ob ein Vermögenswert der Anfechtungsklage damit begründet werden kann, daß der Gesellschaft infolge der Rechtshängigkeit des Anfechtungsverfahrens und der damit verbundenen Beeinträchtigung ein erheblicher Schaden drohen kann. Der mögliche Verzögerungsschaden wurde bereits oben dargelegt.[100] Bei einer gerichtlichen Nichtigerklärung des Hauptversammlungsbeschlusses beschränkt sich zudem der Schaden der Aktiengesellschaft nicht auf den Verzögerungsschaden, da die Aktiengesellschaft den Beschluß endgültig nicht durchführen könnte.[101] Nur wenn die Rechtswidrigkeit einzig aus einem Verfahrensfehler folgt, kann die Vermögensminderung durch einen erneuten fehlerfreien Beschluß quasi auf einen Verzögerungsschaden begrenzt werden.

Es ist allerdings aus mehreren Gründen bedenklich, den Vermögenscharakter des Anfechtungsrechts des Aktionärs mit dem der Aktiengesellschaft drohenden Schaden zu begründen. Zum einen ist zu beachten, daß der Aktionär insoweit mit der Geltendmachung des Anfechtungsrechts keinen Vermögensvorteil erstreben kann. Übt er das Anfechtungsrecht aus, so hat eine Schädigung der Aktiengesellschaft stattdessen auch eine Wertminderung des Mitgliedschaftsrechts des Aktionärs zur Folge. Die Rücknahme der Anfechtungsklage bewirkt dann nicht nur eine Begünstigung der Aktiengesellschaft, sondern zugleich - wenn auch nur mittelbar - einen Vermögensvorteil des Aktionärs selbst.

Grundlegend ist ein zweiter Einwand. Die Beurteilung des Vermögenswertes erfolgte bisher aus der Sicht der besonderen Situation der Aktiengesellschaft und dem ihr drohenden großen Schaden. Ein Blick auf § 138 Abs. 2 BGB zeigt aber, daß der Vermögenswert des Gegenstands eines Rechtsgeschäfts bei unterschiedlich starken Interessen beider Parteien an dem Abschluß eines Rechtsgeschäfts nicht unter dem Aspekt der Zwangslage einer Partei ermittelt werden darf. Zutreffend hat der BGH mehrfach dargelegt, daß nicht das besondere Interesse eines Vertragsteils an der Leistung bei der Ermittlung des Vermö-

---

[100] Vgl. oben S. 46 ff.

[101] Zu erwägen ist, ob es nicht an einem weitergehenden Schaden fehlt, weil man bei der Ermittlung der hypothetischen Vermögenslage eine rechtswidrige Vermögensposition nicht berücksichtigen darf. Aber ein unanfechtbarer, wenn auch mit Rechtsmängeln behafteter Hauptversammlungsbeschluß ist rechtswirksam. Und ein wirksamer Beschluß hat auch einen Vermögenswert.

genswertes ausschlaggebend sei, sondern nur der objektive Wert.[102] Das besondere Interesse kann der Annahme eines Mißverhältnisses von Leistung und Gegenleistung daher gerade nicht entgegenstehen.[103] Und ein solches Sonderinteresse ist der der Aktiengesellschaft drohende Schaden bei der Durchsetzung des Anfechtungsrechts, eben weil kein mit ihm korrespondierendes Interesse des Aktionärs besteht. Das Sonderinteresse der Aktiengesellschaft kann daher bei der Ermittlung des Vermögenswertes nicht mit einfließen.[104]

Die Vermeidung eines Schadens auf Seiten der Gesellschaft als Folge des Verzichts auf eine weitere Geltendmachung des Anfechtungsrechts kann somit nicht als vermögenswerte Leistung des Aktionärs an die Aktiengesellschaft bewertet werden.

b) Absehen von einem Anspruch auf Ersatz der Prozeßkosten

Als weitere vermögenswerte Leistung des opponierenden Aktionärs kommt ein Verzicht auf den Anspruch auf Ersatz seiner Prozeßkosten aus § 91 ZPO in Betracht. Auch hier gilt es zunächst, den Umfang des vermögenswerten Rechts darzustellen, bevor die Folgen der Ungewißheit des Bestehens des Rechts berücksichtigt werden können.[105]

Martens[106] und Diekgräf[107] sind der Ansicht, dem Aktionär könnten seine gesamten prozessualen und außerprozessualen Kosten erstattet sowie ein persönlicher Aufwand entgolten werden. Hommelhoff und Timm[108] vertreten die Auffassung, der Gesamtaufwand des Anfechtungsklägers könne pauschaliert werden. Er solle der Honorarvereinbarung in schiedsgerichtlichen Verfahren entsprechen. Hier würden in der Regel die Gebühren eines Prozeßanwalts in der zweiten Instanz vereinbart. Die Erstattung dieser Beträge setze allerdings

---

[102] BGH WM 84, 874, 875; WM 69, 1255, 1257; BGH LM Nr. 1 zu § 138 BGB (Ba); ebenso die Literatur: Hefermehl, in: Soergel, § 138 Rn. 74; Dilcher, in: Staudinger, § 138 Rn. 98; Mayer-Maly, in: Münch Komm, § 138 Rn. 118.

[103] Sonst könnte auch nie ein wucherisches Rechtsgeschäft vorliegen. Denn ist dem Interessenten trotz seines Sonderinteresses der Preis zu hoch, würde er das Geschäft nicht abschließen.

[104] Ebenso im Ergebnis Diekgräf, S. 94, 258, der sich aber zur Begründung auf die Fremdnützigkeit des Anfechtungsrechts beruft. Seine Ansicht vermag jedoch nicht zu überzeugen, weil das Anfechtungsrecht gerade kein fremdnütziges, sondern ein eigennütziges Recht des Aktionärs ist, vgl. oben S. 16 ff.

[105] Vgl. dazu unten S. 76 ff.

[106] Martens, AG 88, 118, 124.

[107] Diekgräf, S. 262 f.

[108] Hommelhoff/Timm, AG 89, 168, 170.

voraus, daß die Aktiengesellschaft die von dem Aktionär geltend gemachte Rechtswidrigkeit bereinige.[109] Diekgräf knüpft diese zusätzliche Voraussetzung nur an einen Ausgleich des persönlichen Aufwands des Klägers.[110]

Mit § 57 Abs. 1 S. 1 AktG ist allerdings nur eine vermögenswerte Leistung der Aktiengesellschaft vereinbar, die dem Wert des Anspruchs auf Erstattung der Prozeßkosten entspricht. Dieser in § 91 ZPO geregelte Anspruch gewährt einem Aktionär den Ersatz ihm entstandener Kosten, sofern sie zur zweckentsprechenden Rechtsverfolgung erforderlich waren. Dies bedeutet zum einen eine Beschränkung des Werts auf den Umfang der dem Aktionär tatsächlich entstandenen Kosten und zum zweiten gemäß § 91 Abs. 2 S. 1 ZPO bei den Kosten der Prozeßvertretung eine Begrenzung auf die gesetzlichen Gebühren und Auslagen nach den Sätzen der BRAGO.[111] Zwingende Folge ist, daß die Gesellschaft dem Aktionär nicht Zahlungen in Höhe der Prozeßkosten zweiter Instanz erstatten darf, solange der Prozeß noch in der ersten Instanz anhängig ist. Der weitergehende Lösungsvorschlag Hommelhoffs und Timms[112], den Wert des Ersatzanspruchs zu pauschalieren, kann aus diesem Grund keine Zustimmung finden.[113] Eine solche Pauschalierung ist nicht angemessen, weil sich die erstattungsfähigen Prozeßkosten ohne größere Umstände ermitteln lassen. Auch der Ansicht Martens und Diekgräf ist demnach nicht zuzustimmen, soweit sie Zahlungen über den Umfang des § 91 ZPO hinaus als Ausgleich für außerprozessuale Kosten und einen persönlichen Aufwand[114] als zulässig erachten. Diese Kosten müßte der Aktionär auch bei einer erfolgreichen Klage tragen, ohne einen Ausgleich zu erhalten. Bei einem Verzicht auf die weitere Geltendmachung des Anfechtungsrechts erbringt der Aktionär also insoweit keine vermögenswerte Leistung. Es ist daher auch unbeachtlich, ob sich die Aktiengesellschaft in dem Vergleich verpflichtet, der geltend gemachten Rechtswidrigkeit abzuhelfen.

Der Streitwert, anhand dessen die erstattungsfähigen Prozeßkosten zu ermitteln sind, richtet sich nach § 247 AktG. Eine Streitwertspaltung ist, sofern das Prozeßgericht sie bereits gemäß § 247 Abs. 2 S. 1 AktG angeordnet hat, wegen § 247 Abs. 2 S. 4 AktG nicht zu berücksichtigen. Der Streitwert bestimmt sich nicht nur nach dem klägerischen Interesse, sondern nach der

---

[109] Hommelhoff/Timm, AG 89, 168, 169.

[110] Diekgräf, S. 262 f.

[111] Leipold, in: Stein/Jonas, § 91 Rn. 88; Thomas/Putzo § 91 Anm. 3 c; Hartmann, in: Baumbach/Lauterbach/Albert/Hartmann § 91 Anm. 5 "Rechtsanwalt. A".

[112] Hommelhoff/Timm, AG 89, 168, 170.

[113] Im Ergebnis weitgehend ebenso Diekgräf, S. 264.

[114] Unklar ist bereits die Abgrenzung dieser beiden Positionen von einander.

Bedeutung der Sache für beide Parteien.[115] Persönliche Aufwendungen des opponierenden Aktionärs sind nach § 91 Abs. 1 S. 2 ZPO in einem gewissen Umfang erstattungsfähig, so daß auch in diesem Rahmen der Verzicht des Aktionärs einen Vermögenswert hat. Selbst wenn der Aktionär bereits vor Klageerhebung auf die weitere Geltendmachung des Anfechtungsrechts verzichtet, können ihm bereits erstattungsfähige Kosten entstanden sein, etwa Rechtsanwaltskosten nach § 32 BRAGO und möglicherweise eine angemessene Gebühr für die Erstellung eines Gutachtens, § 21 BRAGO, falls wegen der Schwierigkeit der Rechtsfragen ein solches erstattungsfähig ist.

Außerdem ist eine entstandene Vergleichsgebühr, § 23 BRAGO, erstattungsfähig. Allerdings kann sie nicht von dem Anspruch aus § 91 Abs. 2 S. 1 ZPO umfaßt sein, weil eine Kostenentscheidung nach § 91 ZPO nur ergeht, wenn ein Rechtsstreit durch Urteil beendet wird. Dennoch kann das nicht zu dem Ergebnis führen, daß der Verzicht auf Erstattung der Prozeßkosten diesen Teil der gesetzlichen Rechtsanwaltgebühren nicht umfaßt. Der Aktionär verzichtet in dem Vergleich nicht nur auf einen Anspruch aus § 91 ZPO, sondern auf alle Ansprüche, bei Rechtswidrigkeit des Hauptversammlungsbeschlusses keinerlei Prozeßkosten selbst tragen zu müssen. Hierzu gehört auch das Recht, eine selbst bei vergleichsweiser Beendigung des Rechtsstreits mögliche gerichtliche Kostenentscheidung herbeizuführen und somit nicht mit den Gebühren des Vergleichs belastet zu sein.[116] In der umfassenden Vereinbarung zwischen der Aktiengesellschaft und dem Aktionär ist auch ein Verzicht auf dieses vermögenswerte Recht enthalten.

c) Auswirkung der Ungewißheit der vermögenswerten Rechte

Es bleibt die Frage zu beantworten, ob der Vermögenswert des Verzichts deshalb geringer zu bewerten ist, weil zum Zeitpunkt des Vergleichsschlusses die Rechtswidrigkeit des Hauptversammlungsbeschlusses umstritten und daher das Bestehen der vermögenswerten Rechte des Aktionärs ungewiß ist. Bejahte man einen geringeren Wert, so könnte die Aktiengesellschaft auch nur eine

---

[115] Hüffer, in: Geßler/Hefermehl/Eckardt/Kropff, § 247 Rn. 1, 10; Zöllner, in: Kölner Komm., § 247 Rn. 6.

[116] Zu der Möglichkeit einer gerichtlichen Kostenentscheidung bei Beendigung des Verfahrens mittels Prozeßvergleichs vgl.: BGH JZ 65, 257, 258; Bay ObLG Rpfleger 80, 192, 193; OLG Zweibrücken OLGZ 83, 80, 81; Hartmann, in: Baumbach/Lauterbach/Albert/Hartmann, § 98 Anm. 2; Schneider/Herget, in: Zöller § 98 Rn. 3; Thomas/Putzo, § 98 Anm. 1 b; a. A. Leipold, in: Stein/Jonas, § 98 Rn. 7; Rosenberg/Schwab, § 87 II 4, S. 491.

geringere Gegenleistung an den Aktionär erbringen, ohne gegen das Verbot des § 57 Abs. 1 S. 1 AktG zu verstoßen.

Soweit in der Literatur[117] die Ansicht vertreten wird, die Aktiengesellschaft dürfe gewisse Zahlungen nur erbringen, wenn sie der von dem Opponenten geltend gemachten Rechtswidrigkeit abhelfe, bedeutet dies im Ergebnis eine solche Beschränkung der Vermögensrechte.

Um den Vermögenswert des ungewissen Prozeßkostenerstattungsanspruchs bestimmen zu können, gilt es zu erkennen, daß er zum Zeitpunkt des Vergleichsschlusses ein bedingter Anspruch ist.[118] Aufschiebende Bedingung ist das Obsiegen des Klägers im Rechtsstreit. Der Anspruch verliert durch seine Bedingtheit jedoch nicht seinen vermögensrechtlichen Charakter. Diese ist vielmehr ein zusätzliches Merkmal des Rechts, das bei der Bestimmung des Vermögenswertes beachtet werden muß. Ähnliches gilt für die Beurteilung der vermögenswerten Auswirkungen des Anfechtungsrechts selbst. Das Anfechtungsrecht ist zwar nicht bedingt, da sich die Ungewißheit seines Bestehens nicht infolge eines zukünftigen ungewissen Ereignisses ergibt, sondern stattdessen auf der Unsicherheit der tatsächlichen und rechtlichen Bewertung eines komplexen Sachverhalts beruht. Auch diese Ungewißheit ist aber als zusätzlicher Umstand bei der Beurteilung des Vermögenswerts heranzuziehen.

Erwägenswert ist, bei der Bewertung der ungewissen Rechte auf die Rechtsprechung des BFH[119] zu der Bildung von Rückstellungen für Prozeßrisiken in der Steuer- und in der Handelsbilanz zurückzugreifen. Eine solche Rückstellung erfordert es ebenfalls, eine Forderung zu beurteilen, deren Bestehen und Höhe ungewiß ist. Der BFH ist der Ansicht, daß eine Rückstellung nur erforderlich sei, wenn mehr Gründe für als gegen das Entstehen des umstrittenen Anspruchs sprechen.[120] Dann sei sie allerdings in Höhe des gesamten An-

---

[117] Hommelhoff/Timm, AG 89, 168, 169; Diekgräf, S. 262. Diekgräf, S. 258 f. vertritt allerdings die Ansicht, daß die Aktiengesellschaft dem Aktionär stets zumindest die Prozeßkosten ungeachtet einer möglichen Unbegründetheit der Klage ersetzen könne. Seine Begründung, daß ein vorzeitiges Ende des Rechtsstreits gerade wegen der institutionellen Bedeutung des Verfahrens zu begünstigen sei, erscheint jedoch nicht schlüssig. Darüber hinaus wurde an anderer Stelle bereits begründet, daß das Anfechtungsrecht des Aktionärs nicht als fremdnütziges Recht zu bewerten ist, vgl. oben S. 16 ff.

[118] Leipold, in: Stein/Jonas, Vor § 91 Rn. 13; Hartmann, in: Baumbach/Lauterbach/Albert/Hartmann, Übers. § 91 Anm. 3 B; Thomas/Putzo, Vor § 91 IV 1 a aa; RGZ 145, 13, 15 f.; BGH JZ 88, 675.

[119] Ständige Rspr.: vgl. BFHE 137, 489, 491; 139, 41, 43; 142, 226, 229.

[120] Ebenso die Literatur: Mayer-Wegelin, in: Küting-Weber, § 249 Rn. 37, 39 Nr. 25; WP-Handbuch, S. 636, 641 f.

spruchs zu bilden. Übertragen auf die Bewertung der vermögenswerten Leistung des Aktionärs bei dem Abschluß eines Vergleichs bedeutete dies, eine vermögenswerte Leistung in Höhe des dargestellten Gesamtumfangs zu bejahen, wenn der Erfolg der Anfechtungsklage überwiegend wahrscheinlich ist, andernfalls aber jeden Vermögenswert der Leistung des Aktionärs zu verneinen.

Gegen die Anwendung des Maßstabs des BFH bei dem Verbot der Einlagerückgewähr aus § 57 Abs. 1 S. 1 AktG spricht aber, daß die bilanzrechtliche Problematik wesentlich von der Auslegung der Grundsätze ordnungsmäßiger Buchführung bestimmt wird.[121] Diese Grundsätze finden keine Entsprechung bei der Regelung des § 57 Abs. 1 S. 1 AktG. Zudem ist der Maßstab des BFH auch in der bilanzrechtlichen Literatur auf Kritik gestoßen.[122] Die Argumente, die dort für eine umfassende Rücklagenbildung angeführt werden, sprechen dafür, die volle Werthaftigkeit einer ungewissen vermögenswerten Leistung des opponierenden Aktionärs bereits dann zu bejahen, wenn eine ernsthafte Möglichkeit seines Obsiegens im Rechtsstreit besteht.

Zum einen ist eine Abwägung, ob mehr Gründe für oder gegen die Stattgabe einer Anfechtungsklage sprechen, fast unmöglich zu treffen. Die Schwierigkeiten bei der Bewertung beginnen damit, daß in einem solchen Verfahren meist ein sehr komplexer Sachverhalt zu bewerten ist. So ist bereits die Tatsachenwürdigung durch das Gericht eine Urteilsgrundlage, die die Parteien kaum vorhersehen können. Darüber hinaus birgt auch die rechtliche Wertung erhebliche Schwierigkeiten, da eine Vielzahl spezieller Vorschriften des Aktienrechts zu würdigen sind. Zudem muß die Gesellschaft unter dem übergeordneten Gesichtspunkt des Minderheitenschutzes oftmals mit einer schwer einzuschätzenden weiten Auslegung der gesetzlichen Vorschriften rechnen. All diese Gesichtspunkte lassen eine nachvollziehbare prozentuale Beurteilung der Erfolgsaussichten einer Anfechtungsklage mehr als fraglich erscheinen. Die Aktiengesellschaft wird meist nicht einmal beurteilen können, ob ein Erfolg der Klage überwiegend wahrscheinlich ist.

Die Aktiengesellschaft kann nur das Kriterium heranziehen, ob ein völlig unsubstantiiertes Klägervorbringen der Begründetheit der Anfechtungsklage offensichtlich entgegensteht. Ist das nicht der Fall, muß die Aktiengesellschaft ernsthaft damit rechnen, daß der Aktionär mit der Durchsetzung seines Rechts einen eigenen Schaden verhindern kann und die Aktiengesellschaft zum Ersatz

---

[121] Vgl. die Ausführungen des BFH, Fn. 119, und der Literatur, Fn. 122.

[122] Glade § 249 Rn. 62 f.; Scheffler, in: Beck'sches HdbR B 233 Rn. 28; Mellerowicz, in: GroßKomm., § 156 Rn. 14; Eifler, Grundsätze, S. 193; kritisch jetzt auch Clemm/Nonnenmacher , in: Bil. Komm., § 249 Rn. 53.

der Prozeßkosten verpflichtet sein wird. Unter dieser Voraussetzung kann auch die ungewisse vermögenswerte Leistung des Anfechtungsklägers mit seinem vollen Wert berechnet werden.

d) Zusammenfassung

Der Vermögenswert des Verzichts des Aktionärs auf die Fortsetzung des Anfechtungsrechtsstreits umfaßt den Betrag des Schadens, den der Aktionär durch den Hauptversammlungsbeschluß erleidet und seine gesamten Prozeßkosten. Einen Schaden, den der Aktionär in einem Spruchstellenverfahren geltend machen kann, ist allerdings nicht zu berücksichtigen. Der Wert wird nicht durch den Umstand gemindert, daß die Begründetheit der Klage zum Zeitpunkt des Vergleichsschlusses ungewiß ist, wenn eine ernsthafte Möglichkeit der Klagestattgabe besteht. Verpflichtet sich die Aktiengesellschaft in dem Vergleichsvertrag mit dem Aktionär zu einer Gegenleistung in der entsprechenden Höhe, so liegt ein ausgewogenes Verhältnis von Leistung und Gegenleistung vor. Dann ist ein Verstoß gegen § 57 Abs. 1 S. 1 AktG ausgeschlossen.

4. Unanwendbarkeit des § 71 Abs. 1 Nr. 1 AktG

Es bleibt abschließend zu erwägen, ob eine über den gerade dargelegten Rahmen hinausreichende Gegenleistung der Aktiengesellschaft an den Aktionär mit der Ausnahmeregelung des § 71 Abs. 1 Nr. 1 AktG oder einer analogen Anwendung der Vorschrift begründet werden kann. Dann wäre trotz des Vorliegens eines Mißverhältnisses von Leistung und Gegenleistung ein Verstoß gegen § 57 Abs. 1 S. 1 AktG ausgeschlossen.

Eine direkte Anwendung dieser Vorschrift kommt in Betracht, wenn die Aktiengesellschaft dem Aktionär im Rahmen des Vergleichsvertrags zusätzlich seine Aktien abkauft. Eine analoge Anwendung wäre erforderlich, wenn die Aktiengesellschaft die weiterreichende Zahlung ohne den Erwerb eigener Aktien erbringt.

Lutter hat die Möglichkeit des Erwerbs eigener Aktien zu einem überhöhten Preis für seltene Ausnahmefälle bejaht.[123] Sollte der Erwerb der Aktien des

---

[123] Lutter, ZGR 78, 347, 361 unter c; wohl widersprüchlich zu S. 356 unter a. In Kölner Komm., § 71 Rn. 26 nimmt derselbe zu dem möglichen Umfang der Zahlung nicht Stellung; in Kölner Komm., § 57 Rn. 33 spricht er sich gegen erhöhte Zahlungen aus. Barz, in: GroßKomm., § 71 Anm. 7 deutet die Zulässigkeit einer überwertmäßigen Zahlung ebenfalls an. Hefermehl/Bungeroth, in: Geßler/Hefermehl/Eckardt/Kropff,

Opponenten notwendig sein, um einen schweren Schaden von der Aktiengesellschaft abzuwenden, so könne seiner Meinung nach die Aktiengesellschaft bei der Höhe des Kaufpreises auch ihr Interesse an der Schadensabwehr berücksichtigen. Schlaus[124] hat sich gegen eine solche Auslegung gewandt. Mit § 71 Abs. 1 Nr. 1 AktG sei auch bei dem Erwerb eigener Aktien zur Abwendung eines schweren Schadens nur die Zahlung des Börsenpreises vereinbar, also des Preises, zu dem die Aktiengesellschaft die Aktien in ihrer Bilanz aktivieren darf.

Der von Schlaus angelegte Maßstab entstammt allerdings nicht der aktienrechtlichen, sondern der GmbH-rechtlichen Literatur[125] und dient dort auch nicht zur Bestimmung einer Einlagerückgewähr gemäß §§ 30 Abs. 1, 33 Abs. 2 S. 1 GmbHG, sondern einer unzulässigen verdeckten Gewinnausschüttung. Diese ist im Recht der GmbH - anders als im Aktienrecht - nicht notwendig zugleich ein Verstoß gegen die Kapitalbindungsvorschriften.[126] Die Begrenzung auf den Verkehrswert dient im GmbH-Recht vielmehr der Wahrung der Gleichbehandlung der Gesellschafter.[127] Zur Auslegung einer Vorschrift im System der Kapitalbindung der Aktiengesellschaft ist dieses Kriterium daher nicht ohne weiteres geeignet.

Für eine Beschränkung der zulässigen Gegenleistung bei dem Erwerb eigener Aktien auf deren Börsenpreis spricht allerdings, daß § 71 AktG als eine Ausnahmevorschrift im Rahmen der Kapitalerhaltungsregeln eng auszulegen ist. Dies ist erforderlich, weil der von § 71 Abs. 1 S. 1 AktG eingeschränkte Grundsatz der Kapitalaufbringung und -erhaltung im Recht der Kapitalgesellschaften von überragender Bedeutung ist.[128] Eine restriktive Auslegung ergibt, daß die Aktiengesellschaft auch bei einem unmittelbar drohenden Schaden eigene Aktien nicht um jeden Preis erwerben darf. Sie hat statt dessen die wertbildenden Faktoren zu beachten, die den Marktpreis der Aktie bestimmen.

---

§ 71 Rn. 59 verweisen ohne Stellungnahme auf Lutter, ZGR 78, 347, 361, anders aber dieselben, in: Geßler/Hefermehl/Eckardt/Kropff, § 57 Rn. 38.

[124] Schlaus, AG 88, 113, 116; ebenso Windbichler, S. 35, 38; Diekgräf, S. 99 f.

[125] Hohner, in: Hachenburg, § 33 Rn. 30; H.P. Westermann, in: Scholz, § 33 Rn. 19; Hueck, in: Baumbach/Hueck, § 33 GmbHG Anm. 9.

[126] Ausschüttungen an die GmbH-Gesellschafter sind anders als im Aktienrecht zulässig, solange das Stammkapital unangetastet bleibt: § 30 Abs. 1 GmbHG. Vgl. Hueck, in: Baumbach/Hueck, § 30 GmbHG Anm. 3 m. w. N. Zur Zulässigkeit einer verdeckten Gewinnausschüttung vgl. Hueck, in: Baumbach/Hueck, § 29 GmbHG Anm. 71 m. w. N.

[127] Vgl. oben Fn. 126.

[128] Hueck, Gesellschaftsrecht, § 21 I 3, S. 175; Barz, in: GroßKomm., § 57 Anm. 1: "Ein Grundpfeiler des Aktienrechts".

Nur der zusätzliche Risikofaktor, der das Verbot des Erwerbs eigener Aktien im Regelfall rechtfertigt, steht ausnahmsweise dem Erwerb nicht entgegen. Dies ist der Umstand, daß der Wert eigener Aktien nicht nur von der wirtschaftlichen Lage der Aktiengesellschaft abhängig ist, sondern daß eine Verschlechterung dieser wirtschaftlichen Lage einen Wertverlust der eigenen Aktien zur Folge hat und sich somit die Schwierigkeiten der Gesellschaft noch verschärfen.[129] Dieses Risiko, in einen circulus vitiosus zu geraten, steht dem Erwerb eigener Aktien zur Abwehr eines schweren, unmittelbar drohenden Schaden nicht entgegen. Der Regelung des § 71 AktG kann dagegen nicht entnommen werden, daß die Aktiengesellschaft eigene Aktien zu einem erhöhten Preis ankaufen dürfe. Die wertbildenden Faktoren der Aktien hat die Aktiengesellschaft auch bei einem Erwerb zur Abwendung eines unmittelbar drohenden schweren Schadens zu beachten.

Somit ergibt sich, daß § 71 Abs. 1 Nr. 1 AktG der Aktiengesellschaft den Erwerb eigener Aktien nur zu ihrem zum Erwerbszeitpunkt gültigen Wert ermöglicht, d. h. in der Regel zum Börsenpreis. Daraus ist weiter zu folgern, daß auch eine Verpflichtung der Aktiengesellschaft, ohne den Erwerb eigener Aktien eine erhöhte Gegenleistung an den Aktionär zu erbringen, nicht mit einer analogen Anwendung des § 71 Abs. 1 Nr. 1 AktG begründet werden kann.

5. Ergebnis

Voraussetzung einer verbotenen Einlagerückgewähr ist das Erbringen einer vermögenswerten Leistung durch die Aktiengesellschaft an einen Aktionär, ohne daß dieser Leistung eine zumindest gleichwertige Leistung des Aktionärs gegenübersteht sowie die Erkennbarkeit des Mißverhältnisses. Der Vergleich über den Verzicht auf ein Anfechtungsrecht oder die Zurücknahme einer bereits erhobenen Anfechtungsklage verstößt daher nicht gegen § 57 Abs. 1 S. 1 AktG, wenn die Aktiengesellschaft dem Aktionär seine erstattungsfähigen Prozeßkosten und den Schaden ersetzt, der diesem durch den möglicherweise rechtswidrigen Hauptversammlungsbeschluß entstanden ist. Der Ausgleich eines solchen Schadens ist jedoch ausgeschlossen, wenn der Aktionär zur Wahrung seiner vermögenswerten Interessen auf das Spruchstellenverfahren nach § 306 AktG, § 30 UmwG verwiesen ist. Weiterreichende Zahlungen sind auch nicht mit einer analogen Anwendung des § 71 Abs. 1 Nr. 1 AktG zu rechtfertigen.

---

[129] Barz, in: GroßKomm., § 71 Anm. 1; Baumbach/Hueck, § 71 Anm. 3; Beeser, AcP 159, 56, 59 f.

III. Grundsatz der Gleichbehandlung

Der Abschluß des Vergleichsvertrags ist außer an dem Verbot der Einlagerückgewähr auch an dem Grundsatz der Gleichbehandlung zu messen. Dieser ist nunmehr in § 53 a AktG normiert, seine Geltung im Aktienrecht war aber bereits vor der gesetzlichen Regelung unstreitig.[130]

1. Standpunkt des Gesetzgebers und Auffassungen in der Literatur

Der Gesetzgeber hat nicht erwogen, daß ein Vergleichsvertrag zwischen Aktionär und Aktiengesellschaft über die Rücknahme einer Anfechtungsklage eine Verletzung des Gleichbehandlungsgebots darstellen könne. Sowohl im Gesetzgebungsverfahren zur Aktienrechtsreform 1884 als auch zum Aktiengesetz 1965 wurde der Vergleich zwischen Gesellschaft und Aktionär thematisiert,[131] ohne daß Bedenken, sei es aus dem Verbot der Einlagerückgewähr oder aus dem Gleichbehandlungsgrundsatz, erhoben wurden. Der Vergleichsvertrag wurde als zulässig, zur Streitbereinigung sogar als sinnvoll erachtet.

Bedenken hat auch hier erstmals Lutter geltend gemacht. Die Wahrnehmung oder Nichtwahrnehmung mitgliedschaftlicher Rechte rechtfertige keine unterschiedliche Behandlung der Aktionäre.[132] Die Folgen eines Verstoßes gegen das Gleichbehandlungsgebot sind nach Ansicht Lutters erheblich: Der Aktionär könne eine "aktive(..) Gleichbehandlung",[133] das heißt ebenfalls eine finanzielle Zuwendung verlangen, wenn der Vorstand nicht innerhalb einer angemessenen Frist die an den einen Aktionär gewährten Vermögensvorteile wieder nach § 62 Abs. 1 S. 1 AktG herausverlange. In einer erneuten Stellungnahme bezeichnet Lutter es als unstreitig, daß eine Zahlung der Aktiengesellschaft für den Verzicht des Aktionärs auf Verfolgung eines Anfechtungsrechts einen Verstoß gegen § 53 a AktG bedeute.[134] In der neueren Literatur bejaht ebenso

---

[130] Für alle: Hueck, Gleichbehandlung, S. 45-49, 51 ff. mit Fn. 10, 11; insbesondere S. 127 ff., zusammenfassend S. 169-172; L. Raiser, ZHR 111, 75, 81 f.; Meyer-Landrut, in: GroßKomm., § 1 Anm. 36 m. w. N. aus Rspr. und Lit.

[131] Vgl. oben S. 49 und S. 50.

[132] Lutter, ZGR 78, 347, 355; Lutter/Zöllner, in: Kölner Komm., § 53 a Rn. 69.

[133] Lutter, ZGR 78, 347, 366; Lutter/Zöllner, in: Kölner Komm., § 53 a Rn. 35, 38 f.

[134] Lutter, FS Der Betrieb, S. 193, 199 . Bei den Nachweisen in Fn. 24 überwiegen allerdings allgemeine Aussagen zur Wirkung des Gleichbehandlungsgrundsatzes. So vermag auch der Verweis auf Ballerstedt, S. 132 die Ansicht Lutters nicht zu stützen.

Hirte[135] eine Verletzung des § 53 a AktG und auch Schlaus[136] erwägt einen solchen Verstoß.

Eine Verletzung des Gleichbehandlungsgrundsatzes wird dagegen von Martens[137] abgelehnt. Er differenziert zwischen dem Ersatz des mit dem Prozeß verbundenen persönlichen Aufwands und einem darüber hinausreichenden Ersatz eines durch einen rechtswidrigen Hauptversammlungsbeschluß erwachsenden Schadens. Der Ersatz des Prozeßaufwands sei bereits wegen der singulären Situation des anfechtenden Aktionärs angemessen.[138] Der Ersatz des weiterreichenden Schadens sei ebenfalls berechtigt, obwohl den übrigen Aktionären gleichfalls ein entsprechender Schaden entstanden sein könne, da das Anfechtungsrecht primär ein individuelles Recht sei. Es weise anders als das Spruchstellenverfahren nach § 305 f. AktG keinen kollektiven Regelungsbezug auf.[139]

2. Regelungsgehalt des Gleichbehandlungsgebots

Um einen Verstoß gegen § 53 a AktG beurteilen zu können, ist zunächst der Regelungsgehalt des allgemeinen Gleichbehandlungsgebots darzustellen. Es besagt, daß Gleiches gleich und Ungleiches - entsprechend seiner Ungleichheit - ungleich zu behandeln ist. Diese Definition ist in ihrer Gültigkeit ebenso unbestritten[140] wie die Herleitung des Gleichbehandlungsgebots aus der Gerechtigkeitsidee.[141] Eine Ungleichbehandlung, die sachlich berechtigt ist,

---

Ballerstedt legt dar, daß die Ausschüttungsbeschränkungeine Sicherung für die Gleichbehandlung der Aktionäre sei. Dem ist zuzustimmen, da ohne das Verbot die Gefahr bestünde, daß ungleichmäßige Zahlungen an verschiedene Aktionäre erfolgen könnten. Das bedeutet aber nicht, daß auch der Verstoß gegen das bestehende Verbot eine Verletzung des Gleichbehandlungsgebots ist. Vgl. dazu ausführlich unten S. 86 ff.

[135] Hirte, BB 88, 1469, 1473. Zuvor bereits Deuss, Auskunftsrecht, S. 358.

[136] Schlaus, AG 1988, 113, 116, der sich allerdings nicht festlegt.

[137] Martens, AG 88, 118, 124 -126; ebenso Hommelhoff/Timm, AG 89, 168, 169; zum Teil auch Diekgräf, S. 269 f.

[138] Martens, AG 88, 118, 125; insoweit zustimmend Diekgräf, S. 269.

[139] Martens, AG 88, 118, 126. A. A. Diekgräf, S. 269 f. wegen der von ihm angenommenen institutionellen Schranken, die dem Ausgleich eines solchen Schadens entgegenstünden, vgl. dazu oben S. 71 mit Fn. 92.

[140] Del Vecchio, Gerechtigkeit, S. 81 ff.; L. Raiser, ZHR 111, 75, 76; Hueck, Gleichbehandlung, S. 2 f.; Schockenhoff, Gesellschaftsinteresse, S. 51-54, alle m. w. N.

[141] Hueck, Gleichbehandlung, S. 2, 106, 173. Nachweise bei Hueck, S. 2 Fn. 4; L. Raiser, ZHR 111, 75, 76 Fn. 1.

verletzt daher nicht den Gleichheitsgrundsatz in zulässiger Weise,[142] sondern wird ihm gerade gerecht.

Eine zweite Eigenschaft des Gebots gleichmäßiger Behandlung ist, daß es als solches kein subjektives Recht ist,[143] welches einen Anspruch auf eine bestimmte Leistung beinhaltet. Es ist vielmehr ein Ordnungs- und Auslegungsprinzip betreffend den Inhalt der Rechtsbeziehungen, die sich erst aus anderen Vorschriften ergeben.[144] Im Aktienrecht ist der Gleichbehandlungsgrundsatz also ein Ordnungs- und Auslegungsprinzip für alle unmittelbar kraft Gesetzes oder Satzung bestehenden Rechte und Pflichten, sogar weitergehend für alle Vorteile und Lasten.[145] Diese müssen von der Aktiengesellschaft gegenüber allen Aktionären gleichmäßig gehandhabt werden.

3. Beachtung des Gleichbehandlungsgebots

a) Ungleichbehandlung

Die Zuwendung eines Vermögensvorteils an den Anfechtungskläger durch die Aktiengesellschaft bedeutet zunächst eine ungleiche Behandlung gegenüber den übrigen Aktionären. Es ist daher zu erwägen, ob die Leistungen durch besondere Rechtsbeziehungen zwischen dem begünstigten Aktionär und der Gesellschaft gerechtfertigt sind und somit die Ungleichbehandlung nicht willkürlich erscheint.[146]

b) Angemessene Ungleichbehandlung bei Wahrung des Verbots des § 57 Abs. 1 S. 1 AktG

Die offensichtliche Ungleichheit der Rechtsbeziehungen besteht darin, daß nur der eine Aktionär eine Anfechtungsklage gegen die Gesellschaft erhoben

---

[142] So aber Meyer-Landrut, in: GroßKomm., § 1 Anm. 36.

[143] Hueck, Gleichbehandlung, S. 276, 278; Hefermehl/Bungeroth, in: Geßler/Hefermehl/Eckardt/Kropff, § 53 a Rn. 4; Lutter/Zöllner, in: Kölner Komm., § 53 a Rn. 7.

[144] Hueck, Gleichbehandlung, S. 276, 278 ff.; L. Raiser, ZHR 111, 81 f.; Hefermehl/Bungeroth, in: Geßler/Hefermehl/Eckardt/Kropff, § 53 a Rn. 4.

[145] Hueck, Gleichbehandlung, S. 277, 278. Die zweite Bedeutung des Gleichbehandlungsgrundsatzes betrifft die gleichartige Ausgestaltung innergemeinschaftlicher Maßnahmen, die erst mittelbar Auswirkungen auf die Rechtsverhältnisse zwischen Aktiengesellschaft und Aktionären haben. Vgl. Hueck, S. 277, 287 ff.

[146] Diese negative Formulierung bedeutet keinen sachlichen Unterschied: vgl. Hueck, Gleichbehandlung, S. 179-181; Lutter, in: Kölner Komm., § 53 a Rn. 13.

hat. Hieraus folgt, daß auch nur dem einen Aktionär Prozeßkosten entstehen können. Wenn die Aktiengesellschaft ihm diese Kosten ersetzt, kann das keine gleichheitswidrige Ungleichbehandlung begründen. Die "singuläre Situation"[147] der Anfechtungsklage berechtigt statt dessen die Aktiengesellschaft zu der Zahlung.

Zweifelhaft kann nur sein, ob die Aktiengesellschaft dem Anfechtungskläger auch den Schaden ersetzen darf, den er durch den rechtswidrigen Hauptversammlungsbeschluß erleidet. Der Ausgleich dieses Schadens nur gegenüber einem Aktionär könnte eine nicht gerechtfertigte Ungleichbehandlung sein, weil den übrigen Aktionären in der Regel ein entsprechender Schaden entstanden sein wird. So vertritt Lutter die Auffassung, daß die Ausübung oder die Nichtausübung eines Mitgliedschaftsrechts keine unterschiedliche Behandlung der Aktionäre erlaube.[148]

Dieser Ansicht ist allerdings entgegenzuhalten, daß es nahe liegt, die gerichtliche Geltendmachung eines Rechts seitens eines Aktionärs als nicht willkürliches Differenzierungskriterium bei der Behandlung der Aktionäre heranzuziehen. Nur derjenige, der sein Anfechtungsrecht ausübt, kann erwarten, daß sein Schaden beseitigt wird. Dafür spricht insbesondere, daß das Anfechtungsrecht eines jeden Aktionärs ein eigennütziges Individualrecht ist.[149] Dies rechtfertigt auch die unterschiedliche Behandlung eines Aktionärs, der seine Ansprüche gerichtlich geltend macht oder sich zumindest dazu ernsthaft anschickt, gegenüber einem Aktionär, der sich passiv verhält.

Martens[150], der die Ungleichbehandlung im Ergebnis ebenfalls nicht als willkürlich erachtet, führt eine zusätzliche Begründung an. Im Rahmen eines Spruchstellenverfahrens sei ein Vergleich zwischen der Aktiengesellschaft und einem opponierenden Aktionär unzulässig,[151] zur Beendigung eines Anfech-

---

[147] Martens, AG 88, 118, 124; zustimmend Diekgräf, S. 256, 269.

[148] Lutter, ZGR 78, 347, 355 erwägt, zur Begründung des Verstoßes gegen § 53 a AktG auch § 243 Abs. 2 S. 2 AktG heranzuziehen. Angesichts der Bedenken, die gegen diese Norm sprechen, ist diese jedoch abzulehnen. Zöllner, in: Kölner Komm., § 243 Rn. 236; Hüffer, in: Geßler/Hefermehl/Eckardt/Kropff, § 243 Rn. 87-89; Schilling, FS Hengeler, S. 226, 233 erachten die Regelung als verfehlt, Flume, Jur. Pers. § 7 III, S. 213 spricht ihr sogar jeden Anwendungsbereich ab.

[149] Dazu oben S. 16 ff., 20.

[150] Martens, AG 88, 118, 124-126 unter 3. Martens führt aber auch das Differenzierungskriterium der Klageerhebung an.

[151] In der Literatur ist sehr streitig, ob ein Spruchstellenverfahren durch Vergleich zwischen Aktiengesellschaft und Aktionär, d. h. ohne Zustimmung des gemeinsamen Vertreters nach § 306 Abs. 4 AktG beendet werden kann. Zum Streitstand vgl. die Verfahrensbeendigung bejahend: Koppensteiner, in: Kölner Komm., § 306 Rn. 20;

tungsrechtsstreits sei er aber wirksam. Das Spruchstellenverfahren enthielte einen kollektiven Regelungsbezug, so daß ein Vergleichsangebot zugunsten eines Aktionärs hier eine Selbstbindung der Aktiengesellschaft auch zugunsten der übrigen Aktionäre bewirke.[152] Dies sei aber auf ein Anfechtungsverfahren nach §§ 243 ff. AktG nicht übertragbar. Hier handele es sich um ein individuelles Verfahren. Die Abfindungsvereinbarung stelle eine Einzelfallregelung dar, "eine Regelung über das konkrete Prozeßrechtsverhältnis, ... , die sich nicht zur Anwendung des Gleichbehandlungsgrundsatzes eignet."[153] Martens Ansicht ist zumindest insoweit zuzustimmen, daß das Anfechtungsrecht keinen kollektiven Regelungsbezug aufweist. Das folgt aber bereits aus dem Umstand, daß es ein eigennütziges und kein fremdnütziges Individualrecht ist.

Im Ergebnis ist Martens zuzustimmen, daß der Abschluß eines Vergleichsvertrags, bei dem die Aktiengesellschaft dem Aktionär gegen eine Rücknahme der Anfechtungsklage die Prozeßkosten und einen erlittenen Schaden erstattet, nicht gegen § 53 a AktG verstößt.

c) Ungleichbehandlung bei Verletzung des Verbots des § 57 Abs. 1 S. 1 AktG

Es bleibt zu erörtern, ob die Aktiengesellschaft zumindest dann das Gleichbehandlungsgebot verletzt, wenn sie eine Zuwendung an den opponierenden Aktionär erbringt, die den oben dargelegten zulässigen Umfang übersteigt und somit bereits gegen das Verbot der Einlagerückgewähr verstößt.

Diese Ansicht vertritt Lutter.[154] Er macht geltend, daß die Folgen eines rechtswidrigen Verhaltens des Vorstands erst bei der Bestimmung der Rechtsfolgen des Verstoßes gegen das Gleichbehandlungsgebot zu berücksichtigen seien.[155] Diekgräf[156] führt aus, daß § 57 Abs. 1 S. 1 AktG eine spezielle Ausformung des Grundsatzes der Gleichbehandlung aller Gesellschafter darstelle. Bei einem Verstoß gegen das Verbot der Einlagerückgewähr liege daher

---

verneinend: Geßler, in: Geßler/Hefermehl/Eckardt/Kropff, § 306 Rn. 36, beide m. w. N. Bejahend auch die Rechtsprechung: Bay ObLG, WM 73, 1030, 1031 f. Sie verneint also zugleich eine § 53 a AktG verletzende Ungleichbehandlung.

[152] Martens, AG 88, 118, 125.

[153] Martens, AG 88, 118, 126.

[154] Lutter, ZGR 78, 343, 355; ders., in: Lutter, in: Kölner Komm., § 53 a Rn. 69; ders., in: FS Der Betrieb, S. 193, 199.

[155] Dazu vgl. unten S. 88 ff.

[156] Diekgräf, S. 147; widersprüchlich jedoch auf S. 157. Die dort angeführten Argumente sprächen bereits gegen eine Verletzung des Gleichbehandlungsgebots.

auch stets ein Verstoß gegen § 53 a AktG vor. Auch Hefermehl und Bungeroth[157] bejahen die Möglichkeit eines gleichzeitigen Verstoßes gegen § 57 Abs. 1 S. 1 AktG und § 53 a AktG.

Bedenken gegen die Annahme, ein rechtswidriges Verhalten verletze das Gleichbehandlungsgebot, ergeben sich aber bereits bei einem kurzen Blick in das öffentliche Recht. Dürig hat zur Auslegung des Art. 3 Abs. 1 GG das Schlagwort geprägt, daß es "keine Gleichheit im Unrecht"[158] gebe. Diese Auslegung des Art. 3 GG gilt entsprechend dem oben[159] dargelegten Regelungsgehalt des Gleichbehandlungsgebots auch für § 53 a AktG. Die Vorschrift ist ein zusätzlicher Maßstab zur Bestimmung eines rechtmäßigen Verhaltens, wenn nicht bereits andere Rechtsnormen ein bestimmtes Verhalten vorschreiben, sondern die Auswahl eines von mehreren Verhaltensweisen in das Ermessen der Normadressaten gestellt ist. Hier wirkt der Gleichbehandlungsgrundsatz als Ordnungs- und Auslegungsprinzip. Die Aktiengesellschaft hat demnach das Gleichbehandlungsgebot zu beachten, wenn sie in der Ausübung ihres Ermessens bei der Gestaltung eines Rechtsverhältnisses gegenüber einem Aktionär ein eigenes Vorverhalten gegenüber anderen Aktionären vergleichend berücksichtigen kann. Damit ergibt sich aber zugleich, daß das Gebot der Gleichbehandlung in keiner Weise betroffen sein kann, wenn bereits eine zwingende Rechtsnorm ein bestimmtes Verhalten untersagt. Die Pflicht zur Befolgung dieser Rechtsnorm ergibt sich auch bei dem Zweitverhalten nicht aus dem Umstand, daß die Aktiengesellschaft sich zuvor bereits einmal an die Vorschrift gehalten hat, sondern unmittelbar aus der Norm selbst.

Das Verbot der Einlagerückgewähr ist eine solche zwingende Norm, die der Aktiengesellschaft keine Differenzierung bei ihrer Beachtung ermöglicht.[160] Eine Verletzung dieser Vorschrift bietet daher auch keinen Ansatzpunkt für

---

[157] Hefermehl/Bungeroth, in: Geßler/Hefermehl/Eckardt/Kropff, § 53 a Rn. 21; auch Eckardt, in: Geßler/Hefermehl/Eckardt/Kropff, § 11 Rn. 8; Hirte, BB 88, 1469, 1473.

[158] Dürig, in: Maunz/Dürig/Herzog/Scholz Art. 3 Abs. 1 Rn. 179, 437; ebenso Ipsen, Grundrechte II, S. 111, 148; Gubelt, in: v. Münch, Art. 3 Rn. 12.

[159] Vgl. oben S. 83.

[160] Die Vorschriften der Kapitalbindung im Recht der GmbH sind weniger streng. So ist eine verdeckte Gewinnausschüttung an einen GmbH-Gesellschafter grundsätzlich mit § 30 Abs. 1 GmbHG vereinbar, soweit sie nicht das Stammkapital der Gesellschaft angreift, vgl. Hueck, in: Baumbach/Hueck, § 29 GmbHG Rn. 73. Bei einer solchen, grundsätzlich zulässigen Ausschüttung kann dann der Gleichbehandlungsgrundsatz verletzt sein, wenn die Ausschüttung nicht gleichmäßig an alle Aktionäre erfolgt, vgl. Hueck, in: Baumbach/Hueck, § 29 GmbHG Rn. 73. Das läßt aber nicht den Rückschluß auf das Aktienrecht zu, daß auch ein rechtswidriges, § 57 Abs. 1, S. 1 AktG verletzenden Verhalten das Gleichbehandlungsgebot verletzt.

eine § 53 a AktG berührende Ungleichbehandlung. Dies bedeutet, daß ein Verhalten der Aktiengesellschaft zwar rechtswidrig wegen Verletzung des § 57 Abs. 1 S. 1 AktG sein kann, aber gerade deshalb keine Verletzung des Gleichbehandlungsgebotes aus § 53 a AktG vorliegt. Es ergibt sich somit gerade aus der Definition des Gleichbehandlungsgrundsatzes, daß ein Verstoß gegen § 57 Abs. 1 S. 1 AktG nicht zugleich eine Verletzung des § 53 a AktG zur Folge hat.

4. Kritik des Anspruchs auf Ausschüttung einer erhöhten Dividende

Lutter bejaht dagegen eine Verletzung des § 53 a AktG trotz der Rechtswidrigkeit des Verhaltens der Aktiengesellschaft. Das interessante Lösungsmodell, das Lutter aus dieser abweichenden Auslegung des Gleichbehandlungsgebots entwickelt hat, bedarf wegen seiner weitreichenden Auswirkungen einer zusätzlichen kritischen Würdigung.

Lutter beschränkt die Rechtsfolgen nicht darauf, daß der begünstigte Aktionär die seiner Ansicht nach gleichheitswidrig erlangte Leistung an die Aktiengesellschaft zurückgewähren müsse. Zwar könne keine unzulässige Einlagerückgewähr an die übrigen Aktionäre erfolgen.[161] Dennoch gelte für die Aktionäre: "Ihr eigentliches Interesse ist auf materielle Gleichbehandlung mit dem Begünstigten gerichtet... Eine solche Folge wäre die eigentliche Verwirklichung des Gleichbehandlungsgedankens".[162] Diese "aktive(..) Gleichbehandlung"[163] sei auch mit dem geltenden Aktienrecht vereinbar. Der Aktionär könne sie verlangen, wenn der Vorstand nicht "innerhalb einer angemessenen Frist, spätestens aber nach entsprechender Aufforderung durch einen Aktionär"[164] den Rückforderungsanspruch aus § 62 Abs. 1 S. 1 AktG geltend mache. Nach Ablauf der Frist habe jeder nicht begünstigte Aktionär einen Anspruch auf Auflösung offener Rücklagepositionen der Aktiengesellschaft und Umwandlung derselben in Reingewinn. Diese Umwandlung habe in dem Umfang zu erfolgen, der für eine Gewinnausschüttung erforderlich ist, die der unzulässigen Zahlung an den begünstigten Aktionär im Verhältnis zu dem jeweiligen Aktienbesitz entspricht.[165] Während Lutter zunächst die Ansicht

---

[161] Lutter, ZGR 78, 347, 367 f.

[162] Lutter, ZGR 78, 347, 366.

[163] Lutter, ZGR 78, 347 im Titel.

[164] Lutter, ZGR 78, 347, 369. Das Gleichbehandlungsgebot ist allerdings nicht an eine Fristsetzung geknüpft. In der Tendenz abschwächend auch Lutter/Zöllner, in: Kölner Komm., § 53 a Rn. 39.

[165] Lutter, ZGR 78, 347, 369.

vertrat, die Gleichbehandlung könne durch eine Ausschüttung ausschließlich an die benachteiligten Aktionäre unmittelbar bewirkt werden, korrigierten Zöllner und Lutter[166] im Anschluß an eine kritische Kommentierung Hefermehls und Bungeroths[167] den Lösungsvorschlag: Infolge des Gewinnverwendungsbeschlusses entstehe auch ein Dividendenanspruch des opponierenden Aktionärs. Gegen ihn könne die Gesellschaft aber mit ihrem Anspruch auf Rückzahlung der unzulässigen Einlagerückgewähr aufrechnen, da der Dividendenanspruch ein vollwertiger, liquider[168] und fälliger Anspruch sei.[169]

a) Anspruch auf Gleichbehandlung auf einem hohen Niveau als Ausnahmefall

Gegen den Lösungsvorschlag Lutters bestehen nicht unerhebliche Bedenken.[170] Zum einen verbirgt sich hinter dem Begriff der "aktiven Gleichbehandlung" eine Ausweitung des bloßen Rechts des Aktionärs auf gleichmäßige Behandlung. Während im Regelfall der Normadressat des Gleichbehandlungsgebots selbst das Niveau der gleichmäßigen Behandlung bestimmen kann, ist nach Ansicht Lutters der Aktionär berechtigt, ein bestimmtes Verhalten von der Aktiengesellschaft zu verlangen, das sie bisher erst einem Aktionär gegenüber gezeigt hat. § 53 a AktG wird somit zu einem Anspruch auf Gleichbehandlung auf einem hohen Niveau. Es ist zwar richtig, daß auch in der gesellschaftsrechtlichen Literatur[171] eine solche Gleichbehandlung auf hohem Niveau für einige Fälle anerkannt ist. Dennoch handelt es sich dabei um wenige Ausnahmen, in denen die Aktiengesellschaft einer großen Mehrheit der Aktionäre einen Vorteil gewährt hat und nur einen einzelnen oder einige wenige Aktionäre willkürlich ausgeschlossen hat.[172] Als typisches Beispiel ist der

---

[166] Lutter/Zöllner, in: Kölner Komm., § 53 a Rn. 39.

[167] Hefermehl/Bungeroth, in: Geßler/Hefermehl/Eckardt/Kropff, § 53 a Rn. 28. Vgl. ausführlich unten S. 90.

[168] Das Merkmal stellt keine eigenständige Voraussetzung dar. Zutreffend: Hefermehl/Bungeroth, in: Geßler/Hefermehl/Eckardt/Kropff, § 66 Rn. 46.

[169] Unter diesen Voraussetzungen kann die Aktiengesellschaft unstreitig aufrechnen: Lutter, in: Kölner Komm., § 66 Rn. 16; Hefermehl/Bungeroth, in: Geßler/Hefermehl/Eckardt/Kropff, § 66 Rn. 40; Barz, in: GroßKomm., § 66 Anm. 11; Baumbach/Hueck, § 66 Rn. 8; RGZ 94, 61, 63; 134, 262, 268.

[170] Ablehnend auch Martens, AG 88, 118, 122; Diekgräf, S. 206.

[171] Hefermehl/Bungeroth, in: Geßler/Hefermehl/Eckardt/Kropff, § 53 a Rn. 25; dieselben § 68 Rn. 125; Hueck, Gleichbehandlung, S. 302; auch Lutter, ZGR 78, 347, 367; Lutter/Zöllner, in: Kölner Komm., § 53 a Rn. 36. Diekgräf, S. 206. 269 ist nicht zuzustimmen, daß ein Anspruch auf eine "aktive Gleichbehandlung" im Aktienrecht stets ausgeschlossen sei.

[172] Hueck, Gleichbehandlung, S. 302.

Fall anzuführen, daß eine Zustimmung zur Übertragung vinkulierter Aktien nach § 68 Abs. 2 AktG einem Aktionär willkürlich verweigert wird, obwohl sie anderen Aktionären unter gleichen Voraussetzungen stets erteilt wurde.[173]

Der Vergleichsvertrag zwischen Aktiengesellschaft und einem Aktionär läßt sich hiermit nicht vergleichen. Zum einen wird die unzulässige Leistung im Rahmen des Vergleichs nicht einer Vielzahl, sondern nur an einen oder an wenige opponierende Aktionäre geleistet, zum zweiten kann die Aktiengesellschaft die geleistete Begünstigung zurückfordern.[174] Zwar begründet das Gebot der Gleichbehandlung im Arbeitsrecht ein umfassenderes Teilhaberecht jedes Arbeitnehmers an der Begünstigung eines einzelnen.[175] Dies ist aber auf § 53 a AktG nicht übertragbar, weil im Arbeitsrecht der Gleichbehandlungsgrundsatz durch die besondere Fürsorgepflicht des Arbeitgebers beeinflußt wird.[176]

b) Mangel der Gleichbehandlung trotz erhöhter Dividendenausschüttung

Lutter ist außerdem entgegenzuhalten, daß der von ihm befürwortete Anspruch auf Ausschüttung einer erhöhten Dividende die letztlich erstrebte Gleichbehandlung doch nicht bewirkt, zumindest nicht ohne zusätzliche Maßnahmen.

Hefermehl und Bungeroth[177] haben sogar die Ansicht vertreten, daß mittels des Dividendenbeschlusses eine Gleichbehandlung nicht einmal bewirkt werden könne. Sie gingen davon aus, daß der ursprünglich begünstigte Aktionär an der Dividendenausschüttung nicht beteiligt sei, da er zuvor bereits eine Zahlung, nämlich die Einlagerückgewähr, in entsprechender Höhe erhalten habe. Hieran schloß sich die Kritik an, daß dieser Aktionär nach der Ausschüttung benachteiligt sei. Während die übrigen Aktionäre ihre Dividende behalten könnten, wäre ersterer weiterhin einem Rückgewähranspruch aus § 62 Abs. 1 S. 1 AktG ausgesetzt. Ein Verzicht der Aktiengesellschaft auf diesen Anspruch sei nach § 66 Abs. 2 AktG ausgeschlossen.

---

[173] Hueck, Gleichbehandlung, S. 302; Lutter/Zöllner, in: Kölner Komm., § 53 a Rn. 36; Hefermehl/Bungeroth, in: Geßler/Hefermehl/Eckardt/Kropff, § 53 a Rn. 25.

[174] Zu dem zweiten Aspekt auch Diekgräf, S. 206.

[175] Hueck, Gleichbehandlung, S. 68 f. mit umfangreichen Nachweisen. Hierauf beruft sich Lutter, ZGR 78, 347, 366 Fn. 77.

[176] Putzo, in: Palandt, § 611 Rn. 111; Hueck/Nipperdey, Arbeitsrecht I, S. 383; BAG AP Nr. 3 zu § 242 BGB. Die Besonderheiten im Arbeitsrecht betont auch G. Hueck, Gleichbehandlung, S. 301.

[177] Hefermehl/Bungeroth, in: Geßler/Hefermehl/Eckardt/Kropff, § 53 a Rn. 28.

Die Replik Lutters und Zöllners[178], mit dem sie den Ansatz Lutters präzisierten, ist einerseits überzeugend: Die Gewährung eines Dividendenanspruchs auch an den begünstigten Aktionär und die sich anschließende Aufrechnung gegen den Anspruch mit der Rückgewährforderung aus § 62 Abs. 1 S. 1 AktG vermeidet Schwierigkeiten bei der Begründung, in welcher Weise ein Aktionär von einer Dividendenausschüttung ausgeschlossen werden kann. Dieses Vorgehen ermöglicht zugleich ein Erlöschen sowohl des Rückgewähr- als auch des Dividendenanspruchs, ohne daß Leistungen ausgetauscht werden müßten.

Andererseits bietet der Lösungsvorschlag Anlaß zu Kritik. Mit ihm stellen Lutter und Zöllner klar, daß die Gleichbehandlung der übrigen Aktionäre nicht durch den Beschluß der Gewinnausschüttung, sondern erst mit der nachfolgenden Aufrechnung durch die Aktiengesellschaft erreicht wird. Jeder Aktionär erhält die Dividende, auch derjenige, dem obendrein zuvor die Einlage zurückgewährt wurde. Der Ausgleich der Ungleichbehandlung erfolgt erst anschließend, indem die Aktiengesellschaft gegenüber dem immer noch begünstigten Aktionär aufrechnet und somit keine zweite Ausschüttung an ihn vornimmt.

Um den Erfolg der Gleichbehandlung mit der Beschlußfassung zu verbinden, haben Lutter und Zöllner vorgeschlagen, die Hauptversammlung möge den Gewinnverwendungsbeschluß "mit dem Zusatz" beschließen: "Bezüglich des Aktionärs X bzw. der Aktien Y erfolgt die Leistung des Gewinnanteils durch (teilweise) Aufrechnung der, AG; insoweit wird pro Aktie nur ein Betrag von a-x ausgeschüttet (x = einseitige Bevorzugung von X bzw. Y), während alle übrigen Aktionäre a erhalten."[179]

Ein solcher Beschluß ist bereits dann nicht möglich, wenn der Empfänger der Einlagerückgewähr seine Aktien an einen Dritten übertragen hat.[180] Schuldner des Anspruchs aus § 62 AktG ist und bleibt nach allgemeiner Meinung nur derjenige, der zum Zeitpunkt der Leistung Aktionär war.[181] Schuldner ist also niemals dessen Rechtsnachfolger. Ist eine Rechtsnachfolge eingetreten, besteht daher keine Identität mehr zwischen dem Gläubiger des Dividendenanspruchs und dem Schuldner des Anspruchs aus § 62 Abs. 1 S. 1 AktG. Somit ist eine Aufrechnung durch die Aktiengesellschaft und damit die Beseiti-

---

178 Lutter/Zöllner, in: Kölner Komm., § 53 a Rn. 38 f., vgl. die Darstellung oben S. 89.

179 Lutter/Zöllner, in: Kölner Komm., § 53 a Rn. 39.

180 Ebenso Diekgräf, S. 207 f.

181 Allg. M.: Hefermehl/Bungeroth, in: Geßler/Hefermehl/Eckardt/Kropff, § 62 Rn. 17; Baumbach/Hueck, § 62 Anm. 8; auch Lutter, in: Kölner Komm., § 62 Rn. 14.

gung der Ungleichbehandlung ausgeschlossen. Der Lösungsansatz von Lutter und Zöllner überzeugt insoweit nicht.

Aber auch bei fortbestehender Aktionärseigenschaft des Empfängers der Einlagerückgewähr können die ursprünglich nicht begünstigten Aktionäre die Gleichbehandlung nicht selber herbeiführen. Der Beschluß der Hauptversammlung kann keine wirksame Aufrechnungserklärung der Gesellschaft sein, da die Hauptversammlung nicht zur Vertretung der Aktiengesellschaft befugt ist. § 174 Abs. 1 AktG ermächtigt sie nur zur Beschlußfassung über die Gewinnverwendung. Ob die Gesellschaft die Dividendenansprüche durch Zahlung erfüllt oder durch Aufrechnung zum Erlöschen bringt, kann nur der Vorstand entscheiden, da nach § 78 Abs. 1 AktG nur er die entsprechende Vertretungsmacht hat. Der vorgeschlagene "Zusatz" kann nicht einmal als Weisung der Hauptversammlung an den Vorstand gewertet werden, da die Hauptversammlung über Geschäftsführungsmaßnahmen nur entscheiden kann, wenn der Vorstand das nach § 119 Abs. 2 AktG verlangt. Der Zusatz des Gewinnverwendungsbeschlusses wäre nach § 241 Nr. 3 AktG nichtig, weil mit ihm die Hauptversammlung ihre Kompetenz überschreiten würde.[182] Damit wäre im Zweifel der gesamte Gewinnverwendungsbeschluß nach § 139 BGB nichig.[183]

Daraus ergibt sich, daß einerseits der Beschluß der Ausschüttung einer solchen erhöhten Dividende selbst die Gleichbehandlung nicht bewirkt und daß andererseits die Hauptversammlung sie auch nicht durch einen Zusatz zu der Beschlußfassung erzwingen kann.

c) Fehlende erleichterte Durchsetzbarkeit der Dividendenerhöhung

Es bleibt die Erwägung, den Anspruch auf Ausschüttung einer erhöhten Dividende mit dem Argument zu begründen, er erleichtere es den nicht begünstigten Aktionären, ihre Gleichbehandlung durchzusetzen. Hierauf zielt auch Lutter ab, wenn er geltend macht, daß die Aktionäre selbst "nicht ohne weite-

---

[182] Zur Nichtigkeit eines kompetenzüberschreitenden Hauptversammlungsbeschlusses vgl. Hüffer, in: Geßler/Hefermehl/Eckardt/Kropff, § 241 Rn. 52; Zöllner, in: Kölner Komm., § 119 Rn. 33; ders. § 241 Rn. 26, 117, beide m. w. N. Zöllner nimmt auch ausführlich zu der Gegenansicht Stellung, daß solche Hauptversammlungsbeschlüssenur "wirkungslos", so Baumbach/Hueck, § 119 Rn. 10, oder "nicht bindend", so Barz, in: GroßKomm., § 119 Rn. 10, seien. Eine solche Sonderkategorie mangelhafter Beschlüsse ist dem Aktienrecht unbekannt. Vgl. auch Timm, ZIP 90, 361 ff.

[183] Zur Gesamt- und Teilnichtigkeit eines Hauptversammlungsbeschlusses vgl. Zöllner, in: Kölner Komm., § 133 Rn. 18; ders. § 241 Rn. 62 f.

res eine rechtliche Handhabe"[184] besäßen, um eine Beachtung des Gleichbehandlungsgebots durchzusetzen.

Doch die Aktionäre bleiben nicht nur darauf angewiesen, daß der Vorstand nach der Beschlußfassung über die Dividendenausschüttung die Aufrechnung gegenüber dem zunächst begünstigten Aktionär erklärt. Sogar vor der Hauptversammlung ist eine Mitwirkung des Vorstands und zusätzlich des Aufsichtsrats erforderlich. Beide müssen zunächst gemeinsam nach § 172 AktG den Jahresabschluß feststellen, in dem sie auch den erforderlichen Bilanzgewinn ausweisen müssen, um die erhöhte Gewinnausschüttung zu ermöglichen. Der von Lutter und Zöllner befürwortete Anspruch auf Ausschüttung einer erhöhten Dividende erleichtert es daher den Aktionären auch nicht, ihr Ziel einer Gleichbehandlung zu erreichen.[185]

Der Lösungsansatz Lutters vermag daher nicht zu überzeugen. Selbst wenn man, was oben abgelehnt wurde, den Abschluß eines Vergleichsvertrags zwischen der Aktiengesellschaft und einem Aktionär als gleichheitswidrig bewertete, könnte hieraus doch kein Anspruch auf Ausschüttung einer erhöhten Dividende abgeleitet werden.

5. Ergebnis

Als Ergebnis ist festzuhalten, daß das Gebot der Gleichbehandlung aller Aktionäre nicht durch den Abschluß eines Vergleichs zwischen der Aktiengesellschaft und einem Aktionär verletzt wird. Soweit eine Zahlung der Aktiengesellschaft mit § 57 Abs. 1 S. 1 AktG vereinbar ist, entspricht eine ungleiche Behandlung des opponierenden gegenüber den übrigen Aktionären auch der Ungleichartigkeit seiner Rechtsbeziehungen zu der Aktiengesellschaft. Verstößt die Aktiengesellschaft mit der Zahlung bereits gegen das strikte Verbot der Einlagerückgewähr, so ist eine gleichzeitige Verletzung des § 53 a AktG gerade wegen der Zuwiderhandlung ausgeschlossen. Ein Anspruch der übrigen Aktionäre auf eine erhöhte Dividendenausschüttung besteht nicht.

---

[184] Lutter/Zöllner, in: Kölner Komm., § 53 a Rn. 34. Ein unmittelbar wirkender Rechtsbehelf wäre nur die Aktionärsklage, deren Anwendungsbereich jedoch stark umstritten ist. Sonst bestünde für die Aktionäre nur die Möglichkeit, mittelbar Druck auf den Vorstand auszuüben, da sie ihm die Entlastung verweigern oder ihm das Vertrauen entziehen kann.

[185] Martens, AG 88, 118, 122 und Diekgräf, S. 207 heben hervor, daß kaum einmal eine Hauptversammlungsmehrheit bereit sein wird, einen solchen Beschluß zu fassen.

IV. Vorwurf des erpresserischen Aktionärsverhaltens

Ein weiterer Einwand gegen den Vergleichsvertrag könnte seine Anfechtbarkeit wegen einer widerrechtlichen Drohung des Aktionärs sein. So wird in der Literatur[186] mehrfach geltend gemacht, daß ein Aktionär erpresserisch handele, wenn er der Aktiengesellschaft androhe, eine Anfechtungsklage zu erheben, um einen Sondervorteil[187] zu erlangen. Das infolge der Drohung abgeschlossene Rechtsgeschäft könnte dann nach § 123 Abs. 1 BGB anfechtbar sein.[188]

Der Aktionär, der eine Anfechtungsklage allerdings nur erhebt, um berechtigte vermögenswerte Interessen zu verfolgen, handelt aber nicht rechtswidrig, da die Verfolgung seines Ziels von dem Zweck des Anfechtungsrechts als Individualrecht umfaßt wird.[189] Stellt der Aktionär der Aktiengesellschaft ein solches Verhalten in Aussicht, so droht er ihr höchstens mit einem rechtmäßien Verhalten. Ob in einem solchen Fall eine widerrechtliche Drohung überhaupt vorliegen kann, ist streitig. Die herrschende Meinung[190] bejaht allerdings eine solche Rechtswidrigkeit bereits bei einer Inadäquanz von Mittel und Zweck der Drohung. Die Kriterien eines angemessenen Verhältnisses zwischen Druckmittel und Zweck seien das Bestehen eines berechtigten Interesses des Drohenden und die Angemessenheit des Mittels nach der Auffassung aller

---

[186] Es werden allerdings stets nur die Fälle behandelt, in denen der Aktionär einen Sondervorteil verlangt: Hüffer, in: Geßler/Hefermehl/Eckardt/Kropff, § 245 Rn. 53; Bokelmann, Rechtsmißbrauch, S. 140-143; ders., BB 72, 733, 736; Hirte, BB 88, 1463, 1470 mit Fn. 15; Ausschußbericht bei Kropff zu § 405, S. 508; Lutter, FS Der Betrieb, S. 193., vgl. dazu unten Teil C., S. 100 ff.

[187] Aus diesem zusätzlichen Kriterium kann geschlossen werden, daß ein erpresserisches Verhalten nur bei einer mißbräuchlichen Klage vorliegen kann, dazu Teil C, S. 100 ff.

[188] Das Rechtsgeschäft ist trotz des erpresserischen Handelns nicht notwendig nach § 134 BGB nichtig, da die strafrechtliche Verbotsnorm das Verhalten vor Vertragsabschluß betrifft, nicht den Vertrag selbst: vgl. Hefermehl, in: Soergel, § 134 Rn. 23; Mayer-Maly, in: Münch Komm, § 134 Rn. 47, 51; Enneccerus/Nipperdey, Allgemeiner Teil, § 190 II 2, S. 1158.

[189] Dazu oben S. 16 ff., 20.

[190] H. M.: Hefermehl, in: Soergel, § 123 Rn. 47 f.; Kramer, in: Münch Komm, § 123 Rn. 36; BGHZ 2, 287, 296 f.; 25, 217, 220 ff.; LM Nr. 32 zu § 123 BGB. Ablehnend zu § 240 StGB: Jakobs, FS Peters, S. 69 ff.; insbesondere S. 82; Horn, in: Systematischer Kommentar, § 240 Rn. 43. Eine überzeugende Differenzierung hat der BGH in BGHSt 31, 195 für den Parallelfall der Drohung mit einem rechtmäßigen Unterlassen vorgenommen.

billig und gerecht Denkenden.[191] Beide Voraussetzungen liegen vor, wenn der Aktionär lediglich den Ersatz eines ihm tatsächlich entstandenen Schadens erstrebt. Die Androhung der Klageerhebung kann daher auch keine widerrechtliche Verbindung von Mittel und Zweck begründen.

Der Aktionär handelt nicht erpresserisch, wenn er unter Androhung einer Anfechtungsklage der Aktiengesellschaft den Abschluß eines Vergleichsschlusses anbietet, um den ihm entstandenen Schaden einschließlich seiner Prozeßkosten ersetzt zu verlangen.[192] Ein solcher Vergleichsvertrag ist daher nicht wegen einer widerrechtlichen Drohung nach § 123 Abs. 1 BGB anfechtbar.

V. Pflicht des Vorstands zu sorgfältiger Geschäftsführung

1. Pflichtgemäßheit bei Abschluß eines zulässigen Vergleichs

Es bleibt abschließend die Frage, ob der Vorstand der Aktiengesellschaft seine Pflicht zur sorgfältigen Geschäftsführung wahrt, wenn er mit dem opponierenden Aktionär einen Vergleichsvertrag abschließt. Die Sorgfaltspflicht des Vorstands ergibt sich aus der in § 76 Abs. 1 AktG normierten Aufgabe der Leitung der Aktiengesellschaft und nicht erst aus § 93 AktG, der die Rechtsfolgen einer Pflichtverletzung und der Bestimmung des Verschuldensmaßstabs regelt.[193]

Zur Sorgfalt eines ordentlichen und gewissenhaften Geschäftsleiters gehört zunächst die Pflicht, Gesetz und Satzung bei der Geschäftsführung zu beachten.[194] Wenn der Vorstand mit einem nicht mißbräuchlich klagenden Aktionär

---

191 Vgl. die Ausführungen der h. M. in Fn. 172.

192 Zu dem Fall, daß der Aktionär mehr verlangt, vgl. unten Teil C, S. 100 ff., insbesondere S. 124.

193 Baumbach/Hueck, § 93 Anm. 6; Martens, AG 88, 118, 119 f. Einige Autoren vertreten die Ansicht, daß aus § 93 Abs. 1 S. 1 AktG unmittelbar inhaltliche Sorgfaltspflichten ableitbar seien: Hefermehl, in: Geßler/Hefermehl/Eckardt/Kropff, § 93 Rn. 9; Mertens, in: Kölner Komm., § 93 Rn. 6; Diekgräf, S. 144, 234. Auch § 43 GmbHG ist bloßer Verschuldensmaßstab: Zöllner, in: Baumbach/Hueck, § 43 GmbHG Rn. 11; a. A. : Mertens, in: Hachenburg, § 43 Rn. 22. Folgt man der hier vertretenen Ansicht, so besteht eine funktionelle Übereinstimmung zwischen § 93 Abs. 1 S. 1 AktG, § 43 Abs. 1 GmbHG und § 276 Abs. 1 S. 1 BGB.

194 Mertens, in: Kölner Komm., § 76 Rn. 10; ders., § 93 Rn. 30; Kossen, DB 88, 1785, 1786; Zöllner, ZGR 88, 392, 423; Schneider, FS Werner, S. 795, 810, Kust, WM 80, 758, 762 f. Die Erwähnung der Pflicht zur Wahrung der Rechtmäßigkeit findet sich oft - wohl wegen ihrer Selbstverständlichkeit - nur an versteckter Stelle:

einen Vergleichsvertrag schließt, in dem sich die Aktiengesellschaft zum Ersatz des Schadens des Aktionärs und sämtlicher ihm enstandenen Kosten verpflichtet, werden weder Gesetz noch Satzung verletzt.

Allerdings hat der Vorstand des weiteren zu beachten, daß durch die Klagerücknahme des Aktionärs ein möglicherweise rechtswidriger Hauptversammlungsbeschluß unanfechtbar wird. Da die Sorge um die Rechtmäßigkeit der Beschlüsse Teil der Pflicht des Vorstands zur Beachtung der Rechtsordnung ist, kann hierin ein Pflichtverstoß liegen. In diesem Sinne begrenzt auch Martens die Vergleichsbefugnis des Vorstands. Der Vorstand dürfe die von dem Aktionär praktizierte Legalitätskontrolle nicht unlauter beeinträchtigen.[195] Martens schließt hieraus, daß der Vorstand bei einer gewissen Erfolgsaussicht der Anfechtungsklage nur dann einen Vergleich abschließen dürfe, wenn der Vergleich von dem Prozeßgericht angeregt werde. Dieses äußere Kriterium bleibt jedoch dem Zufall überlassen. Es ist ein inhaltlicher Maßstab aufzuzeigen, der es ermöglicht, unabhängig von dem Verhalten Dritter das pflichtgemäße Handeln des Vorstands bei Abschluß eines Vergleichsvertrags zu bestimmen.

Hierbei ist zu berücksichtigen, daß ein Vorstand sich dann nicht sorgfaltswidrig verhält, wenn er sich bei zweifelhafter Rechtslage nach der für die Gesellschaft günstigeren Rechtsansicht richtet.[196] Der Vorstand wird wegen der Komplexität der tatsächlichen und rechtlichen Gesamtumstände kaum einmal die Begründetheit einer Anfechtungsklage mit Sicherheit ausschließen können. Die Rechtslage ist daher in den meisten Fällen ungewiß. Der Vorstand darf daher zusätzlich berücksichtigen, daß er einen drohenden Schaden der Gesellschaft infolge einer Anfechtungsklage gegen einen rechtmäßigen Hauptversammlungsbeschluß nur durch den Abschluß eines Vergleichs verhindern kann. Der Vorstand läßt somit nicht die notwendige Sorgfalt außer acht, wenn er wegen dieses drohenden Schadens mit dem Aktionär die Klagerücknahme vereinbart, wenn er zuvor die Beschlußfassung sorgfältig vorbereitet hat. Nur wenn der Vorstand selbst die Rechtswidrigkeit des Hauptversammlungsbeschlusses kennt oder sie als sehr wahrscheinlich erachtet, darf er keinen Vergleich abschließen.[197] Wenn er von der Rechtswidrigkeit überzeugt ist, hat er

---

Geßler, in: Geßler/Hefermehl/Eckardt/Kropff, § 111 Rn. 24; Mertens, in: Kölner Kom., § 111 Rn. 27; Meyer-Landrut, in: GroßKomm., § 111 Anm. 3; Baumbach/Hueck, § 111 Anm. 5; Semler, Überwachungsaufgabe, S. 69-71; Diekgräf, S. 162.

[195] Martens, AG 88, 118, 124; ähnlich Bork, ZIP 90, 1037, 1043.

[196] Mertens, in: Kölner Komm., § 93 Rn. 38; Diekgräf, S. 236, 171 f.

[197] Diekgräf, S. 234 erachtet den Abschluß eines Vergleichsvertrags ebenfalls als pflichtgemäß, wenn der Vorstand bei einer ex ante Beurteilung den Hauptversammlungsbeschluß als rechtmäßig bewerten kann. Im Zweifelsfall dürfe sich der Vorstand

vielmehr infolge seiner Pflicht zur Wahrung von Gesetz und Satzung die Rechtswidrigkeit des Hauptversammlungsbeschlusses anzuerkennen und somit ein Ende des Anfechtungsverfahrens herbeizuführen.[198] Da die Gesellschaft gemäß § 246 Abs. 2 S. 2 AktG in einem Anfechtungsrechtsstreit durch Vorstand und Aufsichtsrat gemeinsam vertreten wird, muß auch der Aufsichtsrat dem Anerkenntnis zustimmen.

Gegen die Pflichtgemäßheit des Vertragsschlusses könnte letztlich ein möglicher Interessenkonflikt der Vorstandsmitglieder sprechen. So kann der Vorstand durch den Abschluß des Vergleichs verhindern, daß eine mögliche unsorgfältige Geschäftsführung im Rahmen der Vorbereitung der Beschlußfassung offenbar wird. Zwar kann eine solche Pflichtwidrigkeit auch auf der Hauptversammlung bei der Behandlung des Tagesordnungspunktes "Entlastung des Vorstands" durch gezieltes Nachfragen der Aktionäre ermittelt werden. Doch immerhin hat der Vergleich zur Folge, daß ein Verfahren beendet wird, das mindestens im gleichen Maße zur Nachprüfung eines pflichtgemäßen Verhaltens dienen kann. Der Vorstand hat daher abzuwägen, ob im Einzelfall die Pflicht einer Schadensabwendung[199] überwiegt oder das Ziel einer umfassenden Kontrolle des Vorstands. Beeinträchtigt ein laufendes Anfechtungsverfahren den Vorstand erheblich in der Geschäftsführung, so ist die Aufgabe der Schadensabwendung vorrangig, da die Kontrolle des Vorstands nicht

---

nach der für die Gesellschaft günstigeren Rechtsansicht richten. Allerdings darf nach Ansicht Diekgräfs der Vorstand auch trotz einer erkannten Rechtswidrigkeit einem Vergleich zustimmen, wenn die formellen oder materiellen Mängel nur die subjektiven Rechte einzelner Aktionäre verletzten, vgl. Diekgräf, S. 235 f., 165 ff., 169. Dann bestehe kein institutionelles Interesse an einer Aufhebung des Hauptversammlungsbeschlusses. Dies bedeutete jedoch, die Pflicht des Vorstands zur Wahrung der Verbandsrechtsordnung einem Wirtschaftlichkeitsstreben unterzuordnen. Unbedenklich ist ein Vergleich aber zumindest, wenn sich der Vorstand zugleich verpflichtet, eine erneute Beschlußfassung der Hauptversammlung herbeizuführen; so auch Diekgräf, S. 235.

[198] Das Anerkenntnis ist nicht ausgeschlossen, da das Anfechtungsverfahren nicht vom Untersuchungsgrundsatz beherrscht wird. Ganz h. M.: Hüffer, in: Geßler/Hefermehl/Eckardt/Kropff, § 246 Rn. 27; Zöllner, in: Kölner Komm., § 246 Rn. 71-74; ausdrücklich auch BGHZ 107, 296, 310. Vgl. auch oben S. 17 mit Fn. 9. Der Aktionär kann sich aber auch mit der Verpflichtung des Vorstands zufrieden geben, daß der Gegenstand zur erneuten Beschlußfassung der nächsten Hauptversammlung unter Wahrung von Gesetz und Satzung vorgelegt werden solle. Vgl. Lutter, ZGR 78, 347, 364; Martens, AG 88, 118, 124.

[199] Mertens, in: Kölner Komm., § 76 Rn. 22; Hefermehl, in: Geßler/Hefermehl/Eckardt/Kropff, § 76 Anm. 22, § 93 Anm. 13; Meyer-Landrut, in: GroßKomm., § 76 Anm. 10; Diekgräf, S. 144.

notwendigerweise im Anfechtungsrechtsstreit erfolgen muß. Andererseits überwiegt bei der Anfechtung eines Entlastungsbeschlusses nach § 120 Abs. 1 S. 1 AktG die Pflicht, eine Kontrolle des Vorstandsverhaltens zu ermöglichen.[200] Selbst wenn die Anfechtung eines solchen Beschlusses für die Aktiengesellschaft mittelbare Vermögensnachteile zur Folge hat, so bezweckt das Institut des Entlastungsbeschlusses doch vorrangig eine Kontrolle der Tätigkeit des Vorstands und des Aufsichtsrats.

Stets gilt es aber zu beachten, daß selbst ein sorgfaltswidriges Verhalten des Vorstands nichts an der Wirksamkeit des Vergleichsvertrags ändert, da er nicht gesetzeswidrig ist, solange die Parteien die Grenze des § 57 Abs. 1 S. 1 AktG beachten.

2. Erfüllung der Informationspflichten

Zur pflichtgemäßen Geschäftsführung durch den Vorstand gehört stets auch die notwendige Information der Aktionäre über den Fortgang des Anfechtungsverfahrens. Diese Information hat in dem jährlich zu erstellenden Lagebericht, § 289 HGB, zu erfolgen. In ihm hat die Aktiengesellschaft über Geschäftsvorgänge von besonderem Interesse zu berichten. Hierzu zählt auch der Ausgang wichtiger Prozesse.[201] Den Lagebericht hat der Vorstand der Hauptversammlung nach §§ 120 Abs. 3 S. 2, 176 Abs. 1 S. 1, 2 AktG zu erläutern. Der Vorstand ist gemäß § 90 Abs. 1 AktG ebenfalls verpflichtet, den Aufsichtsrat zu unterrichten.

3. Pflichtwidrigkeit eines überhöhten Angebots

Um eine belastende Anfechtungsklage einem raschen Ende zuzuführen, könnte der Vorstand versucht sein, dem opponierenden Aktionär einen Vergleich anzubieten, der ihm einen Vorteil verspricht, der über den ersatzfähigen

---

[200] Im Ergebnis ebenso: Schlaus, AG 88, 113, 116; Lutter, FS Der Betrieb, S. 193, 203. A. A. Diekgräf, S. 237, falls der Aktionär von der Aussichtslosigkeit der Klage überzeugt werden könne. Dann kommt aber nur eine Klagerücknahme durch den Aktionär mit dessen daraus folgenden Kostentragungspflicht in Betracht.

[201] Glade, § 289 HGB Rn. 6; Lück, in: Küting/Weber § 289 Rn. 17; Jung, in: Heymann, § 289 Rn. 16; Kropff, in: Geßler/Hefermehl/Eckardt/Kropff, § 160 Rn. 21; Claussen, in: Kölner Komm., § 160 Rn. 8; Baumbach/Hueck, § 160 Anm. 4; nur als freiwillige Bericherstattung: Clemm/Ellrott, in: Bil.Komm. § 289 Rn. 23.

Schaden und der Prozeßkosten des Aktionärs hinausgeht.[202] Dann liegt nicht nur ein Verstoß gegen § 57 Abs. 1 S. 1 AktG, sondern stets auch eine Verletzung der Sorgfaltspflicht des Vorstands vor.[203] Das folgt bereits aus der Pflicht des Vorstands, bei der Geschäftsführung Gesetz und Satzung zu beachten.[204] Zwar wird in der Literatur diskutiert, ob der Vorstand gegenüber mißbräuchlichen Klagen selbst bei Abschluß eines § 57 Abs. 1 S. 1 AktG verletzenden Vergleichsvertrags sorgfaltspflichtgemäß handelt.[205] Diese Erwägungen können aber auf eine ordnungsgemäß erhobene Anfechtungsklage nicht übertragen werden. Das sorgfaltspflichtgemäße Verhalten könnte nur mittels einer Rechtsanalogie zu den Notstandsvorschriften der § 32 StGB, § 904 BGB begründet werden.[206] Bei einer ordnungsgemäßen Anfechtungsklage fehlt es aber bereits an einer planwidrigen Regelungslücke, die eine solche analoge Anwendung ermöglichen könnte. Dem Gesetzgeber waren die Wirkungen einer Anfechtungsklage auf die Geschäftsführung bewußt. Er hat sie zum Schutze der anfechtenden Minderheit in Kauf genommen und von erweiterten Befugnissen des Vorstands abgesehen. Der Vorstand verhält sich also gegenüber einem nicht rechtsmißbräuchlich handelnden Aktionär nur dann pflichtgemäß, wenn er im Rahmen der rechtlichen Vorschriften handelt und dem Aktionär keine derartigen Vorteile anbietet.[207]

---

[202] Zu dem pflichtgemäßen Verhalten des Vorstands gegenüber einer mißbräuchlichen Anfechtungsklage vgl. unten S. 169 ff.

[203] So auch Mertens, in: Kölner Komm., § 93 Rn. 39: " -durchweg als Pflichtverletzung des Vorstands- ".

[204] Vgl. die Nachweise oben S. 95 mit Fn. 194.

[205] Dazu ausführlich unten S. 169 ff.

[206] Vgl. ausführlich unten S. 171 ff.

[207] Zu den Folgen eines pflichtwidrigen Verhaltens vgl. unten S. 177.

C. Vergleich bei mißbräuchlicher Anfechtungsklage

I. Mißbräuchliche Anfechtungsklage

Das Anfechtungsrecht ermöglicht es dem Aktionär, sein mitgliedschaftlich motiviertes Interesse an der Rechtmäßigkeit eines Hauptversammlungsbeschlusses geltend zu machen, auch wenn der Aktiengesellschaft hierdurch erhebliche finanzielle Nachteile entstehen.[1] Es liegt aber die Befürchtung nahe, mancher Aktionär könnte Zweck und mögliche Folge der Rechtsausübung verwechseln und versuchen, die Aktiengesellschaft unter Androhung der Nachteile zu erpressen. Beredter Ausdruck dieser Sorge ist die Stellungnahme des Aktienrechtsgesetzgebers in der Allgemeinen Begründung von 1884: "Das Recht eines Jeden zur Anfechtung ist ein zweischneidiges Mittel, welches Chikanen und Erpressungen Thür und Thor öffnet."[2] Zeugnis der Dreistigkeit mancher Aktionäre sind ihre in der Literatur berichteten Auftritte: "Sie und ihre Rechtsabteilung sind (in der strittigen Frage) betriebsblind. Lassen Sie sich von mir beraten. Aber Beratung kostet Geld."[3] Und zu dem anvisierten Umfang solcher Stillhaltegebühren heißt es unverhohlen: "Wir können uns hier nur über Bruchteile von Millionen unterhalten".[4] Andernfalls, so ließ der Vertreter einer Aktionärin verlauten, könne er das Verfahren "dilatorisch ad infinitum bis zum BGH"[5] führen. Zur Abwehr erpresserischer Anfechtungsklagen wur-

---

[1] Vgl. oben S. 16 ff., insbesondere S. 20 zum Zweck des Anfechtungsrechts. Zu den drohenden Nachteilen vgl. oben S. 46 ff.

[2] Allgemeine Begründung bei Schubert/Hommelhoff, S. 407, 467. Die Materialien zum ADHGB 1884 und zum AktG 1937 bieten ein reichhaltiges Material zitierwürdiger Fundstellen: "Jede Ausdehnung sogenannter Individualrechte ist eine Gefahr für die Organisation und das gesamte Funktioniren der Gesellschaft. Sie lähmt die Energie und die verantwortliche Thätigkeit von Vorstand und Aufsichtsrath, scheucht die tüchtigeren Elemente aus denselben zurück", aus Allgemeine Begründung bei Schubert/Hommelhoff, S. 466. Zum AktG 1937 vgl. die Ausschußberatungen, in: Akademie für Deutsches Recht, S. 256-271.

[3] Berichtet bei Schlaus, AG 88, 113. Vgl. jetzt auch die Darstellung bei BGHZ 107, 296, 312 ff.

[4] Hommelhoff/Timm, AG 89, 168, 169.

[5] Vgl. Timm, in: Aktionärsverhalten, S. 1, 10.

den in einem Fall sogar 1,5 Millionen DM an einen Aktionär gezahlt.[6] Die Fülle der innerhalb kurzer Zeit ergangenen Gerichtsentscheidungen[7] zeigt, daß ein solches Aktionärsverhalten nicht vereinzelt geblieben ist.[8] Nur eine Variante dieser Erpressungsversuche ist das Verlangen des Aktionärs, den Vorteil anstatt an ihn an einen Dritten zu erbringen oder den Vorteil statt von der Aktiengesellschaft von deren Großaktionär zu verlangen.

Zwei Umstände lassen einen Hauptversammlungsbeschluß besonders anfällig für ein solches Aktionärsverhalten erscheinen: ein der Aktiengesellschaft drohender hoher Schaden und die begrenzten Möglichkeiten der Gesellschaft, einen solchen Schaden zu vermeiden.[9] Daher bieten sich dem Aktionär insbesondere diejenigen Beschlüsse an, deren konstitutiv wirkenden Eintragung in das Handelsregister eine Registersperre entgegensteht, solange eine Anfechtungsklage noch möglich oder bereits rechtshängig ist. Nur wenn die Aktiengesellschaft das Registergericht von der Mißbräuchlichkeit einer erhobenen Anfechtungsklage überzeugen kann, wird es die Eintragung des Beschlusses verfügen.[10] Es ist folgerichtig, daß der Aktionär daher gerade eine Durch-

---

[6] Vgl. die Sachverhaltsdarstellungen der Arresturteile LG Köln WM 88, 758 f.; OLG Köln WM 88, 1021. Inzwischen auch LG Köln 3 O 725/87 vom 23.8.88 und OLG Köln 16 U 134/88 vom 24.5.89, in denen der Aktionär jeweils zur Rückgewähr gemäß § 62 Abs. 1 S. 1 AktG verurteilt wurde, vgl. oben S. 56 mit Fn. 44 f.; zu weiteren Fallgestaltungen vgl. Timm, in: Aktionärsverhalten, S. 1, 9-16; Diekgräf, S. 10-20.

[7] Geordnet nach dem jeweiligen Streitgegenstand: LG Bielefeld WM 88, 217 ff.; OLG Hamm WM 88, 943 ff.; OLG Hamm WM 88, 1164 ff.; BGHZ 107, 296 ff.; LG Köln AG 88, 145 f.; OLG Köln WM 88, 1792 ff.; BGH WM 90, 140 ff.; BGH WM 89, 1765 ff.; BVerfG WM 90, 755 ff.; LG Mannheim WM 88, 775 ff.; OLG Karlsruhe WM 89, 1134 ff.; BGH WM 90, 2073 ff.; LG Köln WM 88, 758 ff.; OLG Köln WM 88, 1021 ff.; LG Köln vom 23.08.88, 3 O 725/87 (unveröffentlicht); OLG Köln vom 24.05.89, 16 U 134/88 (unveröffentlicht); LG Köln vom 27.12.88, 3 O 314/88 (unveröffentlicht); LG Frankfurt a. M. WM 90, 592 ff.; OLG Frankfurt a. M. WM 90, 596 ff.; BGH WM 90, 1372 ff.; OLG Zweibrücken WM 90, 599 ff.; LG Frankenthal WM 89, 1854 ff.; OLG Hamburg ZIP 89, 1326 ff.; LG Hamburg ZIP 90, 376 ff.; OLG Hamburg WM 90, 1741 ff.; LG Kassel WM 89, 789 ff.; OLG Karlsruhe ZIP 90, 719 f.; OLG Frankfurt a. M. WM 90, 310 f.; LG Mannheim ZIP 90, 992 ff.; LG Landshut, ZIP 90, 999 ff.; LG Frankfurt a. M. WM 90, 1745 ff; OLG Frankfurt, WM 90, 2116 ff. Nunmehr liegt auch ein erstes strafgerichtliches Urteil vor: AG Köln ZIP 90, 1404 ff. Zu einigen dieser Verfahren vgl. Timm, in: Aktionärsverhalten, S. 1, 9-16; Diekgräf, S. 10-20.

[8] So berichtet Claussen, AG 90, 156, 157 von ca. 70 mißbräuchlichen Anfechtungsklagen zwischen 1986 und 1989.

[9] Zu dem Schadenspotential einer Anfechtungsklage vgl. bereits oben S. 46 ff. und Diekgräf, S. 19 f.

[10] Vgl. oben S. 38 f.

führung solcher Beschlüsse verhindern kann, die für die Gesellschaft besonders bedeutsam sind. Die Registersperre soll gerade bewirken, daß Beschlüsse der Hauptversammlung, die tiefgreifend das Gefüge einer Aktiengesellschaft verändern, erst dann durchgeführt werden, wenn ihre Bestandskraft weitestgehend[11] gesichert ist.[12]

Eine Registersperre besteht, wie bereits dargelegt wurde,[13] für die Eintragung einer Eingliederung nach §§ 319 ff., 319 Abs. 3 S. 2 AktG, einer Verschmelzung nach §§ 339 ff., 345 Abs. 2 S. 1 AktG und einer Vermögensübertragung nach §§ 359 Abs. 2 S. 1, 345 Abs. 2 S. 1 AktG und §§ 360 Abs. 2 S. 1, 345 Abs. 2 S. 1 AktG.[14] Die Vermögensübertragung nach § 361 Abs. 1 S. 1 AktG ist dagegen nicht einmal eintragungspflichtig.[15]

Eine Sperre besteht auch nicht für die Eintragung des Abschlusses oder der Änderung eines Unternehmensvertrags nach §§ 291, 292 AktG. § 294 Abs. 2 S. 4 des Regierungsentwurfs zum Aktiengesetz 1965[16] enthielt zwar auch insoweit eine Registersperre bei noch möglicher oder bereits rechtshängiger Anfechtungsklage. Auf Vorschlag des Rechtsausschusses, der die Mißbrauchsgefahr einer solchen Regelung betont hatte, sah der Gesetzgeber aber in diesem Fall von der Regelung ab.[17] Die Gefahr eines Mißbrauchs besteht allerdings ebenso bei einer Anfechtungsklage gegen einen Eingliederungs-, Fusions- oder Vermögensübertragungsbeschluß, ohne daß der Gesetzgeber auch hier von der

---

[11] Eine Absicherung gegen eine Nichtigkeit des Beschlusses ist nicht möglich, da diese unabhängig von ihrer Geltendmachung ist.

[12] Begr. RegE bei Kropff zu § 345, S. 459; Baumbach/Hueck, § 345 Anm. 1.

[13] Vgl. oben S. 37.

[14] In dem Diskussionsentwurf des BMJ zur Umsetzung der 6. EG (Spaltungs-) Richtlinie vom 17.12.82 (82/891/EWG) bei Lutter, Europäisches Gesellschaftsrecht, S. 159 ff. in einem einheitlichen Verschmelzungs- und ÜbertragungsG wird zu jedem Regelungsabschnitt eine Registersperre vorgeschlagen, vgl. §§ 16 Abs. 2, 140 S. 1, 169, 195, 235, 236, 262 Abs. 3.

[15] Kraft, in: Kölner Komm., § 361 Rn. 19; Schilling, in: GroßKomm., § 361 Anm. 12; Baumbach/Hueck, § 361 Anm. 8. Der Beschluß bewirkt nur die Wirksamkeit des Verpflichtungsvertrags. Anders als bei §§ 359, 360 AktG erfolgt die Vermögensübertragung nicht im Wege der Gesamtrechtsnachfolge zum Zeitpunkt des Wirksamwerdens des Beschlusses, sondern durch Einzelrechtsübertragung: Kraft, in: Kölner Komm., § 361 Rn. 21.

[16] Vgl. § 294 RegE eines AktG, in: BTDS IV/171.

[17] Ausschußbericht bei Kropff zu § 294, S. 383: "Diese Regelung ermöglicht es aber in der Tat einzelnen Aktionären durch Erhebung der Anfechtungsklage die Eintragung und damit das Wirksamwerden eines Unternehmensvertrags oder seiner Änderung zu verzögern, und zwar ohne Rücksicht darauf, ob die Anfechtungsklage Erfolgsaussichten bietet."

Anordnung einer Registersperre Abstand genommen hätte. Die ungleiche Behandlung kann nur damit begründet werden, daß der Gesetzgeber die Bedeutung der Maßnahmen unterschiedlich gewichtet hat.

Aber auch bei Fehlen einer Registersperre kann ein opponierender Aktionär die Durchführung eines Hauptversammlungsbeschlusses verhindern, da das Registergericht über eine Eintragung des Beschlusses nach pflichtgemäßem Ermessen entscheidet.[18] Wenn es dem Aktionär gelingt, sein bedrohendes Verhalten gegenüber dem Registergericht zu verbergen, kann dieses bei einer gewissen Erfolgsaussicht der Klage und fehlenden überwiegenden Interessen der Aktiengesellschaft das Eintragungsverfahren nach § 127 FGG aussetzen.[19]

Die Aktiengesellschaft wird einen Hauptversammlungsbeschluß möglicherweise selbst dann nicht durchführen, wenn das Registergericht die Eintragung des Hauptversammlungsbeschlusses verfügt hat. Die Aktiengesellschaft muß nämlich damit rechnen, daß das Prozeßgericht anschließend der Anfechtungsklage des Aktionärs stattgibt und die ex tunc Nichtigerklärung des faktisch bereits durchgeführten Hauptversammlungsbeschlusses erhebliche Schadensersatzansprüche Dritter gegen die Aktiengesellschaft zur Folge hat. Daher kann es im Interesse des Unternehmens liegen, einen Hauptversammlungsbeschluß bereits wegen der bloßen Rechtshängigkeit einer Anfechtungsklage nicht durchzuführen, sondern zunächst den Ausgang des Anfechtungsrechtsstreits abzuwarten.

Diese Tatsache zeigt, daß sogar Hauptversammlungsbeschlüsse, die nicht einmal eintragungspflichtig sind, geeigneter Gegenstand einer erpresserischen Anfechtungsklage sein können. Dies gilt zum Beispiel für einen Zustimmungsbeschluß der Hauptversammlung zu einer Geschäftsführungsmaßnahme des Vorstands. Ein solcher Beschluß ist erforderlich, wenn die geplante Maßnahme einen schwerwiegenden Eingriff in die Rechte und Interessen der Aktionäre bedeutet.[20] Um einen rechtswidrigen Eingriff auszuschließen, wird die Aktiengesellschaft oftmals den Beschluß bis zur rechtskräftigen Klageabweisung nicht durchführen. Eine Vielzahl von Hauptversammlungsbeschlüssen eignet sich also zur Erhebung erpresserischer Anfechtungsklagen.[21]

---

[18] Vgl. oben S. 31 f.

[19] Vgl. oben S. 31 f.

[20] So der BGHZ 83, 122, 130 f. in der Holzmüller-Entscheidung. Dazu K. Schmidt, § 28 V 2 b, S. 661 mit Fn. 129; S. 704.

[21] Im übrigen kann ein böswilliger Aktionär natürlich nicht nur mit der Androhung der Geltendmachung eines Anfechtungsrechts die Gesellschaft zu erpressen suchen. Prinzipiell eignen sich hierzu alle Aktionärsrechte, deren Geltendmachung der Gesellschaft Schwierigkeiten bereiten kann. Vgl. z.B. AG Düsseldorf ZIP 88, 970 f. zu

Ein weiterer Umstand, der ein solches Aktionärsverhalten gleichermaßen bei allen Anfechtungsklagen zusätzlich begünstigen kann, ist die in das Ermessen des Gerichts gestellte Streitwertspaltung gemäß § 247 Abs. 2 S. 1 AktG. Sie kann das Kostenrisiko des Klägers erheblich verringern.[22] Auch die Gewährung einer Prozeßkostenhilfe nach §§ 114 ff. ZPO bewirkt eine Reduzierung des Kostenrisikos des Opponenten.[23]

1. Grenze des Anfechtungsrechts

Die Bewertung eines solchen Aktionärsverhaltens bei der Geltendmachung eines Anfechtungsrechts ist in Rechtsprechung und Literatur umstritten. Während das Reichsgericht zunächst die Ansicht vertrat, der Aktionär verletze eine ihm gegenüber der Aktiengesellschaft obliegenden Treuepflicht, wird nunmehr vornehmlich ein Verstoß gegen § 226 BGB und § 242 BGB diskutiert. Die herrschende Meinung in der Literatur erachtet ebenso wie der BGH die zweckwidrige Klage als ein rechtsmißbräuchliches Verhalten des Aktionärs. Die unzulässige Rechtsausübung müsse zur Klageabweisung führen. Auf der anderen Seite vertritt eine Mindermeinung in Literatur und Rechtsprechung die Ansicht, ein Mißbrauch des Anfechtungsrechts sei nicht möglich.

---

einem mißbräuchlichen Antrag auf gerichtliche Bestellung eines Sonderprüfers. Hierzu auch: Hirte, ZIP 89, 953 ff.; Meyer-Landrut, AG Düsseldorf EWiR § 142 AktG 1/88, 743; Emmerich, WuB II A., § 142 AktG, 1.89.

[22] Erkennt das Prozeßgericht eine erpresserische Absicht des Aktionärs, so kommt eine Streitwertspaltung allerdings nicht in Betracht: Zöllner, in: Kölner Komm., § 247 Rn.22; Hüffer, in: Geßler/Hefermehl/Eckardt/Kropff, § 247 Rn.22; Begr. RegE bei Kropff zu § 247, S. 335; OLG Frankfurt a. M. WM 90, 310 f. mit dem deutlichen Hinweis, daß der klagende Aktionär der gleiche ist, der zuvor von einer anderen Aktiengesellschaft 1,5 Millionen DM für die Abstandnahme von einer Klageerhebung erlangt hat. Timm, in: Aktionärsverhalten, S. 1, 27 hat eine auflösend bedingte Streitwertspaltung vorgeschlagen, solange ein rechtsmißbräuchliches Verhalten des Aktionärs nicht ausgeschlossen ist.

[23] Bei einem Mißbrauch ist auch eine Prozeßkostenhilfe ausgeschlossen: OLG Karlsruhe ZIP 90, 719 f.; OLG Hamburg ZIP 89, 1326 f. Zu der fraglichen Begründung und den befremdlichen Entscheidungsgründen auch des LG Hamburg ZIP 90, 376 ff. in der Hauptsache zu Recht sehr kritisch: Timm, ZIP 90, 361, 363 f.; vgl. auch OLG Hamburg ZIP 90, 1071 ff. In der Sache ging es sowohl dem OLG Frankfurt a. M. (vg. Fn.22) als auch dem OLG Hamburg darum, eine abweisende Entscheidung zu begründen, ohne einen Rechtsmißbrauch des Antragstellers bei der Geltendmachung der Anfechtungsklage erörtern zu müssen. Im Zusammenhang mit einem Prozeßkostenhilfeersuchen ist nunmehr ein erstes strafgerichtliches Urteil ergangen: AG Köln ZIP 90, 1404 ff.

a) Fehlen einer Treuepflicht

Das Reichsgericht[24] hatte sich in einigen Urteilen seit 1934 zur Begründung der Klageabweisung noch auf eine spezifische Treuepflicht des Aktionärs berufen. Der BGH[25] hat diese Rechtsprechung in Übereistimmung mit der zunächst einhelligen Kritik in der neueren Literatur nicht fortgeführt. Diese lehnte eine Treuepflicht des Aktionärs als unvereinbar mit der kapitalistischen Struktur der Aktiengesellschaft[26] und als Ausdruck nationalsozialistischen Gedankenguts ab.[27] Nunmehr wird das Bestehen und der Umfang einer gesellschaftlichen Treuepflicht der Aktionäre gegenüber der Aktiengesellschaft erneut diskutiert.[28] Zöllner[29], der diese Diskussion entscheidend geprägt hat, ver-

---

[24] RGZ 146, 71, 76; 146, 385, 397; 158, 248, 254. Vgl. aber auch Fn. 44.

[25] BGHZ 36, 121 ff.; WM 62, 456, 457. In BGHZ 14, 25, 37 f. hatte der BGH in einem obiter dictum noch eine Treuepflicht des Aktionärs gegenüber der Aktiengesellschaft erwähnt. Die Entscheidung betraf aber die Treuepflicht eines Gesellschafters einer GmbH bei einer Stimmrechtsausübung. Nur in einem Halbsatz wird eine Treuepflicht des Aktionärs erwähnt und auch hier nur zur Konkretisierung einer gemäß § 242 BGB unzulässigen Rechtsausübung herangezogen.

[26] Hüffer, in: Geßler/Hefermehl/Eckardt/Kropff, § 245 Rn. 52; Zöllner, in: Kölner Komm., Einl. Rn. 162; Baumbach/Hueck, Vor § 54 Anm. 11, § 243 Anm. 6; Godin/Wilhelmi, § 1 Anm. 3; Schlegelberger/Quassowski, § 1 Anm. 5; Hueck, Gesellschaftsrecht, § 26 VI 1, S. 248, der den vergleichbaren § 243 Abs. 2 AktG als Ausprägung des § 242 BGB bewertet; Bokelmann, Rechtsmißbrauch, S. 60 f., 86 f.; ders., BB 72, 733, 736; zur älteren Literatur vgl. Fechner, Treubindungen, S. 37 Fn. 1, der eine Treuepflicht ebenfalls verneint, vgl. S. 100 f.

[27] A. Hueck, Treuegedanke, S. 14 f; Meyer-Landrut, in: GroßKomm., § 1 Anm. 34. Hueck bezeichnete die Annahme einer Treuepflicht als Folge einer Hypertrophie des Treuebegriffs. So hatte Siebert in einer Urteilsanmerkung in, JZ 35, 1553 der Entscheidung des RGZ 146, 385 ff. beigepflichtet: das Urteil sei "ein weiteres wichtiges Beispiel für die allmählich immer stärkere Durchdringung des Rechts der Kapitalgesellschaften mit den nationalsozialistischen Rechtsgrundsätzen von Gemeinschaft und Treupflicht". Vgl. auch Klausing, FS Schlegelberger, S. 405, 410-413. Vgl. aber auch kritisch: Schlegelberger, in: Akademie für Deutsches Recht, S. 258 f.; 261.

[28] K. Schmidt, § 20 IV 2 c, S. 437 f., § 28 I 4 a, S. 610 f.; Zöllner, Schranken, S. 335 ff.; Zöllner, in: Kölner Komm., Einl. Rn. 160 ff.; ders., § 243 Rn. 189 ff.; Kübler, § 15 II 3 c, S. 183 f.; T. Raiser, Kapitalgesellschaften, § 12 IV beide m. w. N.; Kort, ZIP 90, 294, 297. Ausführlich Lutter, JZ 76, 225 ff. und ders., ZHR 153, 446 ff., 466. In der Regel gegen eine Treuepflicht: Hueck, Gesellschaftsrecht, § 26 IV 1, S. 247-249.

[29] Zöllner, Schranken, S. 335 ff. Diekgräf, S. 36 läßt die Bedeutung der Treuepflicht offen. Zur fehlenden Treuepflicht bei der Ausübung des Anfechtungsrechts: Zöllner, in: Kölner Komm., Einl. Rn. 162; vgl. w. N. oben in Fn. 28. Lutter, ZHR 153, 446, 466

neint allerdings ausdrücklich eine Treuepflicht bei der Ausübung des Anfechtungsrechts. In Folge dieser Diskussion hat der BGH nunmehr eine Treuepflicht eines Großaktionärs gegenüber den übrigen Aktionären anerkannt.[30] Er hat sich aber auch gegen einen Rückgriff auf eine solche Pflicht bei der Ausübung eines Anfechtungsrechts gewandt.[31] Das BVerfG hat wiederum eine Beschränkung des Anfechtungsrechts "aus § 242 BGB in Verbindung mit einer dem Aktionär gegenüber der Gesellschaft obliegenden Treuepflicht"[32] angenommen.

Die Heranziehung einer Treuepflicht zur Begrenzung des Anfechtungsrechts bedeutete jedoch, daß der Aktionär verpflichtet wäre, bei der Ausübung seines Rechts die Vermögensinteressen der Aktiengesellschaft zu beachten. Eine solche Pflicht des Aktionärs besteht nicht. Sie wäre unvereinbar mit der von dem BGH in ständiger Rechtsprechung vertretenen Ansicht, daß der Aktionär bei der Erhebung der Anfechtungsklage kein besonderes Rechtsschutzbedürfnis geltend machen muß.[33] Hieraus folgt, daß der Aktionär bei der Klageerhebung keine Rücksicht auf die Interessen der Aktiengesellschaft zu nehmen braucht.[34] Würde man eine Treuepflicht des Aktionärs bejahen, müßte das zugleich zu einer erheblichen Beschränkung des Anfechtungsrechts führen, falls bei seiner Ausübung wesentliche Vermögensinteressen der Aktiengesellschaft betroffen sind. Da das Gesetz das Anfechtungsrecht gerade nicht in diesem Sinn beschränkt hat, kann den Aktionär bei seiner Ausübung auch keine Treuepflicht treffen.

---

bejaht hingegen jetzt bei der Ausübung des Anfechtungsrechts eine Treuepflicht des Anfechtenden gegenüber den übrigen Aktionären. Konsequent wäre dann auch die Annahme einer Treuepflicht gegenüber der Gesellschaft.

[30] BGHZ 103, 184, 194 f.

[31] BGHZ 107, 296, 311.

[32] BVerfG ZIP 90, 228, 230; ebenso Heuer, WM 89, 1401, 1404 f. unter Berufung auf BGHZ 14, 25, 37 f.; vgl. dazu aber auch oben Fn. 25; ebenso Kort, ZIP 90, 294, 297. In einem obiter dictum auch BGHZ 103, 184, 194.

[33] BGHZ 43, 261, 265 f.; 70, 117, 118; Baumbach/Hueck, § 245 Anm. 2; Hüffer, in: Geßler/Hefermehl/Eckardt/Kropff, § 245 Rn. 7.

[34] Dies ist unstreitig: RGZ 107, 161, 167; Zöllner, in: Kölner Komm., § 245 Rn. 81; Hüffer, in: Geßler/Hefermehl/Eckardt/Kropff, § 245 Rn. 51; Baumbach/Hueck, § 243 Anm. 6. Vgl. auch unten S.117 mit Fn.101.

b) Schikane

Die Abweisung einer zweckwidrigen Anfechtungsklage kann demnach nur auf allgemeine Rechtsgrundsätze gestützt werden. In Betracht kommen das Schikaneverbot des § 226 BGB und das allgemeine Gebot der Rechtsausübung nach Treu und Glauben, § 242 BGB.

Das Schikaneverbot des § 226 BGB ist eine speziell geregelte Ausprägung des allgemeinen Grundsatzes der Rechtsausübung nach Treu und Glauben.[35] Schikane setzt voraus, daß die Rechtsausübung einzig darauf gerichtet sein kann, dem Verpflichteten zu schaden. Zusätzliche subjektive Voraussetzungen bestehen nicht.[36] Sie sind infolge der engen objektiven Schranken auch nicht erforderlich. Die Erhebung der Anfechtungsklage gegen einen möglicherweise rechtswidrigen Beschluß kann bei objektiver Betrachtung nicht nur die Schädigung der Gesellschaft zur Folge haben, da die Klage stets zumindest auch auf die Wiederherstellung der Rechtmäßigkeit des Verbandshandelns gerichtet ist.[37] Ohne eine Berücksichtigung subjektiver Elemente kann ein Verstoß gegen Treu und Glauben daher bei der Ausübung des Anfechtungsrechts nicht begründet werden. § 226 BGB ist somit zu einer Begrenzung des Anfechtungsrechts nicht geeignet.

Eine schikanöse Rechtsausübung kann auch nicht bei einer Klage gegen einen offensichtlich rechtmäßigen Hauptversammlungsbeschluß vorliegen.[38] Hat das Gericht bereits die Rechtmäßigkeit des Hauptversammlungsbeschlusses festgestellt, kann es die Klage allein mit dieser Begründung abweisen. Die zusätzliche Begründung, daß die Klage auch schikanös sei, ist dann sogar bedenklich, weil ein nicht bestehendes Recht nicht schikanös ausgeübt werden kann.

---

[35] Fahse, in: Soergel, Vor § 226 Rn. 3; von Feldmann, in: Münch Komm, § 226 Rn. 1; Heinrichs, in: Palandt, § 226 Rn. 1.

[36] OLG Hamm WM 88, 1164, 1170; OLG Frankfurt a. M. NJW 79, 1613. RG 68, 424, 425. Dilcher, in: Staudinger, § 226 Rn. 9; Johannsen, in: RGRK, § 226 Rn. 2; Fahse, in: Soergel, § 226 Rn. 5 f.; Heinrichs, in: Palandt, § 226 Rn. 3; a. A. Siebert, Verwirkung, S. 108.

[37] Bokelmann, Rechtsmißbrauch, S. 134, 140; OLG Hamm WM 88, 1164, 1170 mit im Ergebnis zustimmender Anmerkung von Teichmann, WuB II A., § 245 AktG 1.88, der aber in seiner Begründung auch subjektive Elemente berücksichtigt, vgl. dazu oben Fn. 36. Vgl. auch BGHZ 107, 296, 310, dazu unten Fn. 49.

[38] Das OLG Hamm WM 88, 1164, 1171 hat die Ansicht vertreten, daß bei einer in der Sache begründeten Anfechtungsklage ein mißbräuchliches Verhalten nicht in Betracht komme. Diese Stellungnahme legt es scheinbar nahe, daß bei einer sachlich unbegründeten Klage ein Mißbrauch oder auch Schikane vorliegen könne.

Ritter[39] hat eine schikanöse Ausübung des Anfechtungsrechts erwogen, wenn der Anfechtungskläger sich auf einen Verfahrensverstoß berufe, der für die Beschlußfassung nicht kausal war. Diese Ansicht hat sich in der Literatur nicht durchgesetzt. Die herrschende Meinung[40] hat zutreffend bei Verfahrensverstößen das Kriterium der Kausalität durch das der Relevanz der verletzten Norm für die Ausübung der Mitgliedschaftsrechte ersetzt. Dieser relevante Verstoß ist eine Voraussetzung für das Bestehen eines Anfechtungsrechts.[41] Hat das Gericht festgestellt, daß bei der Beschlußfassung keine relevante Verfahrensvorschrift verletzt wurde, ist die Klage erneut ohne einen Rückgriff auf § 226 BGB abzuweisen. Ohne diese Relevanz besteht also gar kein Anfechtungsrecht, das schikanös ausgeübt werden könnte.

§ 226 BGB ist daher zur Einschränkung des Anfechtungsrecht nicht heranzuziehen.

c) Verstoß gegen Treu und Glauben, § 242 BGB

Entscheidende Bedeutung kommt somit der Frage zu, ob die zum Zweck der Verfolgung mit dem Anfechtungsrecht unvereinbarer Interessen angestrengte Klage eine mißbräuchliche Rechtsausübung ist. Das wird von der herrschenden Meinung in der Literatur bejaht.[42] Auch die Rechtsprechung[43] ist von dem

---

[39] Ritter, § 197 Anm. 2 f.

[40] Zöllner, in: Kölner Komm., § 243 Rn. 95; Hüffer, in: Geßler/Hefermehl/Eckardt/Kropff, § 243 Rn. 27 f., vgl. die Nachweise auch zur Gegenansicht Rn. 25 f. Zustimmend: OLG Köln WM 88, 1792, 1794 f. mit zustimmender Anm. Bayer, WuB II A., § 340 a AktG 1.89; OLG Karlsruhe WM 89, 1134, 1140 mit kritischer Anm. Heckschen, WuB II A., § 340 a AktG 2.89; LG Frankfurt a. M. WM 89, 683, 685 mit kritischer Anm. Riegger LG Frankfurt a. M. EWiR § 131 AktG 1/89, 943, 944. In der Sache der Relevanztheorie zustimmend auch BGHZ 107, 296, 306 f.; BGH WM 90, 140, 143; 2073, 2075: Die Frage sei nicht, wie die Mehrheit bei Kenntnis des Verfahrensfehlers abgestimmt hätte, sondern wie ein objektiv handelnder Aktionär abgestimmt hätte. Kritisch hierzu wiederum Heckschen, ZIP 89, 1168, 1172 und Werner, WuB II A., § 340 a AktG 3.89 unter II.

[41] Zöllner, in: Kölner Komm., § 243 Rn. 95; Hüffer, in: Geßler/Hefermehl/Eckardt/Kropff, § 243 Rn. 27 f.

[42] Aus der Kommentarliteratur: Zöllner, in: Kölner Komm., § 243 Rn. 26; § 245 Rn. 78 ff.; Hüffer, in: Geßler/Hefermehl/Eckardt/Kropff, § 245 Rn. 47 ff.; Baumbach/Hueck, § 243 Anm. 6; Godin/Wilhelmi, § 243 Anm. 3; Ritter, § 197 Anm. 2 f.; Brodmann, § 271 Anm. 1 d; Schlegelberger/Quassowski, § 198 Anm. 5; Gadow/Heinichen § 197 Anm. 15 a; Begr. RegE bei Kropff zu § 245, S. 333. Auch die Dissertation Diekgräf, S. 34 f. In Aufsätzen: Schlaus, AG 88, 113; Martens, AG 88, 118; Hirte, BB 88, 1469, 1471 ff.; ders., DB 89, 267, 268; Lutter, FS Der Betrieb, S. 193, 208 f.;

Kriterium des Reichsgerichts, der Treuepflichtverletzung,[44] abgerückt und prüft entsprechende Einwände nur noch an dem Maßstab von Treu und Glauben. Ganz überwiegend bejaht auch sie bei dem Nachweis selbstsüchtiger, mit der Ratio des Anfechtungsrechts unvereinbarer Absichten des Aktionärs einen Verstoß gegen § 242 BGB. Der BGH[45] hat diese Rechtsprechung nunmehr erneut ausdrücklich bestätigt.

Hingegen haben eine Mindermeinung in der Literatur[46] und auch einige Gerichte[47] die Ansicht vertreten, "daß das vom rechtsethischen Standpunkt aus verwerfliche Motiv des Klägers an der Begründetheit der Klage nichts zu ändern"[48] vermöge. Eine Klageabweisung wegen eines Verstoßes gegen § 242 BGB sei ausgeschlossen.

Götz, DB 89, 261; Hommelhoff, AG 89, 168, 169; Heckschen, ZIP 89, 1168, 1172; Heuer, WM 89, 1401, 1402 ff.; Teichmann, JuS 90, 269, 270 f.; Windbichler, S. 35, 40-46. In Anmerkungen: Marsch-Barner, WuB II A., § 340 a AktG 1.88; Bayer, WuB II A., § 340 a AktG 1.89; Timm, OLG Köln EWiR § 243 AktG 1/88, 1049, 1050; Emmerich, WuB II A., § 345 AktG 2.88; Teichmann, WuB II A., § 245 AktG 1.88; Peterhoff, WuB II A., § 243 AktG 1.89; Heckschen, WuB II A., § 340 a AktG 2.89; Hirte, BGH EWiR § 246 AktG 1/89, 844; Werner, WuB II A., § 340 a AktG 3.89.

[43] BGHZ 107, 296, 311; BGH WM 90, 140, 144; 1372, 1377; 2073, 2076; BGHZ 36, 121, 138; BGH WM 62, 456, 457; OLG Frankfurt a. M. WM 90, 2116, 2119; Hans. OLG Hamburg WM 90, 1741, 1743; OLG Hamm BB 60, 16, 17; OLG Köln WM 88, 1792, 1795, 1796; OLG Karlsruhe WM 89, 1134, 1140; LG Bielefeld WM 88, 217, 219 f.; LG Frankfurt a. M. WM 90, 1745, 1746 f.; LG Landshut ZIP 90, 999, 1000; LG Frankenthal WM 89, 1854, 1860. Auch in den in Fn. 47 genannten Entscheidungen wird eine spezifische Treuepflicht nicht erwähnt.

[44] Das Reichsgericht hatte bereits in den Entscheidungen, in denen eine solche echte Treuepflicht bejaht wurde, zusätzlich betont, daß es sich um einen "Rechtsmißbrauch" handele, "um eine gröbliche Verletzung gegen den das gesamte bürgerliche Recht beherrschenden Grundsatz von Treu und Glauben", RGZ 146, 385, 396.

[45] BGHZ 107, 296, 309-311; BGH WM 90, 140, 144; 2073, 2076.

[46] Erstmals R. Goldschmidt, Grundfragen, S. 51; Mestmäcker, Verwaltung, S. 14; ders., BB 61, 945, 952; Bokelmann, Rechtsmißbrauch, S. 133 ff., 156 ff.; ders., BB 72; 733, 734 ff.; Schilling, in: GroßKomm., § 243 Anm. 25; Meyer-Landrut, FS Schilling, S. 235, 240 f.; widersprüchlich: Henn, Handbuch, S. 319 mit Fn. 229.

[47] OLG Hamm WM 88, 1164, 1170; LG Kassel WM 89, 789, 792 f. Zu der vom OLG Hamm vertretenen Ansicht, jedenfalls bei einer sachlich begründeten Klage käme ein Mißbrauch nicht in Betracht, vgl. oben S. 107 mit Fn. 38.

[48] Bokelmann, BB 72, 733, 737.

Bewertet man das Verhalten des Aktionärs als mißbräuchlich, liegt es nahe, es in die Fallgruppe der unzulässigen Rechtsausübung einzuordnen.[49] Mißbräuchlich handelt derjenige, der ein subjektives Recht in einer Art und Weise ausübt, die mit Treu und Glauben nicht zu vereinbaren ist.[50] Diese Fallgruppe ist geradezu das Spiegelbild der von dem Wortlaut des § 242 BGB unmittelbar erfaßten Sachverhalte. Wenn schon der Schuldner verpflichtet ist, die von ihm geschuldete Leistung nach Treu und Glauben zu bewirken, dann gilt das ebenso für den Rechtsinhaber bei der Geltendmachung seiner Rechte.[51] Das Aktionärsverhalten könnte sodann in die Untergruppe der mißbräuchlichen Rechtsausübung bei Zweckwidrigkeit des Eigeninteresses eingeordnet werden.[52]

Die Mindermeinung[53] verfolgt unterschiedliche Ansätze bei ihrer Kritik an einer möglichen Mißbräuchlichkeit der Anfechtungsklage. Den weitreichendsten Einwand hat Bokelmann[54] vorgetragen: Kein Aktionär könne gezwungen sein, billige Rücksichtnahme zu üben, wenn die Mehrheit bei der Beschlußfassung rechtswidrig gehandelt hat. Bokelmann ist entgegenzuhalten, daß ein

---

[49] Bokelmann, Rechtsmißbrauch, S. 133 ff., 156 ff., BB 72, 733, 736, der im Ergebnis einen Rechtsmißbrauch verneint, hat dagegen eine Unterscheidung zwischen institutionellem und individuellem Rechtsmißbrauch vorgenommen. In der aktienrechtlichen Literatur ebenso: Hüffer, in: Geßler/Hefermehl/Eckardt/Kropff, § 245 Rn. 50; aus der allgemeinen zivilrechtlichen Literatur: Esser, Schuldrecht I, § 6 II, S. 34-37; L. Raiser, summum ius, S. 150; Teichmann, in: Soergel, § 242 Rn. 15 ff., 25 ff. Auch der BGHZ 107, 296, 310 hat diese Differenzierung übernommen; im Anschluß auch OLG Frankfurt a. M. WM 90, 2116, 2119. Gegen diese Differenzierung spricht jedoch, daß der Unterschied zwischen dem institutionellen Rechtsmißbrauch und einem schikanösen Verhalten nicht ersichtlich ist. So ist es bezeichnend, daß der BGH einen Verstoß gegen § 226 BGB nicht prüft, sondern nur den institutionellen Mißbrauch und Bokelmann, S. 133 die Schikane als Unterfall des institutionellen Rechtsmißbrauchs bezeichnet. Im übrigen kann die im folgenden diskutierte Einordnung auch als Untergruppe eines individuellen Rechtsmißbrauchs verstanden werden.

[50] Teichmann, in: Soergel, § 242 Rn. 11 ff., 274 ff.; Roth, in: Münch Komm, § 242 Rn. 224 ff.; Heinrichs, in: Palandt, § 242 Rn. 40; Sirp, in: Erman, § 242 Rn. 73 ff.; Weber, in: Staudinger[11], § 242 Abschnitt D; enger: Alff, in: RGRK, § 242 Rn. 89 ff.

[51] Teichmann: in Soergel, § 242 Rn. 11; Alff, in: RGRK, § 242 Rn. 22.

[52] Teichmann, in: Soergel, § 242 Rn. 302 ff.; Münch Roth, in: Komm, § 242 Rn. 426; Sirp, in: Erman, § 242 Rn. 83; Heinrichs, in: Palandt, § 242 Rn. 50; Diekgräf, S. 29, 34 f.; J. Schmidt, in: Staudinger, § 242 Rn. 152-154 lehnt jede Systematisierung ab, kommt aber zum selben Ergebnis, vgl. Rn. 689. Ausdrücklich für diese Einordnung bei der mißbräuchlich ausgeübten Anfechtungsklage: Heuer, WM 89, 1401, 1403 f.

[53] Vgl. oben S. 109 mit Fn. 46 und Fn. 47.

[54] Bokelmann, Rechtsmißbrauch, S. 42, 92, 144 f., 156 f.; ders., BB 72, 733, 735. Dieser Gedanke liegt auch den Ausführungen Götz, DB 89, 261 f., 264 f. zugrunde.

solches rechtswidriges Verhalten der Mehrheit für den Aktionär kein Freibrief für ein eigenes mißbräuchliches Handeln sein kann. Die Rechtswidrigkeit des Hauptversammlungsbeschlusses ist gerade Voraussetzung des Bestehens eines Anfechtungsrechts.[55] Bei seiner Ausübung hat der Aktionär, wie bei der Ausübung jeden anderen Rechts, den allgemeinen Rechtsgrundsatz von Treu und Glauben zu beachten.[56]

Auch den Ausführungen des OLG Hamm[57] kann nicht zugestimmt werden. Seiner Ansicht nach besteht kein Grundsatz, daß nur derjenige seine Rechte geltend machen könne, der sich selbst rechtstreu verhalten habe.[58] Wollte man aus dieser Auffassung einen Rückschluß auf die Folgen einer mißbräuchlichen und damit nicht rechtsgetreuen Rechtsausübung ziehen, müßte er lauten, daß einer Klage trotz ihrer Mißbräuchlichkeit stattzugeben sei. Schon das Ergebnis zeigt an, daß die von dem OLG Hamm als Beleg angeführte Rechtsprechung etwas anderes besagt. Sie stellt klar, daß ein vorangegangenes rechtswidriges Verhalten nicht notwendig zur Treuwidrigkeit einer späteren, im übrigen untadeligen Rechtsausübung führt.[59] Ein ungetreuer Vertragsteil ist also z. B. nicht von der Geltendmachung seiner vertraglichen Ansprüche ausgeschlossen. Diese Wertung spricht aber nicht dagegen, das Verhalten des Aktionärs als mißbräuchlich zu beurteilen. Der Mißbrauch seines Handelns ergibt sich aus einem mit Treu und Glauben nicht zu vereinbarenden Verhalten bei der Rechtsausübung selbst, er folgt nicht aus einem vorangegangenem rechtswidrigen Handeln.

---

[55] Es ist daher nicht schlüssig, die Möglichkeit eines Mißbrauchs des Anfechtungsrechts mit dem Argument zu verneinen, die Klage sei in der Sache begründet. Im Ergebnis ebenso Diekgräf, S. 38-42.

[56] BGH NJW 60, 673: "Richtig ist, daß der Ausübung eines jeden Rechts auf irgendeinem Rechtsgebiet und jedweder Art ... insofern Grenzen gezogen sind, als es nicht mißbräuchlich ausgeübt werden darf." Ebenso: RGZ 113, 19, 24. Vgl. auch Diekgräf, S. 42. Selbst bei einem mißbräuchlichen Verhalten beider Parteien eines Rechtsverhältnisses versagt die Rechtsordnung einem Kläger den Rechtsschutz, vgl. § 817 S.2 BGB. Das zeigt an, daß ein Mißbrauch des Klägers selbst dann bejaht werden kann, wenn auch der Beklagte mißbräuchlich gehandelt hat.

[57] OLG Hamm WM 88, 1164, 1170.

[58] Diese, in der Literatur ganz herrschende Ansicht, wird nun auch vom BGH geteilt. Vgl.: Teichmann, in: Soergel, § 242 Rn. 287; Weber, in: Staudinger[11] § 242 D 337; Roth, in: Münch Komm, § 242 Rn. 381; Heinrichs, in: Palandt, § 242 Rn. 46; Larenz, Schuldrecht I, § 23 II b, S. 360, Niederländer, FS Gutzwiller, S.621 ff. In der Literatur wird das Problem unter den Stichworten "tu quoque" oder "nemo turpitudinem suam allegans auditur" erörtert. BGH NJW 71, 1747, 1748;, NJW 77, 580, 581; a. A. noch RGZ 149, 401, 404; 152, 119, 123; BGH LM Nr. 12 zu § 326 (A) BGB.

[59] Besonders deutlich: Teichmann, in: Soergel, § 242 Rn. 286.

Im übrigen wendet sich die Mindermeinung gegen die Einordnung in die Untergruppe der zweckwidrigen Rechtsausübung. Meyer-Landrut[60] erachtet die Motive einer Rechtsausübung als grundsätzlich unbeachtlich. Ein Mißbrauch könne sich nicht aus einer Zweckwidrigkeit des Eigeninteresses ergeben. Er beruft sich zur Begründung einzig auf von Tuhr.[61] Doch auch dieser bejaht mit der ganz herrschenden Meinung[62] Ausnahmen von der "grundsätzlichen Irrelevanz des Zweckes"[63] bei einem Verstoß gegen § 226 BGB oder § 242 BGB.[64] Dem ist zuzustimmen, denn ein Verhalten entgegen Treu und Glauben kann sich nicht nur aus objektiven, sondern auch aus subjektiven Umständen ergeben.

Die Mindermeinung führt außerdem an, daß die Ausübung des Anfechtungsrechts nicht zweckwidrig sein könne, da sie immer zur Nichtigerklärung eines rechtswidrigen Hauptversammlungsbeschlusses führe. Die Anfechtungsklage diene nicht nur den Interessen der übrigen Aktionäre, sondern es bestehe zudem ein öffentliches Interesse an einer Nichtigerklärung des Beschlusses.[65] Die Geltendmachung des Anfechtungsrechts wäre daher nicht nur von einem zweckwidrigen Individualinteresse bestimmt, sondern stets zusätzlich von einer zweckgemäßen Interessenwahrnehmung. Diese Folgerung ist konsequent, wenn man das Anfechtungsrecht als ein fremdnütziges Recht bewertet.[66] Es wurde jedoch an anderer Stelle Stelle aufgezeigt, daß das Anfechtungsrecht des Aktionärs ein bloßes Individualrecht ist. Es wird nicht durch Drittinteressen bestimmt, weder durch ein Interesse der übrigen Aktionäre noch durch ein solches der Gesellschaft oder der Allgemeinheit.[67] Das Bestehen solcher Drittinteressen kann daher auch nicht ein zweckwidriges Eigeninteresse kompensieren. "Wenn das Gesetz sich der privaten Initiative des Einzelnen bedient, um die Rechtskontrolle herbeizuführen, muß es auch die Grenzen respektieren, die

---

[60] Meyer-Landrut, FS Schilling, S. 235, 240.

[61] von Tuhr, Bürgerliches Recht II 2, S. 567.

[62] Vgl. oben S. 110 mit Fn. 50 und Fn. 52.

[63] von Tuhr, Bürgerliches Recht II 2, S. 567.

[64] von Tuhr, Bürgerliches Recht II 2, S. 568; vgl. auch Dilcher, in: Staudinger, § 226 Rn. 2 f.

[65] Mestmäcker Verwaltung, S. 14; ders., BB 61, 945, 951 f.; Schilling, in: Groß-Komm., § 243 Rn. 25. Bokelmann, Rechtsmißbrauch, S. 53 f.; ebenso, BB 72, 733, 735 zieht das öffentliche Interesse nur heran, um das Erfordernis eines besonderen Rechtsschutzbedürfnisses zu verneinen.

[66] Vgl. oben S. 16. Dennoch wird dieses Ergebnis wegen seiner großen Tragweite auch bei den Befürwortern einer Fremdnützigkeit des Anfechtungsrechts abgelehnt, vgl. z. B. Diekgräf, S. 34 f.

[67] Dazu ausführlich oben S. 18 f. und S. 51.

dieser privaten Initiative gezogen sind".[68] Diesem Fazit Hüffers ist nichts hinzuzufügen.

Die gegen die Möglichkeit eines Mißbrauchs des Anfechtungsrechts angeführten Argumente vermögen nicht zu überzeugen. Ein Aktionär kann bei der Ausübung dieses Rechts Treu und Glauben verletzen.

2. Voraussetzungen der mißbräuchlichen Rechtsausübung

Es ist somit erforderlich zu erörtern, unter welchen konkreten Voraussetzungen ein Aktionär sein Anfechtungsrecht mißbräuchlich ausübt.

a) Ausschließlich zweckwidrige Anfechtungsklage

Das Reichsgericht hat in zwei Urteilen zu den Voraussetzungen des Mißbrauchs Stellung genommen.[69] Ein Aktionär verletze gröblich die Grundsätze von Treu und Glauben, wenn er die Anfechtungsklage dazu nutze, "ohne jedes sachliche, gesellschaftliche Interesse der Gesellschaft selbstsüchtig erpresserisch seinen Willen aufzuzwingen".[70] Diese Formulierung ist auch in der nachfolgenden Rechtsprechung immer wieder aufgenommen worden. Als gesellschaftsfremden Zweck führt das Reichsgericht in seiner ersten Entscheidung die Absicht des Aktionärs an, seine Berufung in den Vorstand oder die Ausschüttung einer höheren Dividende zu erzwingen.[71]

Ausführlich erörterte das RG[72] in dem zweiten Urteil das Vorliegen einer mißbräuchlichen Rechtsausübung. Die beklagte Aktiengesellschaft hatte geltend gemacht, daß der Aktionär mit seinem Informationsverlangen auf der Hauptversammlung und der Klage gegen einen Entlastungsbeschluß nur das Ziel verfolgt habe, seine Wahl in den Aufsichtsrat oder die Bewilligung einer höheren Dividende zu erzwingen. Das RG verneinte einen Mißbrauch, da die Aktiengesellschaft nicht nachgewiesen habe, daß der Kläger "ausschließlich andere

---

[68] Hüffer, in: Geßler/Hefermehl/Eckardt/Kropff, § 245 Rn. 50. So jetzt auch Teichmann, JuS 90, 269, 271; Diekgräf, S. 34.

[69] In den übrigen in der Literatur zitierten Urteilen hat das Reichsgericht ausschließlich betont, daß der Anfechtungskläger kein besonderes Rechtsschutzinteresse darlegen müsse: RGZ 77, 255, 257; 145, 336, 338.

[70] RGZ 146, 385, 397. Das Reichsgericht berief sich zur Begründung nicht nur auf § 242 BGB, sondern auch auf eine Treuepflicht des Aktionärs.

[71] RGZ 146, 385, 395.

[72] RGZ 167, 151, 161-163.

Zwecke als den der sachlichen Aufklärung, daß er damit insbesondere nur selbstsüchtige Ziele ... verfolgt habe".[73]

Der BGH hat in dem viel kritisierten[74] Urteil BGHZ 36, 121 ff. im sechsten Leitsatz eine mißbräuchliche Ausübung des Anfechtungsrechts selbst dann verneint, wenn der Aktionär zu erkennen gebe, er werde von dem Anfechtungsrecht keinen Gebrauch machen, falls ihm seine Aktien für einen höheren als den Börsenpreis abgekauft würden. Der Leitsatz findet jedoch in den Entscheidungsgründen nicht einmal in Form eines obiter dictums eine Entsprechung.[75] In einem weiteren Urteil führt der BGH[76] allerdings auch in der Urteilsbegründung aus, daß ein Aktionär nicht mißbräuchlich handele, wenn er mit der Klage das Ziel verfolge, "Vorteile zu erlangen, die er für vertretbar hielt und für vertretbar halten durfte".[77]

Während die bisher genannten Urteile stets Entlastungsbeschlüsse betrafen, behandeln zahlreiche neuere Entscheidungen einen möglichen Mißbrauch bei der Anfechtung eines Zustimmungsbeschlusses zum Abschluß eines Verschmelzungsvertrags. Auch in diesen Entscheidungen findet sich oftmals ausdrücklich das Kriterium der ausschließlich zweckwidrigen Klageverfolgung. So bezeichnet das LG Bielefeld[78] bei der Prüfung einer Beschwerde gegen die Aussetzung der Eintragung der Verschmelzung im Handelsregister ein Verhalten des Aktionärs als mißbräuchlich, wenn es ihm "*nur* darum ginge, eine ... existenznotwendige Verschmelzung zu verhindern, um den beteiligten Gesellschaftern *Schaden zuzufügen*" oder den Klägern die Anfechtungsklagen "*ausschließlich* dazu dienen sollten, als Druckmittel zur Durchsetzung *unberechtigter* finanziel-

---

[73] RGZ 167, 151, 161 f.

[74] vgl. unten S. 117 mit Fn. 99.

[75] Vgl. die Ausführungen BGHZ 36, 121, 136, 138 f. Der BGH erörtert lediglich, daß ein Informationsverlangen des Aktionärs nicht mißbräuchlich ist, wenn er auf der Hauptversammlung Fragen stelle, um zu ermitteln, ob eine höhere Dividendenausschüttung möglich und vertretbar sei. Der BGH erwägt dagegen nicht, daß der Aktionär auch bei der Anfechtung eines Entlastungsbeschlusses das Ziel einer erhöhten Ausschüttung oder gar eines den Kurswert übersteigenden Kaufpreises für die von ihm gehaltenen Aktien erstreben dürfe. Vgl. auch die vorinstanzlichen Urteile OLG Hamm AG 60, 198 ff., LG Detmold AG 59, 140 ff.; vgl. auch Diekgräf, S. 43.

[76] BGH WM 62, 456, 457. Zustimmend Zöllner, in: Kölner Komm., § 245 Rn. 80. Von dieser Entscheidung ist der BGH nunmehr abgerückt, vgl. unten S. 115 mit Fn. 82.

[77] BGH WM 62, 456, 457. Diese Grenze hat bereits BGHZ 36, 121, 137-139 angedeutet.

[78] LG Bielefeld WM 88, 217, 219. Das OLG Hamm WM 88, 943, 944 hat den Beschluß des LG Bielefeld bestätigt.

ler Vorteile zu verhelfen".[79] Das OLG Köln[80] bejahte einen Rechtsmißbrauch, wenn der Aktionär mit seiner Klage von vorneherein allein, "ausschließlich" darauf abzielt, die Gewährung von ungerechtfertigten Sonderleistungen der Gesellschaft zu erreichen.

Im Ergebnis verwarfen die vorgenannten erst- und zweitinstanzlichen Entscheidungen fast immer den Einwand des Rechtsmißbrauchs, weil das ausschließliche Erstreben eines "Lästigkeitswerts" nicht nachgewiesen worden sei.[81]

Der BGH hat nunmehr in der Kochs-Adler Entscheidung[82] ein Berufungsurteil des OLG Hamm[83] mit der Begründung aufgehoben, daß der Kläger möglicherweise mißbräuchlich gehandelt habe. Der BGH hat in dieser Leitentscheidung die Voraussetzungen eines Verstoßes gegen § 242 BGB weiter gefaßt. Maßstab eines mißbräuchlichen eigensüchtigen Interessenverfolgung sei es, ob der Kläger bezwecke, die Aktiengesellschaft "in grob eigennütziger Weise zu einer Leistung zu veranlassen, auf die er keinen Anspruch hat und billigerweise auch nicht erheben kann".[84] Diese Formulierung hat der BGH[85] in seinen nachfolgenden Entscheidungen bestätigt und dabei stets die Berufungsurteile wegen einer nicht ausreichenden Überprüfung des Einwands eines Rechtsmißbrauchs aufgehoben.[86]

---

[79] LG Bielefeld WM 88, 217, 219 f., Hervorhebungen im Original.

[80] OLG Köln WM 88, 1792, 1795. Die Vorinstanz des LG Köln hatte die Klage zuvor als unbegründet abgewiesen, ohne einen Mißbrauch zu erörtern: LG Köln AG 88, 145.

[81] OLG Karlsruhe WM 89, 1134, 1140; im erstinstanzlichen Urteil des LG Mannheim WM 88, 775 ff. wurde ein Mißbrauch nicht erörtert, die Klage aber als unbegründet abgewiesen. LG Bielefeld WM 88, 217, 220; bestätigend OLG Hamm WM 88, 943, 945; OLG Hamm WM 88, 1164, 1170. Nur das OLG Köln WM 88, 1792, 1795-1797 bejahte bei der Überprüfung einer Verschmelzung ein mißbräuchliches Verhalten eines von zwei Anfechtungsklägern. Die Vorinstanz LG Köln AG 88, 145 f. hatte den Klagen stattgegeben.

[82] BGHZ 107, 296, 309 ff. Das Urteil wird in der Literatur nach der an dem Rechtsstreit beteiligten Aktiengesellschaft benannt. Die Parteien haben den Rechtsstreit nunmehr durch Vergleich beendet, vgl. Timm, ZIP 90, 411 f.

[83] OLG Hamm WM 88, 1164, 1170 f.

[84] Beide Zitate BGH WM 89, 1128, 1133.

[85] BGH WM 90, 140, 144 f.; 2073, 2076. So nunmehr auch: OLG Frankfurt a. M. WM 90, 2116, 2119; Hans. OLG Hamburg WM 90, 1741, 1743; LG Frankenthal WM 89, 1854, 1860; LG Landshut ZIP 90, 999, 1000; LG Frankfurt a. M. WM 90, 1745.

[86] Die Revision des Anfechtungsklägers gegen die Entscheidung des OLG Köln WM 88, 1792 ff., dessen Verhalten bereits das OLG als mißbräuchlich bewertet hatte (vgl. oben Fn. 81), nahm der BGH nicht an: BGH WM 89, 1769. Das BVerfG hat die

Der BGH hat damit das Kriterium des RG in zweifacher Hinsicht modifiziert. Ausdrücklich hat er erklärt, daß er nicht an der Voraussetzung eines erpresserischen Vorgehens des Aktionärs festhalte.[87] Auch stellt er die Abweichung gegenüber den vorgenannten höchstrichterlichen Entscheidungen heraus.[88] Dennoch hat er die entscheidende Abweichung nicht hinreichend deutlich gemacht. Wenn allein das Erstreben eines Sondervorteils einen Mißbrauch begründen kann, so brauchen andere zweckgemäße, vom Kläger alternativ erstrebte Ziele, einem Mißbrauch nicht mehr entgegenzustehen. Der BGH hat es gerade nicht als entscheidend angesehen, ob der Aktionär ausschließlich zweckwidrige Ziele verfolgt.[89]

Die Literatur hat den Voraussetzungen des Mißbrauchs zunächst keine große Aufmerksamkeit gewidmet. Das vom Reichsgericht entwickelte Kriterium hat, soweit nicht die Möglichkeit eines mißbräuchlichen Verhaltens gänzlich abgelehnt wurde[90], Zustimmung erfahren. Einige Autoren haben die Formulierungen des Reichsgerichts übernommen,[91] andere haben den Mißbrauchstatbestand zusätzlich durch die Bildung von Fallgruppen konkreter gefaßt.[92] So handelt nach Ansicht Hüffers der "Berufsopponent" mißbräuchlich, der "allein darauf abzielt, einen Aufkauf seiner Aktien durch die Gesellschaft oder die Gewährung von Sonderleistungen" zu erreichen.[93] Auch Hüffer bejaht also nur bei einem ausschließlich zweckwidrigen Verhalten einen Mißbrauch. Als allgemeines Kriterium wählt er aber nicht die Formulierung des RG sondern den Maßstab einer Rechtsausübung "in illoyaler, grob eigennütziger Weise".[94] Diese wurde nunmehr vom BGH weitgehend übernommen. Es fehlt also die Voraussetzung eines erpresserischen Verhaltens. Auch Zöllner lehnt

---

nachfolgende Verfassungsbeschwerde ebenfalls nicht zur Entscheidung angenommen: BVerfG ZIP 90, 228 ff.

[87] BGHZ 107, 296, 311; ebenso LG Landshut, ZIP 90, 999, 1000.

[88] BGHZ 107, 296, 297, Leitsatz 6 zu RGZ 146, 385 und BGH WM 62, 456 f.

[89] Zur weiteren Kritik vgl. unten S. 119 f.

[90] Dazu oben S. 109 mit Fn. 47 und S. 110 ff.

[91] Baumbach/Hueck, § 243 Anm. 6; Brodmann, § 271, Anm. 1 d, S. 406; Schlegelberger/Quassowski, § 198 Anm. 5; GroßKomm^2.-Schilling § 197 Anm. 15 a. Nach Godin/Wilhelmi, § 243 Anm. 3 liegt ein Mißbrauch vor, wenn der Kläger aus "Sport oder Manie Anfechtungsklagen geschäftsmäßig erhebt".

[92] Zöllner, in: Kölner Komm., § 245 Rn. 76-87; Hüffer, in: Geßler/Hefermehl/Eckardt/ Kropff, § 245 Rn. 47-54; jetzt auch Windbichler, S. 35, 40-46.

[93] Hüffer, in: Geßler/Hefermehl/Eckardt/Kropff, § 245 Rn. 53. Bloße Professionalisierung reicht allerdings nicht aus: Windbichler, S. 35, 46.

[94] Hüffer, in: Geßler/Hefermehl/Eckardt/Kropff, § 245 Rn. 52.

diese ab.[95] Als Maßstab des Mißbrauchs bezeichnet er die funktionswidrige Ausübung des Anfechtungsrechts.[96] Der Aktionär handele funktionswidrig, wenn er "sich die Anfechtungsklage gegen Gewährung von Sondervorteilen abhandeln"[97] lasse. Zöllner betont zwar nicht, daß die Erzielung des Sondervorteils das alleinige Ziel eines anfechtenden Aktionärs sein müsse. Er stimmt jedoch einer entsprechenden Entscheidung des BGH zu, die dieser nunmehr selbst aufgegeben hat.[98]

Sowohl die Entscheidung des BGH in BGHZ 36, 121 ff. als auch die jüngeren erst- und zweitinstanzlichen Entscheidungen haben zu kritischen Anmerkungen in der Literatur geführt. Erörtert wurde in der Kritik an dem BGH-Urteil[99] jedoch meist nur der Mißbrauch des Auskunftsrechts, das auch in dem Urteil vorrangig behandelt wurde. Die Kritik an den neueren instanzgerichtlichen Entscheidungen[100] beschränkte sich überwiegend[101] auf die Beweiswürdigung und das daraus folgende Ergebnis, dagegen wurde das von

---

[95] Zöllner, in: Kölner Komm., § 245 Rn. 80; ebenso: Teichmann, WuB II A., § 245 AktG 1.88; Heckschen, ZIP 89, 1168, 1172; Windbichler, S. 35, 44; insoweit zweifelnd auch J. Geßler § 245 Rn. 11.

[96] Zöllner, in: Kölner Komm., § 245 Rn. 79; so jetzt auch Teichmann, JuS 90, 269, 272 f., diese Terminologie ablehnend: Hüffer, in: Geßler/Hefermehl/Eckardt/Kropff, § 245 Rn. 50.

[97] Zöllner, in: Kölner Komm., § 245 Rn. 79.

[98] Zöllner, in: Kölner Komm., § 245 Rn. 80 zu BGH WM 62, 456, 457. Zöllner berücksichtigt nicht ausreichend, daß der Aktionär den Dividendenbeschluß wegen Verstoßes gegen § 243 Abs. 2 AktG hätte anfechten können. Bei der Anfechtung dieses Beschlusses wäre ein Streben nach einem Schadensausgleich nicht zweckwidrig gewesen.

[99] Deuss, S. 354-359; Schilling, JZ 62, 410, 411; Schuler, NJW 62, 841, 844; Haberlandt, BB 62, 117, 119; Meyer-Landrut, JR 62, 99, 100; Schlaus, AG 88, 113. Zustimmend dagegen Zöllner, in: Kölner Komm., § 131 Rn. 45.

[100] Timm, OLG Köln EWiR § 243 AktG 1/88, 1049, 1050 und Bayer, WuB II A., § 340 a AktG 1.89 zu OLG Köln WM 88, 1792 (vgl. Fn. 80); Marsch-Barner, WuB II A., § 340 a AktG 1.88 zu LG Mannheim WM 88, 775; Heckschen, WuB II A., § 340 a AktG 2.89 zu OLG Karlsruhe WM 89, 1134; Teichmann, WuB II A., § 245 AktG 1.88 zu OLG Hamm WM 88, 1164; Peterhoff, WuB II A § 243 AktG 1.89 zu LG Kassel WM 89, 789 ff.

[101] Lediglich Bayer, WuB II A., § 340 a AktG 1.89 behauptet, ein Mißbrauch könne bereits bei einer objektiven Unverhältnismäßigkeit des aus der Nichtigerklärung eines Hauptversammlungsbeschlusses entstehenden Schadens zum Kontrollinteresse des Aktionärs bestehen. Zu Unrecht beruft er sich auf Zöllner, in: Kölner Komm., § 243 Rn. 47. Vgl. allg. Meinung: Zöllner, in: Kölner Komm., § 245 Rn. 81; Hüffer, in: Geßler/Hefermehl/Eckardt/Kropff, § 245 Rn. 51; Baumbach/Hueck, § 243 Rn. 6; RGZ 107, 161, 169.

der Rechtsprechung herangezogene Kriterium nicht bezweifelt. Weitergehend hat vor allem Lutter - ebenso wie jetzt auch der BGH - einen Mißbrauch bejaht, wenn der Kläger der Aktiengesellschaft den Vorschlag antrage, "gegen Zahlung einer gewissen Summe die Klage zurücknehmen zu wollen".[102] Dieses Angebot sei ein überzeugender Beweis einer "subjektiv verwerfliche(n) Zielsetzung". Eine nähere Erörterung erfolgte bei Lutter nicht. Diekgräf[103] bejaht einen Mißbrauch, wenn der Aktionär einen Vorteil erstrebt, der über seine zulässigen eigennützigen Mitgliedsinteressen hinausgeht. Aber auch er spricht von dem Erfordernis, daß der Aktionär die Klage "ausschließlich als Druckmittel zur Durchsetzung erheblicher finanzieller Vorteile"[104] einsetzen müsse.

In einer Rezensionsabhandlung zu der Kochs-Adler Entscheidung des BGH weist Heuer[105] darauf hin, daß der BGH kein klares Kriterium aufgezeigt habe, an Hand dessen ein mißbräuchliches Verhalten nachgewiesen werden könne. Er betont, daß sich der Mißbrauch aus einer Zwecksubstitution bei der Geltendmachung des Rechts ergebe. Der Aktionär verstoße gegen § 242 BGB, wenn er das Recht zu einem mit seiner Ratio nicht zu vereinbarenden Zweck ausnutze. Damit greift Heuer ebenfalls auf die Formulierung des RG zurück.

Hirte[106] hat den Versuch unternommen, den Maßstab der Rechtsprechung durch eine "*positive* Umschreibung"[107] zu konkretisieren. Die Geltendmachung des Anfechtungsrechts setze einen "altruistischen Geist" voraus. Das Nichtvorhandensein einer egoistischen Motivation sei ein negatives Tatbestandsmerkmal für die Zulässigkeit[108] einer Anfechtungsklage. Hirte hat somit die Voraussetzungen eines rechtsvernichtenden Einwands des Rechtsmißbrauchs in eine anspruchsbegründende Voraussetzung des Anfechtungsrechts

---

[102] Lutter, FS Der Betrieb, S. 193, 209.

[103] Diekgräf, S. 47, 49.

[104] Diekgräf, S. 52.

[105] Heuer, WM 89, 1401, 1403. Vgl. nunmehr auch die Rezension von Teichmann, JuS 90, 269 ff. Umfassend auch Windbichler, S. 35, 42 ff. Dem BGH ebenfalls zustimmend: Heckschen, ZIP 89, 1168, 1172 f.; Werner, WuB II A., § 340 a AktG 1/89, 843, 844.

[106] Hirte, DB 88, 1469, 1472 f.; ders., ZIP 88, 953, 955; ders. zu BGHZ 107, 296 ff. in EWiR § 246 AktG 1/89, 843, 844. Gegen Hirte: Götz, DB 89, 261 ff. Seine Ansicht, daß ein rechtswidriges (S. 261) oder mißbräuchliches Verhalten (S. 264) der Aktiengesellschaft einem Mißbrauch des Aktionärs entgegenstehen könne, wurde oben S. 110 ff. bereits abgelehnt.

[107] Hirte, DB 88, 1469, 1472, Hervorhebung im Original.

[108] Zur Frage, ob bei einem mißbräuchlichen Verhalten die Klage unzulässig oder unbegründet ist, vgl. unten S. 133.

umgewandelt. Dies ist schon wegen der damit verbundenen Beweislastverteilung abzulehnen. Der Anfechtungskläger müßte einen altruistischen Geist als Voraussetzung seines Anfechtungsrechts nachweisen. Nach Hirte[109] ist der Altruismus allerdings im Normalfall zu unterstellen. Aber der Kläger braucht sein nicht mißbräuchliches Verhalten auch nicht im Ausnahmefall zu beweisen.[110] Den Nachweis des Mißbrauchs hat stets die beklagte Aktiengesellschaft zu erbringen. Auch inhaltlich vermag das Kriterium des Fehlens einer egoistischen Motivation als "negatives Tatbestandsmerkmal"[111] nicht zu überzeugen, da der Anfechtungskläger bei der Klageerhebung durchaus eigennützige Motive verfolgen darf. So kann es einzige Absicht des Aktionärs sein, einen ihn schädigenden Hauptversammlungsbeschluß zu beseitigen,[112] ein egoistisches Ziel, ohne daß zugleich eine mißbräuchliche Rechtsausübung vorliegt. Selbst das immaterielle Interesse des Aktionärs, nur rechtmäßigen Hauptversammlungsbeschlüssen unterworfen zu sein, kann ein ausschließlich egoistisches Interesse sein. Ohne ein eigennütziges Interesse wäre auch kaum ein Aktionär bereit, die Mühen und das Kostenrisiko eines Anfechtungsrechtsstreits auf sich zu nehmen. Gegen die zusätzliche Voraussetzung des altruistischen Geistes spricht außerdem, daß das Anfechtungsrecht ein eigennütziges Mitverwaltungsrecht des Aktionärs ist.[113] Der Ansicht Hirtes kann daher nicht zugestimmt werden.

b) Kritik des Maßstabs der ausschließlichen Zweckwidrigkeit

Das Verdikt des Reichsgerichts[114], daß ein Mißbrauch nur vorliege, wenn der Aktionär ausschließlich gesellschaftsfremde Vorteile verfolge, erweckt Bedenken, da es keine Abwägung zweckgemäßer und zweckwidriger Ziele ermöglicht. Ein Grund, den Mißbrauch an diese engen Voraussetzungen zu knüpfen, mag gewesen sein, daß die Anfechtungsklagen zunächst Entlastungsbeschlüsse betrafen. Da in diesen Fällen den Gesellschaften zuzumuten war, einem zweckwidrigen Ansinnen eines Opponenten zu widerstehen, erschien der Rechtsprechung das Ergebnis angemessen. Die Gerichte sahen sich nicht zu einer exakten Bestimmung des Umfangs des Anfechtungsrechts veranlaßt. Das Problem wurde deutlich, als einzelne Aktionäre begannen, in größerem Umfang Anfechtungsklagen mit den von der Rechtsprechung gebilligten zweck-

---

[109] Hirte, BB 88, 1469, 1473.

[110] So selbst Hirte, S. 1474 mit Fn. 59.

[111] Hirte, BB 88, 1469, 1473.

[112] Vgl. oben S. 18.

[113] Dazu ausführlich oben S. 18 f. und S. 51.

[114] RGZ 146, 385, 395, dazu oben S. 113 mit Fn. 70.

fremden Absichten gegen Verschmelzungsbeschlüsse zu richten. Durch eine andauernde Unsicherheit über die Wirksamkeit eines solchen Grundlagenbeschlusses ist die Aktiengesellschaft erheblich beeinträchtigt, so daß die Aktionäre gute Chancen hatten, ihre zweckfremden Ziele zu verwirklichen.[115] Nun verhinderte die Suche der Gerichte nach einem möglichen sachgerechten Ziel der Kläger das Erkennen des mit Händen zu greifenden mißbräuchlichen Verhaltens. Das gilt insbesondere für das Urteil des OLG Köln über eine Anfechtungsklage einer in mehreren vergleichbaren Verfahren aktiven Opponentin. Das OLG sah den Nachweis eines mißbräuchlichen Verhaltens nicht als erbracht an, obwohl der Vertreter der Klägerin auf die Frage, ob die Nichtigkeitserklärung des Verschmelzungsbeschlusses das einzige erstrebte Ziel sei, geantwortet hatte, "daß er nicht außerhalb der Realität stehe; wenn ein Angebot komme, werde er mit Interesse zuhören".[116] Gegen die Annahme eines Mißbrauchs spreche, so das OLG, daß die Initiative zur Führung von Abfindungsverhandlungen nicht von der Aktionärin ausgegangen sei.[117] Die Aktionärin könne also durchaus ursprünglich andere Ziele verfolgt haben.

Zu Recht ist der BGH[118] nunmehr in der Kochs-Adler Entscheidung dieser jeder Lebenserfahrung widersprechenden Beweiswürdigung entgegengetreten.[119] Doch nicht nur das Ergebnis der vorangegangenen Rechtsprechung bedarf der Korrektur. So ist die Schlußfolgerung des BGH, daß ein Streben nach einem Sondervorteil bereits ein mißbräuchliches Verhalten darstellen kann, nicht mit dem Maßstab des Reichsgerichts vereinbar. Der BGH schließt ein mißbräuchliches Verhalten nicht bereits dann aus,wenn der Aktionär zumindest auch ein zweckgemäßes Ziel mit seiner Klage verfolge. Das Gericht hat sich dieser Feststellung allerdings enthoben, indem es sich auf die allgemeine Formulierung zurückzog, daß der Mißbrauch ein grob eigennütziges Verhalten erfordere.[120] Zur Begründung eines mißbräuchlichen Verhaltens ist diese Formulierung wegen ihrer Unbestimmtheit aber kaum geeignet. Der grobe Eigennutz ist ein Werturteil, das nicht die notwendigen Kriterien aufzeigt, an denen ein Verhalten zu messen ist.[121] Auf diese Weise wird der zu enge

---

[115] Vgl. die Darstellung bei BGHZ 107, 296, 312 f.

[116] OLG Köln WM 88, 1792, 1796 f.

[117] Zu den weiteren mißbrauchsverdächtigen Indizien in diesem und anderen Verfahren vgl. unten S. 129 ff.

[118] BGHZ 107, 296, 309 ff.

[119] Zu der Beweiswürdigung ausführlich unten S. 129 ff.

[120] BGHZ 107, 296, 311 Leitsatz 6; ähnlich Lutter, FS Der Betrieb, S. 193, 209.

[121] So kritisiert Heuer, WM 89, 1401, 1403 zu Recht den Mangel eines präzisen Kriteriums.

Maßstab der ausschließlich zweckwidrigen Klageerhebung verworfen, ohne daß ein passenderer an seine Stelle tritt.

Einen Aspekt allerdings hat der BGH klargestellt. Er ist der bereits in Teilen der Literatur vertretenen Auffassung gefolgt, daß ein erpresserisches Verhalten nicht zwingende Voraussetzung eines Rechtsmißbrauchs sei.[122] Der Ansicht ist einerseits zuzustimmen, da ein Verstoß gegen Treu und Glauben nicht zugleich ein strafbares Verhalten zu sein braucht. Allerdings ist zu ergänzen, daß das Vorliegen einer Erpressung häufig die Folge einer mißbräuchlichen Ausübung des Anfechtungsrechts sein wird. Der Aktionär, der mißbräuchlich handelt, droht der Gesellschaft mit der Anfechtungsklage nämlich ein rechtswidriges Verhalten an, um einen Vermögensvorteil zu erlangen.

Als Ergebnis ist festzuhalten, daß das vom Reichsgericht entwickelte und von der Literatur übernommene Kriterium zu starr ist und nicht zur Bestimmung eines mißbräuchlichen Verhaltens ausreicht. Dem vom BGH eingeleiten Wandel der Rechtsprechung fehlt trotz des überzeugenden Ergebnisses jedoch noch eine ausreichende Begründung und damit verbunden ein geeigneter Maßstab zur Bestimmung eines mißbräuchlichen Verhaltens.

c) Weit überwiegend zweckwidrige Anfechtungsklage

Um die Voraussetzungen eines mißbräuchlichen Verhaltens des Aktionärs bestimmen zu können, ist es erforderlich, die allgemeine Definition des Rechtsmißbrauchs als Ausgangspunkt einzubeziehen. Voraussetzung eines Rechtsmißbrauchs ist, daß ein Verhalten unter Berücksichtigung aller Umstände des Einzelfalles eine "gröbliche Verletzung der Grundsätze von Treu und Glauben"[123] darstellt. Zu Recht legen Rechtsprechung und Literatur stets einen strengen Maßstab bei der Prüfung einer unzulässigen Rechtsausübung an.[124] Sie setzt eine "grobe, unerträgliche Unbilligkeit"[125] voraus. Als eine Fallgruppe mißbräuchlicher Rechtsausübung ist in der Rechtsprechung und Litera-

---

[122] BGHZ 107, 296, 311 gegen OLG Hamm WM 88, 1164, 1170; vgl. weitere Nachweise oben S. 116. Auch die Literatur hat sich zustimmend zu der Einschränkung geäußert: Heckschen, ZIP 89, 1168, 1172 mit Fn. 74.

[123] So bereits RGZ 146, 385, 397.

[124] BGH WM 67, 988, 989;, WM 71, 824, 826; BGHZ 19, 72, 75; BGH LM Nr. 48 zu § 387 BGB; Alff, in: RGRK, § 242 Rn. 91; Teichmann, in: Soergel, § 242 Rn. 274, 290.

[125] Teichmann, in: Soergel, § 242 Rn. 293, 295; Alff, in: RGRK, § 242 Rn. 91; Heinrichs, in: Palandt, § 242 Rn. 53; Roth, in: Münch Komm, § 242 Rn. 227; Aus der Rechtsprechung: BGH NJW 81, 2686, 2687; WM 85, 876, 877; BGHZ 88, 91, 95 f.

tur die Geltendmachung eines Rechts anerkannt, bei der der Berechtigte zwar zweckgemäß handelt, seinem berechtigten Interesse an der Geltendmachung aber weit überwiegende berechtigte Interessen des Verpflichteten an der Nichtausübung des Rechtsentgegenstehen.[126] Diese Wertung kann auch auf die Fallgruppe des zweckwidrigen Handelns des Berechtigten übertragen werden. Eine mißbräuchliche Rechtsausübung liegt nicht nur dann vor, wenn der Berechtigte ausschließlich zweckwidrig handelt, sondern auch, wenn er zwar ein berechtigtes Interesse geltend macht, dieses aber hinter seinen weiteren zweckwidrigen Interessen zurücktritt, so daß bei einer Gesamtbetrachtung letztere wesentlich überwiegen.[127]

Aus diesen allgemeinen Erwägungen ergibt sich, daß auch eine mißbräuchliche Ausübung des Anfechtungsrechts nicht schon dann ausgeschlossen ist, wenn der Kläger zumindest ein sachgerechtes Interesse mit der Klageerhebung verfolgt. Erforderlich ist vielmehr auch hier eine Berücksichtigung der weiteren Zielsetzungen des Anfechtungsklägers. Die Notwendigkeit einer solchen Interessenabwägung deutet auch der BGH mit seiner Formulierung an, daß ein Mißbrauch vorliege, wenn der Aktionär keinen Anspruch habe und billigerweise auch nicht erheben könne.[128] Angesichts des notwendig strengen Maßstabs erfordert ein Rechtsmißbrauch mehr als ein bloßes Überwiegen der zweckfremden Erwägungen. Die zweckfremden Erwägungen des Anfechtungsklägers müssen ganz wesentlich überwiegen.[129]

Ein solches Überwiegen kann allerdings kaum an der subjektiven Intensität gemessen werden, mit der ein Kläger ein zweckwidriges Ziel verfolgt. Es ist kaum feststellbar, ob eines von mehreren Zielen des Klägers ganz im Vorder-

---

[126] Teichmann, in: Soergel, § 242 Rn. 293 f.; Roth, in: Münch Komm, § 242 Rn. 435; Alff, in: RGRK, § 242 Rn. 23; J. Schmidt, in: Staudinger, § 242 Rn. 699; Sirp, in: Erman, § 242 Rn. 83; Siebert, Treu und Glauben, § 242 Rn. 162; Wieacker, Präzisierung, S. 33. Aus der Rechtsprechung vgl. nur: BGH JZ 75, 225, 227.

[127] Die Mißbräuchlichkeit einer Rechtsausübung bei einem wesentlichen Überwiegen zweckwidriger Ziele des Berechtigten wird bei der Geltendmachung des Auskunftsrechts diskutiert. RGZ 167, 151, 161 f. hat auch hier die Ansicht vertreten, daß ein Mißbrauch nur vorliegt, wenn der Aktionär ausschließlich gesellschaftsfremde Ziele verfolgt. Offen gelassen in BGHZ 36, 121, 135 f. Gegen das RG und stattdessen im obigen Sinn: Barz, BB 57, 1253, 1257; ders., in: GroßKomm. § 131 Anm. 12; Deuss, S. 113-115; Scheu, Auskunftsrecht, S. 42 f.; v. d. Burg, AG 62, 92, 93; Haberlandt, BB 62, 117, 119; Nitschke-Bartsch, AG 69, 95, 99; enger Zöllner, in: Kölner Komm., § 131 Rn. 45; gegen jede eigenständige Bedeutung des Mißbrauchseinwands bei § 131: Hüffer, in: Geßler/Hefermehl/Eckardt/Kropff, § 131 Rn. 132.

[128] BGHZ 107, 296, 311.

[129] Im Ansatz stellt Schilling auf diese Erwägung ab: Schilling, JZ 62, 410, 411 zu BGHZ 36, 121 ff.

grund seiner Überlegungen steht. Ein solcher Maßstab ist - ungeachtet der unüberwindlichen Beweisschwierigkeiten - nicht exakt bestimmbar. Ein wesentliches Überwiegen kann sich jedoch auch aus der Art und Weise ergeben, in der ein Aktionär sein zweckwidriges Ziel verfolgt. Bedient er sich etwa zu seiner Durchsetzung sittenwidriger Verhaltensweisen, so ist sein Gesamtverhalten ebenfalls als mißbräuchlich zu bewerten.

Unbeachtlich ist, ob dem Kläger die rechtliche Bewertung seines Verhaltens als zweckwidrig und mißbräuchlich bewußt ist, denn insoweit ist die Zweckwidrigkeit ein objektives Kriterium.[130] Eine weitere Einschränkung des Mißbrauchs kann auch nicht mit der Begründung gerechtfertigt werden, daß das Anfechtungsrecht ein Minderheitenrecht ist. Die Bindung an Treu und Glauben im Rechtsverkehr trifft Mehrheit und Minderheit bei der Rechtsausübung im gleichen Maße.

d) Zeitpunkt der mißbräuchlichen Rechtsausübung

Bevor der abstrakte Maßstab des wesentlichen Überwiegens zweckfremder Absichten auf eine konkrete Fallgruppe angewandt werden soll, gilt es zunächst ebenfalls abstrakt den Zeitpunkt zu bestimmen, zu dem das mißbräuchliche Verhalten des Aktionärs vorliegen muß. Hüffer[131] und Diekgräf[132] sind der Auffassung, daß einem Aktionär ein Mißbrauch nur dann entgegengehalten werden könne, wenn er mit der Klageerhebung "von vornherein" Sonderleistungen der Gesellschaft erstrebe. Diese Ansicht hat ebenfalls das OLG Köln[133] vertreten. Auf die Revision der beklagten Aktiengesellschaft hat der BGH[134] allerdings die Frage offen gelassen.

---

[130] Roth, in: Münch Komm, § 242 Rn. 399; J. Schmidt, in: Staudinger, § 242 Rn. 689, 697-699; Teichmann, in: Soergel, § 242 Rn. 302; Siebert, Verwirkung, S. 121 f.; Weber, in: Staudinger[11], § 242 Anm. D 36; Zöllner, in: Kölner Komm., § 245 Rn. 80. Das entspricht der ganz h. M., daß eine Gesetzesumgehung ebenfalls keine subjektiven Merkmale erfordert. Vgl. hierzu für viele: Teichmann, Gesetzesumgehung, S. 69; Hefermehl, in: Soergel, § 134 Rn. 40.

[131] Hüffer, in: Geßler/Hefermehl/Eckardt/Kropff, § 245 Rn. 47: "Zwar kann dem Aktionär ... ein Mißbrauch des Anfechtungsrechts nur dann vorgehalten werden, wenn er mit der Klageerhebung von vornherein auf Sonderleistungen der Gesellschaft abzielt."

[132] Diekgräf, S. 54. Die von Diekgräf als Beleg herangezogenen Entscheidungen stützen seine Ansicht nicht hinreichend.

[133] OLG Köln WM 88, 1792, 1797; a. A. jetzt OLG Frankfurt a. M. WM 90, 2116, 2119.

[134] BGH WM 90, 140, 145.

Der Auffassung, daß die Mißbrauchsabsicht bereits zum Zeitpunkt der Klageerhebung bestehen müsse, kann nicht zugestimmt werden. Die prozeßrechtliche Literatur vertritt einhellig die Ansicht, daß zur Beurteilung der Begründetheit einer Klage auf den Zeitpunkt des Schlusses der letzten mündlichen Verhandlung in der Tatsacheninstanz abzustellen ist.[135] Dies bedeutet zum einen, daß eine Klage nicht nur dann abzuweisen ist, wenn sie bereits zum Zeitpunkt der Klageerhebung unzulässig oder unbegründet ist. Auch wenn erst im Verlaufe des Rechtsstreits eine Zulässigkeits- oder Begründetheitsvoraussetzung der Klage entfällt, ist sie abzuweisen. Zum anderen ist der Klage stattzugeben, wenn der Aktionär nur zu einem früheren Zeitpunkt mißbräuchlich gehandelt hat, aber von diesem Verhalten im Verlaufe des Rechtsstreits abgerückt ist.

Nur der Zeitpunkt der Widerspruchseinlegung gegen den Hauptversammlungsbeschluß ist von zusätzlichem Interesse. Handelt der Aktionär bereits zu diesem Zeitpunkt mißbräuchlich, so fehlt es an einer wirksamen Widerspruchseinlegung. Dann ist die Klage unabhängig davon abzuweisen, ob zum Zeitpunkt der letzten mündlichen Verhandlung ein Mißbrauch vorliegt, weil der Aktionär eine rechtswirksame Widerspruchseinlegung nicht mehr nachholen kann.

3. Mißbrauch bei Erstreben eines vermögenswerten Sondervorteils

Die theoretischen Möglichkeiten einer mißbräuchlichen Ausübung des Anfechtungsrechts sind unerschöpflich, da es keine begrenzte Anzahl zweckwidriger Ziele gibt.[136] Das nächstliegende Ziel ist jedoch die Erstrebung eines vermögenswerten Sondervorteils, das heißt eines Vermögensvorteils, den der Aktionär bei einem Obsiegen im Rechtsstreit nicht erlangen könnte. Eine solche Absicht war auch Gegenstand sämtlicher, in der neueren Rechtsprechung behandelter Sachverhalte, in denen ein Rechtsmißbrauch erörtert wurde. Die Aktionäre verlangten dabei meist fünf- oder sechsstellige Summen.[137]

---

[135] Leipold, in: Stein/Jonas, § 300 Rn. 22; Rosenberg/Schwab, § 134 III 2, S. 839 f.; RGZ 27, 425, 426; 100, 165 f.; jetzt auch OLG Frankfurt a. M. WM 90, 2116, 2119.

[136] So wird z.B. in RGZ 146, 385, 395 das Erstreben der Berufung in den Vorstand, in RGZ 167, 151, 161-163 eines Sitzes im Aufsichtsrat erörtert.

[137] Vgl. BGHZ 107, 296, 312 ff.

a) Mit der Durchführung einer Anfechtungsklage erstrebbare Vermögensvorteile

Der Aktionär kann mit der Nichtigerklärung eines Hauptversammlungsbeschlusses in der Regel zwei vermögenswerte Ziele erstreben: die Verhinderung eines ihm durch den rechtswidrigen Beschluß drohenden Schadens und den Ersatz seiner Prozeßkosten.[138] Nach dem zuvor Gesagten handelt der Aktionär nicht mißbräuchlich, wenn er sich auf diese Ziele beschränkt.[139] Aus der Regelung der § 306 AktG, § 30 UmwG folgt aber eine wesentliche Ausnahme. Das Anfechtungsrecht hat keinen Vermögenswert, wenn das Gesetz den Aktionär zur Verfolgung dieses Interesses auf das Spruchstellenverfahren verweist. Daher handelt bereits der Aktionär zweckwidrig, der eine Anfechtungsklage gegen einen Hauptversammlungsbeschluß erhebt, um nicht durch einen seiner Ansicht nach unzureichenden Ausgleichs- oder Abfindungsanspruch[140] oder ein zu schlechtes Umtauschverhältnis[141] benachteiligt zu werden. Wenn der Opponent mit einer Klageerhebung beabsichtigt, sich mit der Aktiengesellschaft auf den Ausgleich eines solchen Schadens einigen will, handelt er daher bereits zweckwidrig.[142]

b) Mißbrauch bei Erstreben eines weiter reichenden Vermögensvorteils

Wenn der Aktionär ausschließlich Vorteile erstrebt, die über seine berechtigten Vermögensinteressen hinausreichen und somit die Geltendmachung der Rechtswidrigkeit des Hauptversammlungsbeschlusses bloßer Vorwand ist, besteht an der Mißbräuchlichkeit seines Verhaltens auch nach der bisher herrschenden Meinung kein Zweifel.[143] Unerheblich ist dabei, ob die Zuwendung als Abfindungszahlung, als erhöhte Dividende, als scheinbarer Beratervertrag oder als Kaufpreis für den Erwerb eigener Aktien bezeichnet wird.

---

[138] Vgl. oben S. 79.

[139] A. A. jedoch Diekgräf, S. 55 unter ee), der einen Mißbrauch in der Regel bereits dann bejaht, wenn der Aktionär allein diese Ziele verfolge, da dann eine mißbräuchliche eigensüchtige Motivation vorliege. Vgl. andererseits Diekgräf, S. 260 f. und dazu oben S. 74 f.

[140] So bei einem Hauptversammlungsbeschluß betreffend einen Beherrschungs- und Gewinnabführungsvertrag.

[141] So bei einem Verschmelzungsbeschluß.

[142] Der entgegenstehenden Entscheidung des OLG Karlsruhe WM 89, 1134, 1141 kann daher nicht zugestimmt werden.

[143] Die auf S. 114 mit Fn. 78 bis Fn. 81 genannten Entscheidungen haben einen Mißbrauch nur abgewiesen, weil dieser Umstand nicht nachgewiesen werden konnte.

Erst wenn der Kläger neben dem zweckwidrigen auch ein zweckgemäßes Ziel verfolgt, gilt es zu beurteilen, ob das zweckwidrige Ziel des Sondervorteils wesentlich überwiegt. Die Bedeutung dieser theoretischen Abgrenzung wird bei der praktischen Fragestellung offenbar: Kann sich ein Aktionär, der mit der Aktiengesellschaft über eine Klagerücknahme gegen Erbringung eines Sondervorteils verhandelt, darauf berufen, er verfolge alternativ auch das Ziel der Nichtigerklärung des Beschlusses, um seine Mitverwaltungsrechte zu wahren?[144]

Es wurde oben[145] bereits dargelegt, daß ein wesentliches Überwiegen des zweckwidrigen Ziels kaum anhand der subjektiven Intensität ermittelt werden kann, mit der der Kläger seine unterschiedlichen Klageziele verfolgt. Es ist vielmehr darauf abzustellen, mit welchen Mitteln der Opponent sein zweckwidriges Ziel zu erreichen sucht.[146]

Wenn der Aktionär in dem Rechtsstreit vermögenswerte Ziele verfolgt, die mit dem Anfechtungsrecht unvereinbar sind, nutzt er es aus, daß sich die Aktiengesellschaft infolge der rechtshängigen Anfechtungsklage in einer Zwangslage befindet. So kann die Aktiengesellschaft durch die bloße Klageerhebung wegen einer fehlenden Registereintragung an einer Durchführung gehindert sein, wenn die Anfechtungsklage einen Zustimmungsbeschluß zu einer unternehmerischen Maßnahme wie den Abschluß eines Unternehmens- oder eines Verschmelzungsvertrags betrifft oder sich gegen einen Kapitalerhöhungsbeschluß richtet. Selbst wenn das Registergericht die Eintragung des Hauptversammlungsbeschlusses verfügt, ergibt sich die Zwangslage entweder aus den drohenden Schadensersatzansprüchen für den Fall der Nichtigerklärung eines bereits durchgeführten Hauptversammlungsbeschlusses oder aus dem Umstand, daß der Vorstand der Aktiengesellschaft gerade wegen dieses möglichen Ersatzanspruches trotz Eintragung des Beschlusses auf die Durchführung verzichtet. Dieser stets als Folge der Klageerhebung drohende Schaden stellt ein erhebliches Druckmittel dar, das sich der Aktionär bei der Verfolgung seiner gewünschten zweckwidrigen Rechtsfolge zunutze macht. Diese Ausnutzung der Zwangslage der Gesellschaft zur Erreichung eines zweckfremden Ziels begründet das wesentliche Überwiegen des zweckwidrigen Ziels. Der Gesetzgeber hat die Gefahr der wirtschaftlichen Schädigung der Gesellschaft nur in Kauf genommen worden, um jedem Aktionär einen notwendigen Schutz gegen ein rechtswidriges Verhalten der Gesellschaft zu gewähren, nicht jedoch,

---

[144] Auch das RG und der BGH haben sich darauf berufen, vgl. oben S. 113 f. m. w. N.

[145] Vgl. oben S. 122.

[146] Vgl. oben S. 122 f.

um ihm die Möglichkeit zu geben, mit einer solchen Klage unvereinbare Ziele zu verfolgen.

Allerdings gibt es auch Hauptversammlungsbeschlüsse, deren Anfechtung außer den Prozeßkosten keine unmittelbare finanzielle Belastung der Gesellschaft zur Folge haben. Ein Beispiel eines nicht einmal ausführungsbedürftigen Beschlusses ist der Entlastungsbeschluß nach § 120 Abs. 1 S. 1 AktG. Aber auch die Anfechtung eines solchen Beschlusses bedeutet eine erhebliche Beeinträchtigung der Gesellschaft. Die Anfechtung belastet nicht nur die betroffenen Organmitglieder, sie erweckt auch im Geschäftsverkehr Bedenken gegen deren sorgfältige Amtsführung. Da den Entlastungsbeschlüssen im Wirtschaftsleben erhebliche Bedeutung zugemessen wird,[147] kann auch die Anfechtung eines solchen Beschlusses dem Ansehen der Gesellschaft schaden und kann mittelbare finanzielle Nachteile der Gesellschaft zur Folge haben. Auch hier besteht also eine Zwangslage der Gesellschaft.

Die Ausnutzung der Zwangslage zur Erreichung eines Sondervorteils, der mit dem Zweck der Anfechtungsklage unvereinbar ist, läßt das Verhalten als überwiegend zweckwidrig und damit als unvereinbar mit den Grundsätzen eines Verhaltens gemäß Treu und Glauben erscheinen. Daraus folgt, daß im Ergebnis der vorangestellten Entscheidung des BGH[148] zuzustimmen ist. Die Erstrebung eines "Lästigkeitswerts" stellt ein rechtsmißbräuchliches Verhalten dar. Selbst wenn der Aktionär mit der Erhebung der Anfechtungsklage nicht nur das zweckwidrige Ziel verfolgt, einen Abfindungsbetrag zu erlangen, sondern alternativ die Beseitigung eines rechtswidrigen Hauptversammlungsbeschlusses erstrebt, bleibt sein Verhalten mißbräuchlich.

c) Vergleich auf Anregung der Aktiengesellschaft

Eine Detailfrage ist, ob ein Aktionär auch dann mißbräuchlich handelt, wenn er zwar mit der Aktiengesellschaft Vergleichsverhandlungen über die Zuwendung eines Sondervorteils führt, diese aber nicht von ihm, sondern von der Aktiengesellschaft veranlaßt wurden. Können solche Verhandlungen ein mißbräuchliches Aktionärsverhalten begründen, auch wenn der Aktionär vor dem Angebot der Aktiengesellschaft einzig die Nichtigerklärung des Hauptversammlungsbeschlusses erstrebt hat?

Eine doppelte Einschränkung ist voranzustellen. Die Aktiengesellschaft hat ein Vergleichsgespräch dann nicht veranlaßt, wenn der Aktionär zuvor bereits

---

[147] Zöllner, in: Kölner Komm., § 120 Rn. 25.
[148] BGHZ 107, 296, 297 Leitsatz 6, S. 311.

bewußt darauf gewartet hat, daß die Aktiengesellschaft mit einem entsprechendem Vergleichsangebot an ihn herantritt. Der bereits mißbräuchliche Absichten verfolgende Aktionär verwendet hier selbst seine Prozeßführung, um die Aktiengesellschaft zu einem Angebot herauszufordern.[149] Zu einem mißbräuchlichen Verhalten verleitet die Aktiengesellschaft den Aktionär ebenfalls nicht, wenn sie ihm lediglich den Abschluß eines Vergleichsvertrages anbietet, der den Rahmen einer zulässigen Kostenerstattung nicht überschreitet. Nimmt der Aktionär das zum Anlaß, weitergehende Forderungen zu stellen, so ist ein solches Verhalten nicht von der Aktiengesellschaft veranlaßt worden.

Nur wenn die von der Gesellschaft signalisierte Gesprächsbereitschaft eine entsprechende Grenze nicht erkennen läßt, könnte die Klageabweisung trotz eines von dem Aktionär erstrebten Sondervorteils ausgeschlossen sein. Mit dieser Begründung hat das OLG Köln die Ansicht vertreten, ein Aktionär handele nicht mißbräuchlich, wenn er über die Zahlung eines Betrags von 200.000 DM.- verhandele, nachdem zunächst die Aktiengesellschaft die Initiative zu einem Vergleichsgespräch ergriffen hat. Entscheidend bei der Beurteilung des Mißbrauchs sei, so das OLG, welche Motivation des Opponenten Veranlassung zur Klageerhebung gegeben habe.[150]

Der Einwand, der gegen die Ansicht des OLG zu erheben ist, wurde oben bereits dargelegt. Ob eine Klage als mißbräuchlich abzuweisen ist, richtet sich nicht nach dem Zeitpunkt der Klageerhebung, sondern nach dem Zeitpunkt der letzten mündlichen Verhandlung.[151] Daraus folgt, daß es nicht entscheidend ist, ob der Aktionär oder die Aktiengesellschaft die Vergleichsverhandlungen angeregt hat. Der Aktionär kann auch nicht geltend machen, einem Mißbrauch stehe entgegen, daß er auf die von der Aktiengesellschaft geäußerte Bereitschaft, einen Vergleich abzuschließen, vertraut habe. Der Aktionär kann ein fortdauerndes Verlangen nicht mehr mit der früheren Gesprächsbereitschaft der Aktiengesellschaft rechtfertigen, sobald die Aktiengesellschaft von ihrem Angebot wieder Abstand nimmt und dem Prozeßgericht die Mißbräuchlichkeit des Verhaltens des Aktionärs vorträgt. Er muß vielmehr, um seiner Klage den Makel des Mißbrauchs zu nehmen, von seinem Ziel, Sondervorteile auszuhandeln, Abstand nehmen.

---

[149] Vgl. BGH WM 90, 140, 144; 2073, 2076; OLG Frankfurt a. M. WM 90, 2116, 2120; insoweit auch Diekgräf, S. 54 f. unter dd).

[150] OLG Köln WM 88, 1792, 1796 f.; hiergegen zutreffend Werner, WuB II A., § 340 a AktG 3.89. Für eine Berücksichtigung der Veranlassung durch die Aktiengesellschaft jetzt aber auch OLG Frankfurt, WM 90, 2116, 2120; Diekgräf, S. 54.

[151] Dazu oben S. 124. Entscheidend kann jedoch auch der Zeitpunkt der Widerspruchseinlegung sein, vgl. dazu ebenfalls oben S. 124.

Der Einwand des Opponenten, er sei von der Aktiengesellschaft zu Vergleichsverhandlungen verleitet worden, steht somit allein noch nicht der Mißbrächlichkeit seines Verhaltens entgegen. Entscheidend ist, ob er die mißbräuchliche Absicht noch zum Zeitpunkt der letzten mündlichen Verhandlung verfolgt.

4. Nachweis des Mißbrauchs

Für die beklagte Aktiengesellschaft bleibt das Problem, den Nachweis des Mißbrauchs erbringen zu müssen. Die Beweisführung wird meist schwierig sein, da die Absicht des Aktionärs, ein zweckwidriges Ziel zu erreichen, ein subjektives Kriterium ist. Eine solche Absicht braucht nicht sogleich in einem äußeren Verhalten zum Ausdruck zu kommen. Es ist zunächst zu erwägen, aus welchen äußeren Umstände auf ein mißbräuchliche Absicht des Aktionärs geschlossen werden kann. Anschließend ist zu darzulegen, welche Umstände ein Indiz einer fortdauernden mißbräuchlichen Absicht bis zum Zeitpunkt der letzten mündlichen Verhandlung sein können.

Die Mißbräuchlichkeit seines Handelns bringt der klagende Aktionär offen zum Ausdruck, wenn er der Aktiengesellschaft die Klagerücknahme gegen die Zuwendung eines Sondervorteils anbietet.[152] Ausreichend zum Nachweis des Mißbrauchs ist es auch, wenn die Aktiengesellschaft beweist, daß der Aktionär seine Bereitschaft angezeigt hat, einen entsprechenden Vergleichsvertrag abzuschließen, ohne daß es bisher zu einem konkreten Angebot gekommen ist.[153] Die invitatio ad offerendum und das Angebot sind insoweit von nahezu gleicher Aussagekraft. Ein Beispiel einer invitatio ad offerendum ist das Auftreten des Prozeßbevollmächtigten eines Opponenten, der auf die Frage, ob er außer der Nichtigerklärung des Hauptversammlungsbeschlusses noch andere Ziele anstrebe, antwortet, er stehe "nicht außerhalb der Realität", wenn ein Angebot komme, werde er "mit Interesse zuhören".[154] Das OLG Köln hat allerdings die gegenteilige Ansicht vertreten, aus dieser Äußerung könne "Entscheidendes für eine unlautere Motivation nicht entnommen werden".[155]

Von erheblicher Bedeutung ist es, ob der Nachweis eines mißbräuchlichen Verhaltens des Klägers in weiteren, andere Gesellschaften betreffenden Anfechtungsverfahren ein Indiz für ein mißbräuchliches Verhalten im zu ent-

---

[152] Lutter, FS Der Betrieb, S. 193, 209; Diekgräf, S. 57.

[153] Ebenso Diekgräf, S. 58 unter bb). Vgl. auch den oben S. 100 bereits erwähnten Bericht Schlaus, AG 88, 113 und OLG Köln WM 88, 1792, 1797.

[154] OLG Köln WM 88, 1792, 1797.

[155] OLG Köln WM 88, 1792, 1797.

scheidenden Rechtsstreit sein kann. Das OLG Hamm vermochte einem entsprechenden Vorbringen der beklagten Aktiengesellschaft "ohnehin nichts"[156] zu entnehmen. Auch das OLG Karlsruhe bewertete eine mißbräuchliche Absicht als unbeachtlich, solange sie nicht im jeweiligen Verfahren "bis zur Äußerung im Rechtsverkehr gedieh".[157] Das OLG Köln hingegen hat ein solches Parallelverhalten in seine Beweiswürdigung einbezogen, ohne jedoch im Ergebnis einen Mißbrauch zu bejahen.[158] Der BGH[159] hat allerdings nunmehr die vorgenannten drei oberlandesgerichtlichen Entscheidungen aufgehoben und die Ansicht vertreten, möglicherweise könne dieses Indiz allein den vollen Beweis des Mißbrauchs erbringen.

Die Ansicht des OLG Hamm und des OLG Karlsruhe kann schon deshalb nicht überzeugen, weil ein subjektives Kriterium nicht an bestimmte objektive Voraussetzungen, z.B. eine mündliche Erklärung im Verlauf eines Rechtsstreits, gebunden ist.[160] Das Gericht hat alle Umstände des Einzelfalles zu beachten und unter Berücksichtigung der allgemeinen Lebenserfahrung[161] zu beurteilen, ob diese Umstände den Nachweis des Mißbrauchs in dem zu entscheidenden Rechtsstreit erbringen. Bei einer solchen umfassenden Beweiswürdigung kann ein mißbräuchliches Verhalten des Klägers in ähnlichen, in engem zeitlichen Zusammenhang geführten Rechtsstreiten ein erhebliches Indiz sein, daß der Kläger erneut mißbräuchlich handelt. Der Ansicht des BGH ist daher zuzustimmen.

Es gibt eine Vielzahl weiterer Indizien für ein mißbräuchliches Aktionärsverhalten. Eines ist der Umstand, daß der Aktionär nur wenige Aktien besitzt und diese erst kurz vor der Durchführung der Hauptversammlung erworben

---

[156] OLG Hamm WM 88, 1164, 1170; kritisch auch Timm, in: Aktionärsverhalten , S., 30.

[157] OLG Karlsruhe WM 89, 1134, 1141; ähnlich OLG Hamburg WM 90, 1741, 1743.

[158] OLG Köln WM 88, 1792, 1797. Vgl. aber Fn. 159. Ebenso LG Landshut ZIP 90, 999, 1000; LG Frankfurt a. M. WM 90, 1745, 1747; LG Frankenthal WM 89, 1854, 1860; LG Landshut ZIP 90, 999, 1000. Undeutlich Diekgräf, S. 59, der einerseits die Ansicht vertritt, dieses Indiz reiche allein nicht aus, andererseits dem Umstand zugleich eine entscheidende Indizfunktion beimißt.

[159] BGHZ 107, 296, 312 entgegen OLG Hamm WM 89, 1164 ff.; BGH WM 90, 140, 144 entgegen OLG Köln WM 88, 1792 ff.; BGH WM 90, 2073, 2076 entgegen OLG Karlsruhe WM 89, 1134 ff.

[160] Das betont auch Timm, OLG Köln EWiR § 243 AktG 1/88, 1049, 1050.

[161] Vgl. Leipold, in: Stein/Jonas, § 286 Rn. 7; Schellhammer, Zivilprozeß Rn. 554. Zur Beweiswürdigung bei einem Indizienbeweis vgl. BGH VersR 78, 74, 76;, NJW 70, 946, 949; Schellhammer, Zivilprozeß Rn. 562.

hat.[162] Das gilt insbesondere, wenn der Opponent erst Aktionär wurde, nachdem bekannt war, daß die Hauptversammlung einen für die Gesellschaft wesentlichen Beschluß fassen sollte.[163] Auch eine Prozeßverschleppung durch den Opponenten ist ein Indiz dessen mißbräuchlichen Verhaltens.[164] Ein Mißbrauch kann bei einer Würdigung der Gesamtumstände auch nahe liegen, wenn zwar nicht der Aktionär, aber dessen Ehe- oder Lebenspartner oder ein naher Verwandter in anderen Verfahren mißbräuchlich geklagt hat, insbesondere wenn der bereits bekannte Aktionär zugleich als Bevollmächtigter oder Prozeßvertreter auftritt.[165] Entgegen der Ansicht des OLG Karlsruhe[166] kann es ein Indiz einer Mißbrauchsabsicht des Aktionärs sein, wenn sein Prozeßbevollmächtigter der Aktiengesellschaft die Leistung eines Sondervorteils vorschlägt, zugleich aber betont, nicht im Auftrag des Mandanten zu handeln. Es liegt nahe, daß der Rechtsanwalt die Unzulässigkeit der Sonderleistungen kennt, so daß er kaum aus eigener Initiative eine entsprechende Vereinbarung anstreben wird.

Die Aktiengesellschaft hat den Mißbrauch jedoch nicht nur zu einem beliebigen Zeitpunkt des Rechtsstreits, sondern zum Zeitpunkt der letzten mündlichen Verhandlung nachzuweisen. Wenn der Aktionär nicht bestreitet, einen Sondervorteil zu erstreben, er aber der Ansicht ist, sein Verhalten sei nicht rechtsmißbräuchlich, steht das einer Klageabweisung nicht entgegen. Der Aktionär braucht sich nicht bewußt zu sein, daß sein Verhalten als Verstoß gegen Treu und Glauben zu bewerten ist.[167]

Bestreitet hingegen der Aktionär eine fortbestehende Absicht, einen entsprechenden Vergleichsvertrag abzuschließen, so ist auch insoweit die Aktiengesellschaft auf einen Indizienbeweis angewiesen. Ein hinreichendes Indiz der

---

[162] Im Sachverhalt des LG Köln WM 88, 758 f. hielten die Beklagten je 3 Aktien. Im Fall des OLG Köln WM 88, 1792, 1795 hielt ein Beklagter 10 Aktien.

[163] Diekgräf, S. 58 unter dd.; BGH WM 90, 140, 144; vgl. auch den Sachverhalt des LG Köln WM 88, 758. Das LG Frankfurt a. M. WM 90, 1745, 1747 formulierte sogar den Leitsatz, daß "kein schützenswertes Bedürfnis (bestehe), sich im Wege kurzfristigen Aktienerwerbs vor einer Hauptversammlung in die Funktion eines "Aktienamts" zum Sachwalter der in die Hände der sachlich betroffenen Aktionäre gelegten Individualinteressen aufzuschwingen".

[164] Hirte BGH EWiR § 246 AktG 1/89, 844 weist darauf hin, daß generell das Verhalten des Aktionärs während des Prozesses Indizien für ein rechtsmißbräuchliches Verhalten ergeben kann.

[165] Vgl. den Sachverhalt des LG Köln WM 88, 758, 759, 761 und der Berufungsinstanz OLG Köln WM 88, 1021, 1022.

[166] OLG Karlsruhe WM 89, 1134, 1141; vgl. die andere Würdigung nun in der Revisionsentscheidung BGH WM 90, 2073, 2076.

[167] Vgl. oben S. 122 mit Fn. 130.

fortbestehenden Absicht ist der Umstand, daß der Aktionär die Mißbräuchlichkeit seines Verhaltens kennt oder auch nur mit der Möglichkeit rechnet, daß sein Klageziel als rechtsmißbräuchlich zu bewerten ist. Erstrebt der Aktionär trotz dieser Kenntnis einen Sondervorteil, so nimmt er damit das Risiko einer Klageabweisung in Kauf. Dann wird seine Erklärung, seine Ziele geändert zu haben, wohl stets eine bloße Schutzbehauptung sein. Indiz einer solchen Kenntnis können alle Umstände sein, die auf einige Erfahrung des Opponenten in den Rechtsfragen eines Anfechtungsverfahrens schließen lassen. Insbesondere wird sich ein Aktionär, der nicht zum ersten Mal eine Anfechtungsklage erhoben hat, kaum auf seine Unkenntnis berufen können. Ausreichend ist ebenfalls eine entsprechende Kenntnis seines Prozeßbevollmächtigten, da sich der Aktionär dessen Wissen nach § 166 Abs. 1 BGB zurechnen lassen muß.[168] Die Kenntnis des Klägers kann sich außerdem daraus ergeben, daß die Aktiengesellschaft ihn auf die Mißbräuchlichkeit seines Verhaltens hingewiesen hat.

Allein die Tatsache, daß der Aktionär infolge eines Angebots der Aktiengesellschaft mit ihr über die Zuwendung eines Sondervorteils verhandelt, läßt dagegen nicht die Schlußfolgerung zu, daß der Aktionär das Ziel auch zum Zeitpunkt der letzten mündlichen Verhandlung verfolgt. Die Aktiengesellschaft kann aber unter Umständen mittels solcher Verhandlungen nachweisen, daß der Aktionär bereits von vornherein in Kenntnis der Mißbräuchlichkeit einen Sondervorteil erstrebte. Das liegt zum Beispiel nahe, wenn der Aktionär auf das Gesprächsangebot ohne Umschweife konkrete Vorstellungen über die Höhe der Zuwendung äußert und er Zahlungsmodalitäten verlangt, die geeignet sind, den Zweck und den Betrag der Zuwendung zu verschleiern.[169] Angesichts solcher Umstände wird die Behauptung des Aktionärs, von dem zwischenzeitlich erstrebten Ziel wieder Abstand genommen zu haben, erneut bloße Schutzbehauptung sein. Ein kundiger Aktionär kann also durch das bloße Abwarten mit der Äußerung eigener Vergleichswünsche dem Mißbrauchsvorwurf nicht entgehen.

Letztlich ist zu betonen, daß das Prozeßgericht bei seiner Beweiswürdigung den jeweiligen Einzelfall in seinen Gesamtumständen zu würdigen hat. Hierbei kann das Zusammentreffen mehrerer für sich unergiebiger Beweisanzeichen zu dem Ergebnis führen, daß das Gericht bei der Gesamtschau auf Grund seiner

---

[168] Im Ergebnis ebenso: BGH WM 90, 140, 145. Der BGH wendet unter Bezugnahme auf BGHZ 51, 141 allerdings § 166 Abs. 2 BGB analog an. Diese Entscheidung betrifft aber die Berücksichtigung eines Willensmangels in der Person des Vertretenen und nicht die Beachtlichkeit der Kenntnis gewisser Umstände durch den Vertreter.

[169] BGH WM 90, 140, 149.

freien Beweiswürdigung den Nachweis eines mißbräuchlichen Aktionärsverhaltens als erbracht sieht.[170]

5. Abweisung der Klage als unbegründet

Erachtet das Gericht den Nachweis des Mißbrauchs als erbracht, so bleibt die Frage, ob die Anfechtungsklage als unzulässig oder als unbegründet abzuweisen ist. Das erfordert eine Unterscheidung zwischen einem mangelnden prozessualen Rechtsschutzbedürfnis und einem materiellen Rechtsmißbrauch. Diese Differenzierung ist in Rechtsprechung und Literatur umstritten. Bei der Ausübung des Anfechtungsrechts ergibt sich dabei die zusätzliche Schwierigkeit, daß stets beide Aspekte gemeinsam zu beurteilen sind. Das folgt daraus, daß das Recht im Wege der Klage geltend gemacht werden muß, weil ein Hauptversammlungsbeschluß nur durch Urteil für nichtig erklärt werden kann. Allerdings wird die Bedeutung der Abgrenzung dadurch gemindert, daß der Aktionär an einer erneuten Klageerhebung in der Regel auch dann gehindert ist, wenn die mißbräuchliche Klage mangels prozessualen Rechtsschutzbedürfnisses als unzulässig abgewiesen würde. Zwar ist die materielle Rechtskraft eines solchen Prozeßurteils beschränkt, aber eine erneute Klage wäre dennoch wegen Ablaufs der Klagefrist aus § 246 Abs. 1 AktG ausgeschlossen.[171]

Schönke[172] hat die Ansicht vertreten, daß eine Klage als unzulässig abzuweisen sei, wenn ein Kläger mißbräuchlich ein Recht ausübe. Das Institut des Prozesses sei nicht dazu da, einer Partei die Möglichkeit eines mißbräuchlichen Verhaltens zu geben. Die herrschende Lehre[173] hält dieser Auffassung

---

[170] Vgl. BGH VersR 78, 74, 76;, NJW 70, 946, 949.

[171] Zöllner, in: Kölner Komm., § 245 Rn.89; Diekgräf, S. 38 mit Fn. 98.

[172] Schönke, Rechtsschutzbedürfnis, S. 33 f.; ebenso: Hartmann, in: Baumbach/Lauterbach/Albert/Hartmann, Grundz. § 253 Anm. 5 A g, der sich allerdings zu Unrecht auf OLG Düsseldorf DB 83, 766 stützt, da hier auch ein prozessualer Mißbrauch vorliegt; aus der Rspr.: AG Düsseldorf, ZIP 88, 970. Für die Unzulässigkeit speziell der mißbräuchlichen Anfechtungsklage: Säcker, DB 88, 271, 276; Teichmann Jus 90, 269, 271; ders., WuB II A., § 245 AktG 1.88; Peterhoff, WuB II A., § 243 AktG 1.89.

[173] Schumann, in: Stein/Jonas, Vor § 253 Rn. 117; Baumgärtel, ZZP 67, 423, 430; ders., ZZP 69, 89, 100; Pohle, FS Lent, S. 195, 213; Wieser, Rechtsschutzinteresse, S. 20; Stephan, Rechtsschutzbedürfnis, S. 52; aus der Rspr.: OLG Hamm MDR 73, 941. Speziell für das Anfechtungsrecht des Aktionärs: Zöllner, in: Kölner Komm., § 243 Rn. 26; ders. § 245 Rn.89 f.; ders. § 246 Rn. 26; Hüffer, in: Geßler/Hefermehl/Eckardt/Kropff, § 245 Rn. 56; Hirte, ZIP 88, 953, 956; ders., BGH EWiR § 246 AktG 1/89, 843; Diekgräf, S. 37 f.

zu Recht entgegen, daß eine Differenzierung zwischen einem Mißbrauch der prozessualen Rechtsstellung und der materiellen Rechtsausübung erforderlich ist. Andernfalls würde die Sachentscheidung, also die Frage nach der materiellen Begründetheit, zur Vorfrage der Zulässigkeitsprüfung. Daher ist eine Klage nur dann als unzulässig abzuweisen, wenn das prozessuale Verhalten selbst mißbräuchlich ist. Materielle Mängel gehören dagegen in die Sachprüfung und haben die Unbegründetheit der Klage zur Folge. Auch der BGH hat sich nun dieser Ansicht angeschlossen.[174]

Die mißbräuchliche Ausübung des Anfechtungsrechts führt daher zur Abweisung der Klage als unbegründet.

6. Schadensersatzanspruch der Aktiengesellschaft

Die Aktiengesellschaft wird jedoch nicht nur die Abweisung der Anfechtungsklage erstreben. Sie wird darüber hinaus von dem Opponenten den Ersatz des Schadens verlangen, der ihr durch dessen mißbräuchlichen Verhalten entstanden ist.

Zwar hat der Aktionär bereits nach § 91 ZPO die Kosten des Verfahrens zu tragen,[175] der Aktiengesellschaft werden aber durch die Anfechtungsklage erhebliche Schäden über die Prozeßkosten hinaus entstanden sein. Gerade hierauf beruht das Erpressungspotential einer mißbräuchlich erhobenen Klage. In Betracht kommt vor allem der Schaden, welcher der Aktiengesellschaft durch die nicht erfolgte Durchführung der von der Hauptversammlung beschlossenen Maßnahme während der Dauer des Rechtsstreits entstanden ist. Die Nichtdurchführung kann einerseits auf der Aussetzung der konstitutiv wirkenden Handelsregistereintragung beruhen. Adäquat und somit ersatzfähig ist ein entstandener Schaden andererseits aber auch dann, wenn das Interesse der Aktiengesellschaft an einer beständigen Unternehmensleitung einem Vollzug des Beschlusses entgegensteht, solange der Rechtsstreit nicht beendet ist.

---

[174] BGH WM 90, 140, 145; ebenso OLG Frankfurt a. M. WM 90, 2116, 2119.

[175] Erstattungsfähig sind allerdings nur die Gebührensätze der BRAGO: Leipold, in: Stein/Jonas, § 91 Rn. 88; Thomas/Putzo § 91 Anm. 3c; Hartmann, in: Baumbach/Lauterbach/Albert/Hartmann § 91 Anm. 5 "Rechtsanwalt A". Auch mit einem materiellrechtlichem Schadenersatzanspruch kann die Aktiengesellschaft höhere Prozeßkosten nicht ersetzt verlangen: Medicus, in: Staudinger, § 251 Rn. 90; Grunsky, in: Münch Komm Vor § 249 Rn. 68; Leipold in Stein/Jonas, Vor § 91 Rn. 18; BGHZ 65, 170, 180 f. A. A.: Becker-Eberhard, Grundlagen, S. 186 ff., der allerdings auf S. 193 auf eine geringe praktische Bedeutung hinweist, weitere Nachweise zur h. M. bei Becker-Eberhard, S. 186 Fn. 54.

a) Fehlen eines Anspruchs aus § 117 AktG

§ 117 Abs. 1 S. 1 AktG kommt als Anspruchsgrundlage zum Ersatz des Schadens allerdings nicht in Betracht, weil der Aktionär kein Mitglied des Vorstands bestimmt, zum Schaden der Gesellschaft zu handeln. Der Aktionär führt diesen Schaden vielmehr durch ein eigenes Handeln herbei.

b) Ansprüche aus § 823 Abs. 1 BGB, § 823 Abs. 2 S. 1 BGB, § 253 Abs. 1 StGB

Die Aktiengesellschaft kann den Schadensersatzanspruch gegen den Opponenten auf § 823 Abs. 1 BGB stützen. Das von dem Aktionär verletzte Rechtsgut der Aktiengesellschaft ist ihr eingerichteter und ausgeübter Gewerbebetrieb. Der Aktionär verhält sich auch rechtswidrig, obwohl er sich mit der Anfechtungsklage eines staatlichen, gesetzlich eingerichteten und geregelten Verfahrens bedient. Zwar ist nicht jede unbegründete Klage ein rechtswidriger Eingriff in den eingerichteten und ausgeübten Gewerbebetrieb,[176] doch ist zumindest eine mißbräuchliche Klage rechtswidrig, die gerade auf eine Schädigung des Geschäftsbetriebs gerichtet ist.[177]
Der Aktionär verletzt zudem vorsätzlich das geschützte Rechtsgut, weil er erkennt, daß seine Klageerhebung der Durchführung des Hauptversammlungsbeschlusses entgegensteht.

Eine mögliche zweite Anspruchsgrundlage ist § 823 Abs. 2 BGB, § 253 Abs. 1 StGB, wenn nicht nur die objektiven, sondern auch die subjektiven Voraussetzungen einer Erpressung vorliegen.[178]

---

[176] BGHZ 90, 113, 124; 74, 9, 15; BGH NJW 85, 1959, 1961; § 823 Rn. 52; Steffen, in: RGRK, Vor. § 823 Rn. 53; Zeuner, in: Soergel, § 823 Rn. 104 m. w. N.; enger: Hopt, Schadensersatz, S. 192 ff.; 217 ff.; 251 ff.

[177] BGHZ 90, 113, 126; 36, 18, 21; BGH NJW 85, 1959, 1961; Steffen, in: RGRK, Vor. § 823 Rn. 53; ders.: § 823 Rn. 52; Zeuner, in: Soergel, § 823 Rn. 104 m. w. N.; Schwerdtner, JZ 84, 1103, 1105; Hopt, S. 253 f; enger Diekgräf, S. 133.

[178] § 253 StGB ist ein Schutzgesetz im Sinne des § 823 Abs. 2 BGB: RGZ 166, 40, 46; RG JW 38, 755, 757; Zeuner, in: Soergel, § 823 Rn. 261; Thomas, in: Palandt, § 823 Rn. 149.

Als weiterer deliktischer Anspruch kommt § 826 BGB in Betracht.[179] Die erforderliche Sittenwidrigkeit des Verhaltens des Anfechtungsklägers ergibt sich aus der mißbräuchlichen Geltendmachung einer Anfechtungsklage.[180] Und der notwendige Vorsatz der Schadenszufügung folgt aus dem erpresserischen Verlangen eines Sondervorteils unter Ausnutzung der Zwangslage der Aktiengesellschaft.

Die Millionenforderungen, welche die Aktiengesellschaft mittels dieser Ansprüche möglicherweise geltend machen kann, wird der Aktionär zwar häufig nicht befriedigen können, doch können drohenden Schadensersatzansprüche in solcher Höhe manche mißbräuchliche Klagen verhindern.

II. Vergleichsvertrag zwischen Aktiengesellschaft und Aktionär

Der mißbräuchlich klagende Aktionär wird den Abschluß eines Vergleichsvertrags mit der Aktiengesellschaft erstreben, weil er nur so einen vermögenswerten Sondervorteil erlangen kann.[181] Auch die Aktiengesellschaft wird möglicherweise zum Vertragsabschluß bereit sein, da sie infolge der rechtshängigen Anfechtungsklage erheblich in der Wahrung ihrer Unternehmensinteressen beeinträchtigt ist.

1. Rechtswidrigkeit des Vergleichsvertrags und der Zuwendung des Sondervorteils

Das Einverständnis beider Parteien, einen Vergleich abzuschließen, bedeutet jedoch keineswegs, daß er rechtmäßig ist. Es sind im Folgenden zunächst die Rechtsfolgen des von dem Aktionär mißbräuchlich erstrebten Vergleichs zu bestimmen und anschließend die Besonderheiten darzulegen, die sich ergeben, wenn der Vorstand einen ordnungsgemäß klagenden Aktionär zum Abschluß eines solchen Vertrags verleitet.

---

[179] Das Bestehen eines Anspruchs aus § 826 BGB betonen: OLG Köln WM 88, 1021; Lutter, ZGR 78, 347, 360; ders., FS Der Betrieb, S. 193, 204; ders., WuB II A., § 62 AktG 1.88 unter 2 b bb; Schlaus, AG 88, 113, 115; Zöllner, in: Kölner Komm., Einl. Rn. 162; Timm, OLG Köln EWiR § 243 AktG 1/88, 1049, 1050; Timm, in: Aktionärsverhalten, S. 1, 28; Diekgräf, S. 134.

[180] BGHZ 74, 9, 13 f.; 36, 18, 21; OLG Köln WM 88, 1021; Hönn, in: Soergel, § 826 Rn. 241; Steffen, in: RGRK, § 826 Rn. 64; Mertens, in: Münch Komm, § 826 Rn. 169; Lutter, FS Der Betrieb, S. 193, 204 f.; ders., WuB II A., § 62 AktG 1.88.

[181] Zu den Umgehungsgeschäften vgl. unten S. 142 ff.

a) Verstoß gegen § 57 Abs. 1 S. 1 AktG

Infolge der vorausgegangenen Erörterungen[182] ergibt sich, daß ein Vergleich, in dem die Aktiengesellschaft dem Aktionär den verlangten Sondervorteil verspricht, nicht mit dem Verbot einer Einlagerückgewähr vereinbar ist. Voraussetzung eines Verstoßes gegen § 57 Abs. 1 S. 1 AktG ist, daß die Gesellschaft eine vermögenswerte Leistung an den Aktionär erbringt, ohne eine zumindest äquivalente Gegenleistung zu erhalten.[183] Außerdem muß das Mißverhältnis erkennbar sein. Soweit die Zuwendung der Aktiengesellschaft über eine Prozeßkostenerstattung und den Ersatz eines infolge des Hauptversammlungsbeschlusses entstandenen Schadens hinausgeht, kann ihr keine vermögenswerte Leistung des Aktionärs gegenüberstehen.[184] Aber auch der Ersatz dieser Schäden erfolgt bei einer mißbräuchlichen Klage gerade wegen ihrer Mißbräuchlichkeit ohne eine Gegenleistung. Es wurde oben erörtert, daß ein Anfechtungsrecht und ein Prozeßkostenerstattungsanspruch nur dann einen Vermögenswert aufweisen, wenn eine ernsthafte Möglichkeit besteht, daß die Anfechtungsklage begründet ist.[185] An der ernsthaften Möglichkeit fehlt es aber, wenn die Vereinbarung eines weitergehenden Sondervorteils dokumentiert, daß der Aktionär die Klage zur Erzielung zweckwidriger Vorteile ausgenutzt hat, er also mißbräuchlich handelte und die Klage hätte abgewiesen werden müssen. Der Verzicht des Aktionärs, seine Anfechtungsklage weiter zu verfolgen, hat dann keinen Vermögenswert. Der Leistung der Aktiengesellschaft steht also keine vermögenswerte Leistung des Aktionärs gegenüber. Das Mißverhältnis der Leistungen ist der Aktiengesellschaft als Opfer des mißbräuchlichen Aktionärsverhaltens auch bekannt. Der Vergleich verstößt daher gegen § 57 Abs.1 S.1 AktG.

---

[182] Vgl. oben S. 53 ff., insbesondere S. 70, 81; vgl. auch das Ergebnis bei Diekgräf, S. 100 f.

[183] Vgl. oben S. 70.

[184] Zum möglichen Vermögenswert einer Klagerücknahme vgl. oben S. 70 ff.

[185] Vgl. oben S. 76 ff.

aa) Nichtigkeit des Vergleichsvertrags

Die Rechtsfolgen des Verstoßes des Vergleichsvertrags gegen § 57 Abs. 1 S. 1 AktG sind umstritten. Nach herrschender Meinung[186] ist zunächst das Verpflichtungsgeschäft nach § 134 BGB nichtig. Dagegen wendet ein Teil der Literatur[187] ein, aus § 139 2. Halbsatz BGB folge, daß das Verpflichtungsgeschäft bei einem entsprechenden mutmaßlichem Willen der Parteien nur insoweit nichtig sei, als die Leistungsverpflichtung der Aktiengesellschaft diejenige des Aktionärs an Wert übersteige. Gegen die Anwendbarkeit des § 139 BGB sprechen aber wesentliche Bedenken. Der Grundsatz der Aufbringung und Erhaltung des Grundkapitals ist von überragender Bedeutung im Aktienrecht, so daß zu seinem Schutz die umfassende Nichtigkeitsfolge des § 57 Abs. 1 S. 1 AktG verletzenden Verpflichtungsgeschäfts erforderlich ist.[188] Darüber hinaus kommt eine Teilwirksamkeit des Vergleichsvertrags bereits deshalb nicht in Betracht, weil der mißbräuchlich handelnde Aktionär gar keine vermögenswerte Gegenleistung erbringt.[189]

Ein weiterer Teil der Literatur wendet gegen die Nichtigkeit des Verpflichtungsgeschäfts ein, § 134 BGB finde nur auf solche gesetzlichen Verbote

---

[186] RGZ 77, 71, 72 f.; 107, 161, 166, 168; 121, 99, 106; 149, 385, 400; OLG Koblenz, AG 77, 231, 232; OLG Düsseldorf, AG 80, 273, 274. Aus der Literatur: Lutter, in: Kölner Komm., § 57 Rn. 62, 67 f.; Hefermehl/Bungeroth, in: Geßler/Hefermehl/Eckardt/Kropff, § 57 Rn. 71, 73; Schlegelberger/Quassowski, § 52 Rn. 7; Geßler, FS Fischer, S. 131, 137 f.; Sonnenhol/Stützle, WM 83, 2, 5 f.; Kübler, § 15 II 4 b bb, S. 186; Fabricius, ZHR 144, 628, 639; Bork, ZIP 90, 1037, 1043; Diekgräf, S. 116 unter dd).

[187] Godin/Wilhelmi, § 57 Anm. 7; Barz, in: GroßKomm., § 57 Anm. 10.; Möhring/Nirk/Tank Rn. 106; Würdinger, Aktienrecht, § 9 II 1, S. 38; Döllerer, BB 73, 5, 8; Weisser, S. 116 f.; Mestmäcker, Verwaltung, S. 234; Ballerstedt, S. 135 f. wieder anders: Wilhelm, S. 337, 387; teilweise ebenso: Flume, Jur. Pers. § 8 IV 2 c, S. 291. Gegen die Anwendbarkeit des § 139 BGB: Geßler, FS Fischer, S. 131, 140 f. und ihm folgend Lutter, in: Kölner Komm., § 57 Rn. 68; Hefermehl/Bungeroth, in: Geßler/Hefermehl/Eckardt/Kropff, § 57 Rn. 73 a. E.; Holtermann, BB 88, 1538, 1540; Diekgräf, S. 114 unter aa).

[188] Ebenso Lutter, in: Kölner Komm., § 62 Rn. 27. Die gleiche Wertungsgrundlage steht auch der Anwendbarkeit des § 139 BGB bei wucherischen Geschäften entgegen: BGHZ 44, 162; 68, 207;, NJW 58, 1772; OLG Celle, NJW 59, 1971, 1972; Heinrichs, in: Palandt, § 138 Rn. 75.

[189] Das vorgebrachte Argument, § 139 BGB sei nicht anwendbar, weil eine übermäßige Geldleistung der Aktiengesellschaft nicht teilbar sei, überzeugt dagegen nicht.

Anwendung, die ihre Rechtsfolgen nicht selbst festlegen.[190] Demnach wäre der Vergleichsvertrag wirksam, es bestünde aber dennoch ein Rückgewähranspruch aus § 62 Abs. 1 S. 1 AktG.[191] Die Begründung dieser These erschöpft sich allerdings in einer nicht überzeugenden Kritik der herrschenden Meinung. Sie könne nicht begründen, warum trotz einer Nichtigkeit des Verpflichtungsgeschäfts §§ 812 ff. BGB nicht anwendbar seien.[192] Dem ist entgegenzuhalten, daß § 62 AktG lex specialis gegenüber den bereicherungsrechtlichen Ansprüchen ist. Dies ergibt sich sowohl aus der Gesetzesgeschichte[193] als auch aus einer gesetzessystematischen Auslegung.[194] Zudem ist der Mindermeinung entgegenzuhalten, daß es widersprüchlich ist, eine Verpflichtung zur unzulässigen Einlagerückgewähr für wirksam zu halten, nur weil das Aktiengesetz in § 62 AktG zusätzlich die Rückzahlung anordnet. Ein Austauschgeschäft kann nicht wirksam sein, wenn weder der zur Leistung Verpflichtete leisten darf noch der Empfänger den Leistungsgegenstand behalten kann.[195]

Ritter[196] hat die Ansicht vertreten, daß das Verpflichtungsgeschäft nicht nach § 134 BGB, sondern gemäß § 306 BGB nichtig sei, da es auf ein nach § 134 BGB nichtiges Erfüllungsgeschäft gerichtet sei. Folgt man entsprechend den vorausgegangenen Ausführungen der herrschenden Meinung, so stellt sich die - allerdings wenig relevante - Frage, ob sich die Nichtigkeit eines Rechts-

---

[190] K. Schmidt, § 29 II 2 b aa, S. 674; Joost, ZHR 149, 419, 435; Wilhelm, FS Flume, S. 337, 387.

[191] Zu den Rückgewähransprüchen unten S. 157 ff.

[192] K. Schmidt, § 29 II 2 b aa, S. 674; Joost, ZHR 149, 419, 422 f.

[193] Diese wird bei Joost, ZHR 149, 419, 423-426 ausführlich dargestellt.

[194] Flume, Jur. Pers. § 8 IV 2 e, S. 295; auch Joost, ZHR 149, 419, 426 f.

[195] Ebenso: Lutter, in: Kölner Komm., § 57 Rn. 67. Die eigene Konstruktion zwingt K. Schmidt, § 29 II 2 b aa, S. 674 Fn. 29 zu der zweifelhaften Anmerkung, daß der Inhalt eines Austauschgeschäfts nicht sein müsse, daß der Empfänger den Leistungsgegenstand auch behalten dürfe.

[196] Ritter, § 52 Anm. 3 a; offen gelassen bei Godin/Wilhelmi, § 57 Anm. 4, Weisser, S. 116. Gegen die Anwendbarkeit des § 306 BGB auch K. Schmidt, § 29 II 2 b aa, S. 674 Fn. 29, dessen Begründung aber auf der Annahme der Wirksamkeit des Verpflichtungsgeschäfts beruht; Joost, ZHR 149, 419, 436 verkennt bei seiner an Ballerstedt, S. 135 f. angelehnten Argumentation die an dieser vielfach geäußerte Kritik, vgl. dazu oben S. 138 mit Fn. 188. Bommert, Vermögensverlagerungen, S. 84 führt aus, die "Einlagerückgewähr an sich" sei nicht "schlechterdings unmöglich", sondern lediglich "unzulässig". Dies spricht allerdings nur gegen eine tatsächliche Unmöglichkeit, legt dagegen die Annahme einer rechtlichen Unmöglichkeit um so näher. Ohne Begründung gegen die Anwendbarkeit des § 306 BGB auch Lutter, in: Kölner Komm.[1], § 57 Rn. 24.

geschäfts außer aus § 134 BGB zugleich auch aus § 306 BGB ergeben kann. Das ist umstritten,[197] dagegen spricht aber eine aus § 309 BGB abzuleitende systematische Erwägung. Diese Vorschrift ordnet für die Fälle des § 134 BGB eine entsprechende Anwendung der § 307 f. BGB an. Würde § 306 BGB die nach § 134 BGB nichtigen Rechtsgeschäfte umfassen, fänden § 307 f. BGB bereits unmittelbare Anwendung. Die Nichtigkeit des Vergleichsvertrags ergibt sich also nicht aus § 306 BGB.

Der Vergleich zwischen der Aktiengesellschaft und dem Aktionär über eine mißbräuchlich erhobene Anfechtungsklage ist nach § 57 Abs. 1 S. 1 AktG, § 134 BGB nichtig.

bb) Nichtigkeit des Verfügungsgeschäfts

Noch umstrittener ist die Frage, ob das Verbot des § 57 Abs. 1 S. 1 AktG außer dem Verpflichtungsgeschäft auch das Verfügungsgeschäft betrifft, kraft dessen die Aktiengesellschaft einen Vermögensgegenstand auf den Aktionär übertragen will.[198] Es wird einerseits die Ansicht vertreten, das Verfügungsgeschäft sei stets wirksam,[199] andererseits, es sei immer nach § 134 BGB unwirksam.[200] Auch die Anwendbarkeit des § 139 BGB[201] ist wiederum strei-

---

[197] Söllner, in: Münch Komm § 306 BGB Rn. 5 vertritt die Ansicht, die Nichtigkeit nach § 134 BGB unterfalle nicht § 306 BGB. Differenziernd: M. Wolf, in: Soergel, § 306 Rn. 18. Für die Anwendbarkeit des § 306 BGB: RGZ 95, 347, 348; 120, 402, 405; Ballhaus, in: RGRK, § 306 Rn. 14; Emmerich, in: Münch Komm, § 275 Rn. 12; wohl auch Löwisch, in: Staudinger, § 306 Rn. 22.

[198] Die Bedeutung dieser Frage wird allerdings dadurch relativiert, daß bei bargeldloser Zahlung dem Verfügungsgeschäft kaum Bedeutung zukommt und bei Barzahlung ein Eigentumserwerb durch Vermischung, §§ 947, 948 Abs. 1 BGB eintreten kann.

[199] Joost, ZHR 149, 419, 435; K. Schmidt, § 29 II 2 b aa, S. 674. Die Wirksamkeit des Verfügungsgeschäfts wird bei einem Verstoß gegen § 30 Abs. 1 GmbHG von der Rechtsprechung und einem Teil der Literatur bejaht, vgl. Hueck, in: Baumbach/Hueck, § 30 GmbHG Rn. 21 m. w. N. und OLG Düsseldorf DB 89, 1963. Aber auch zu § 30 GmbHG werden die im folgenden dargestellten Ansichten vertreten.

[200] Aus der Rspr.: RGZ 107, 161, 166, 168; 149, 385, 400; OLG München AG 80, 272, 273; BFH WM 85, 537, 539. Aus der Literatur: Hefermehl/Bungeroth, in: Geßler/Hefermehl/Eckardt/Kropff, § 57 Rn. 75; Baumbach/Hueck, § 57 Anm. 8; Canaris, FS Fischer, S. 31, 33; Wiedemann, § 8 III 1 a, S. 442; Strohn, Verfassung, S. 25; Holtermann, BB 88, 1538, 1541.

[201] Bejahend: Barz, in: GroßKomm., § 57 Anm. 10; Godin/Wilhelmi, § 57 Anm. 7; Würdinger, § 9 II 1, S. 38. Verneinend: Hefermehl/Bungeroth, in: Geßler/Hefermehl/Eckardt/Kropff, § 57 Rn. 75; vgl. auch Fn. 200.

tig. Hinzu kommt die Ansicht, nur Verfügungsgeschäfte im Rahmen einer offenen Einlagerückgewähr seien nach § 134 BGB nichtig, bei verdeckter Einlagerückgewähr seien sie in vollem Umfang wirksam.[202] Der Wortlaut des § 57 AktG spricht gegen die Auffassung, daß nur das Verpflichtungsgeschäft nichtig sei.[203] Aus der Formulierung des § 57 Abs. 2 AktG, daß "Zinsen weder zugesagt noch ausgezahlt" werden dürfen, ist vielmehr zu schließen, daß eine Rückgewähr, also das Erfüllungsgeschäft, auch in den Fällen des § 57 Abs. 1 S. 1 AktG von dem Verbot umfaßt ist. Zudem ist der wesentliche Grundsatz der Aufbringung und Erhaltung des Grundkapitals nur dann umfassend geschützt, wenn sowohl das Verpflichtungs- als auch das Verfügungsgeschäft nichtig sind.[204] Nur so hat die Aktiengesellschaft neben dem schuldrechtlichen Rückgewähranspruch aus § 62 Abs. 1 S. 1 AktG auch den dinglichen aus § 985 BGB. § 62 Abs. 1 S. 1 AktG wird hierdurch auch nicht bedeutungslos,[205] weil er großes Gewicht erlangt, wenn der Aktionär die ihm übergebene Sache nicht mehr herausgeben kann.

Die differenzierende Ansicht, die Nichtigkeit des Verfügungsgeschäfts auf die Fälle einer offenen Einlagerückgewähr zu beschränken,[206] vermag erst recht nicht zu überzeugen. Eine solche Unterscheidung kann dem Gesetzgeber kaum unterstellt werden, auch nicht mit dem Argument, er hätte bei der Schaffung des § 217 HGB 1897, dem Vorläufer des § 62 AktG, nicht an die Fälle einer verdeckten Einlagerückgewähr gedacht.[207] Das spricht einzig dafür, jede Einlagerückgewähr gleich zu behandeln. Ebenso unzutreffend ist erneut der Hinweis auf den Wortlaut des Gesetzes. Er bietet keinen Hinweis auf eine mögliche Differenzierung zwischen einer offenen und einer verdeckten Einlagerückgewähr. Eine weitere Erörterung ist allerdings schon deshalb nicht notwendig, weil es sich bei der Gewährung eines Sondervorteils durch den Abschluß des Vergleichsvertrags nicht um eine verdeckte, sondern um eine offene Einlagerückgewähr handelt.[208] Eine verdeckte Einlagerückgewähr liegt nur vor, wenn der Aktionär eine vermögenswerte Leistung erbringt, diese aber den

---

[202] Geßler, FS Fischer, S. 131, 143 f.; Lutter, in: Kölner Komm., § 57 Rn. 70.

[203] Ebenso Diekgräf, S. 114 unter bb), 116. A. A. Lutter, in: Kölner Komm., § 57 Rn. 69; Geßler, FS Fischer, S. 143.

[204] Das Ziel des höchstmöglichen Schutzes der Gesellschaft betont auch Diekgräf, S. 115 unter bb).

[205] A. A. Bommert, S. 86.

[206] Vgl. oben Fn. 202.

[207] So Geßler, FS Fischer, S. 131, 142.

[208] Hefermehl/Bungeroth, in: Geßler/Hefermehl/Eckardt/Kropff, § 57 Rn. 10. Lutter, in: Kölner Komm., § 57 Rn. 29 hingegen bewertet den Abschluß des Vergleichsvertrags als einen Fall der verdeckten Einlagerückgewähr, da der diesen Sachverhalt unter der Überschrift "V. Verdeckte Rückgewähr ... 3. Einzelfälle ..." behandelt.

Vermögenswert der Gegenleistung der Aktiengesellschaft nicht erreicht, so daß kein zulässiges Umsatzgeschäft vorliegt.[209] Da die Klagerücknahme des mißbräuchlich handelnden Aktionärs gar keinen Vermögenswert hat, ist die Gegenleistung der Aktiengesellschaft eine offene Einlagerückgewähr.

Im Ergebnis folgt aus dem Verbot des § 57 Abs. 1 S. 1 AktG die Nichtigkeit sowohl des Verpflichtungs- als auch des Verfügungsgeschäfts. Es ist also nicht nur der Vergleichsvertrag nach § 57 Abs. 1 S. 1 AktG, § 134 BGB nichtig, sondern auch der Übertragungsakt, mit dem die Aktiengesellschaft einen Vermögensvorteil an den Aktionär zu übereignen sucht.

cc) Versuch der Umgehung des § 57 Abs. 1 S. 1 AktG

Der Aktionär, der die Nichtigkeit eines zwischen ihm und der Aktiengesellschaft abzuschließenden Vergleichsvertrags voraussieht, wird zur Erlangung des Sondervorteils einen Ausweg suchen. Aber auch ein Umgehungsgeschäft, durch das der Aktionär den mißbilligten Erfolg herbeizuführen sucht, unterfällt der aus § 57 Abs. 1 S. 1 AktG, § 134 BGB folgenden Nichtigkeit.[210]

In der neueren Literatur[211] wird meist die Ansicht vertreten, daß eine Umgehung des § 57 Abs. 1 S. 1 AktG stets vorliege, wenn die Aktiengesellschaft auf Veranlassung des Aktionärs eine Zuwendung an einen Dritten tätigt. Es sei

---

[209] Flume Jur. Pers. § 8 IV 2 b, S. 286; Hefermehl/Bungeroth, in: Geßler/Hefermehl/Eckardt/Kropff, § 57 Rn. 10. Dieses Differenzierungskriterium zur offenen Einlagerückgewähr ist quantitativer und nicht qualitativer Art und könnte daher keine unterschiedliche Beurteilung bei der Frage der Nichtigkeit des Verfügungsgeschäfts rechtfertigen, zutreffend Hefermehl/Bungeroth, in: Geßler/Hefermehl/Eckardt/Kropff, § 57 Rn. 75.

[210] Umstritten ist nur, ob Umgehungsgeschäfte vom Wortlaut einer Verbotsvorschrift mit umfaßt sind oder ob es einer analogen Anwendung der Vorschrift bedarf: vgl. Hefermehl, in: Soergel, § 134 Rn. 37 m. w. N. Heuer, WM 89, 1401, 1406 f. spricht sich gegen eine Nichtigkeit solcher Rechtsgeschäfte aus, ohne allerdings da Problem der Umgehung der Verbotsnormen zu berücksichtigen.

[211] Lutter, in: Kölner Komm., § 57 Rn. 45; Hefermehl/Bungeroth, in: Geßler/Hefermehl/Eckardt/Kropff, § 57 Rn. 28; Möhring/Nirk/Tank Rz. 104.4; Geßler, FS Fischer, S. 131, 145. Alle Autoren betonen, daß neben der Veranlassung kein familiäres oder ähnliches Näheverhältnis erforderlich ist. Anders Barz, in: GroßKomm., § 57 Anm. 4; Döllerer, BB 67, 1437, 1441; auch Canaris, FS Fischer, S. 31, 38. Diese verlangen zusätzlich ein Näheverhältnis. Die im Text dargelegte Kritik richtet sich auch hiergegen. Zwar hat auch der BGH WM 57, 61 das Kriterium der Zuwendung auf Veranlassung des Aktionärs herangezogen, dieses jedoch noch im gleichen Satz mit dem Vorliegen eines wirtschaftlichen Vorteils des Aktionärs verbunden.

unerheblich, ob der Aktionär hieraus einen eigenen Vorteil ziehe. Diese Auslegung würde jedoch dem Wesen des Verbots nicht gerecht.[212] Es richtet sich nicht pauschal gegen jede Vermögensminderung der Aktiengesellschaft, sondern erfordert vielmehr zugleich einen vermögenswerten Vorteil des Aktionärs. Unwesentlich ist nur, ob die Vermögensverschiebung unmittelbar zwischen beiden Personen erfolgt oder mittelbar als Folge eines zwischen der Aktiengesellschaft und einem Dritten abgeschlossenen Rechtsgeschäfts eintritt.[213] Die bloße Veranlassung einer Vermögensminderung der Aktiengesellschaft durch den Aktionär reicht nicht aus.

Erforderlich ist also stets eine mittelbare Vermögensmehrung des Aktionärs. Veranlaßt der Aktionär die Aktiengesellschaft zu einer einseitigen Leistung an einen Dritten oder erbringt die Aktiengesellschaft die Zuwendung an Verwandte des Aktionärs, so spricht allerdings der Beweis des ersten Anscheins für eine Vermögensmehrung auch in der Person des Aktionärs.[214] Es besteht aber keine unwiderlegliche Vermutung eines solchen mittelbaren Vermögensvorteils. Mittels dieser Beweiswürdigung kann dem typischen Geschehensablauf Rechnung getragen werden, ohne daß das Kriterium der Vermögensmehrung des Aktionärs durch das des Verwandtschaftsgrades oder der Veranlassung ersetzt wird.

Umgeht der Aktionär das Verbot der Einlagerückgewähr, so können auch die Rechtsgeschäfte zwischen der Aktiengesellschaft und dem Dritten in entsprechender Anwendung des § 57 Abs. 1 S. 1 AktG nichtig sein. Voraussetzung ist, daß der Dritte in Kenntnis der mittelbaren Vorteilszuwendung an den Aktionär mitgewirkt hat.[215] Die Rechtsbeziehungen zwischen dem Dritten und der Aktiengesellschaft beschränken sich auf ein Verfügungsgeschäft, wenn

---

[212] Kritisch auch Bommert, S. 75 f.; Canaris, FS Fischer, S. 31, 35; ausdrücklich auch Diekgräf, S. 109 unter b) und S. 111 unter ee).

[213] BGH WM 57, 61; OLG Hamburg AG 80, 275, 278; LG Düsseldorf AG 79, 290, 291; Hefermehl/Bungeroth, in: Geßler/Hefermehl/Eckardt/Kropff, § 57 Rn. 26; Canaris, FS Fischer, S. 31, 36; Lutter, in: Kölner Komm., § 57 Rn. 43; Godin/Wilhelmi, § 57 Anm. 4; Schlegelberger/Quassowski, § 52 Anm. 5; Ritter, § 52 Anm. 36; ausführlicher Überblick der Literatur bei Bommert, S. 57-76.

[214] In diesem Sinne für die Leistung der Aktiengesellschaft an Dritte ohne Veranlassung des Aktionärs bzw. bei Fehlen eines Näheverhältnisses: Hefermehl/Bungeroth, in: Geßler/Hefermehl/Eckardt/Kropff, § 57 Rn. 29; Geßler, FS Fischer, S. 131, 145. Enger allerdings Canaris, FS Fischer, S. 31, 39, der eine typische mittelbare Begünstigung ablehnt. Er spricht nur von einem gewissen Indiz, nicht von einem Anscheinsbeweis.

[215] Lutter, in: Kölner Komm., § 57 Rn. 73 f.; Hefermehl/Bungeroth, in: Geßler/Hefermehl/Eckardt/Kropff, § 57 Rn. 77; Canaris, FS Fischer, S. 31, 36; BGHZ 81, 365, 368 für die GmbH; a. A. Diekgräf, S. 121: Grob fahrlässige Unkenntnis genüge.

der Vergleichsvertrag ein echter[216] Vertrag zugunsten Dritter ist. Sie umfassen auch ein Verpflichtungsgeschäft, falls der Aktionär den Dritten als Strohmann beim Abschluß eines vorteilhaften Vertrages einsetzt. Ein zwischen der Aktiengesellschaft und dem Dritten als Umsatzgeschäft getarntes Umgehungsgeschäft kann auch nicht nach § 139 BGB teilweise aufrecht erhalten werden.[217]

Rechtsgeschäfte zwischen der Aktiengesellschaft und dem Dritten sind in analoger Anwendung der §§ 89 Abs. 3 S. 1, 115 Abs. 2 AktG darüber hinaus dann nichtig, wenn der Dritte der Ehepartner oder ein minderjähriges Kind des Aktionärs ist.[218] Der Nachweis einer internen Herausgabepflicht des Dritten gegenüber dem Aktionär braucht dann nicht erbracht zu werden. Die Nichtigkeit des Vergleichsvertrags zwischen Aktiengesellschaft und Aktionär kann dagegen nicht aus §§ 89 Abs. 3 S. 1, 115 Abs. 2 AktG geschlossen werden.[219] Es ist daran festzuhalten, daß er nur bei einer eigenen mittelbaren Vermögensmehrung des Aktionärs nach § 57 Abs. 1 S. 1 AktG nichtig ist.[220] Die mittelbare Vermögensmehrung ist jedoch bei einer Zuwendung an dessen Ehepartner oder Kind wiederum zu vermuten.[221]

Ein seitenverkehrtes Umgehungsgeschäft liegt vor, wenn derjenige, der Mißbrauchsabsichten hegt, den Strohmann nicht als bloßen Empfänger des Vermögensvorteils einsetzt, sondern als Strohmann-Aktionär, um selbst als dessen Hintermann und Nichtaktionär den Vermögensvorteil zu erlangen. Hier ist der Hintermann wie ein Aktionär zu behandeln.[222] Aus diesem Blickwinkel ergibt sich dann, daß der als Aktionär zu behandelnde Hintermann auf Kosten der Aktiengesellschaft einen Vorteil erlangt. Daher sind seine mit der Aktiengesellschaft geschlossenen Rechtsgeschäfte nichtig.[223] Dies folgt aber

---

216 Wenn ein unechter oder berechtigender Vertrag zugunsten Dritter vorliegt, dann erfolgen sowohl das Verpflichtungs-, als auch das Verfügungsgeschäft zwischen Aktiengesellschaft und Aktionär, und die Nichtigkeit betrifft nur diese Geschäfte.

217 Vgl. oben S. 138 mit Fn. 188.

218 Canaris, FS Fischer, S. 31, 38; Diekgräf, S. 119 f.

219 Canaris, FS Fischer, S. 31, 38.

220 Anders aber Canaris, FS Fischer, S. 31, 38, der dies aus den Grundsätzen der Gesetzesumgehung folgert; ebenso Diekgräf, S. 110 unter bb).

221 Ebenso Lutter, in: Kölner Komm., § 57 Rn. 44; Geßler, FS Fischer, S. 131, 145.

222 BGHZ 31, 258, 266; Canaris, FS Fischer, S. 31, 41; Hefermehl/Bungeroth, in: Geßler/Hefermehl/Eckardt/Kropff, § 57 Rn. 25, 77; Lutter, in: Kölner Komm., § 57 Rn. 73; Lutter, FS Der Betrieb, S. 193, 197, der den Hintermann als faktischen Aktionär bezeichnet; Diekgräf, S. 108.

223 Canaris, FS Fischer, S. 31, 41; Lutter, FS Der Betrieb, S. 193, 197; Diekgräf, S. 119.

nur aus einer analogen Anwendung des § 57 Abs. 1 S. 1 AktG, da der Hintermann formal nicht Aktionär ist. Ein Vergleichsvertrag zwischen dem Strohmann-Aktionär und der Aktiengesellschaft ist nach § 57 Abs. 1 S. 1 AktG nur nichtig, wenn auch der Strohmann-Aktionär zumindest mittelbar einen Vermögensvorteil von der Aktiengesellschaft erlangt.

Eine Umgehung des Verbots der Einlagerückgewähr kann auch in der Weise erfolgen, daß der Aktionär zwar einen Vermögensvorteil erhält, die Leistung aber nicht von der Gesellschaft, sondern von einem Großaktionär erbracht wird. Eine analoge Anwendung des § 57 Abs. 1 S. 1 AktG erfordert auch hier eine mittelbare Vermögensminderung auf Seiten der Aktiengesellschaft.[224] Es spricht jedoch kein Beweis des ersten Anscheins dafür, daß der Großaktionär sich seinen Vermögensnachteil von der Aktiengesellschaft ersetzen läßt. Das gilt selbst dann, wenn die Leistung des Großaktionärs auf Veranlassung der Aktiengesellschaft erfolgt, weil der Großaktionär bei wirtschaftlicher Betrachtungsweise an einem Ausgleich kein wesentliches Interesse haben wird. Er hat stets den Verlust zu tragen, unabhängig davon, ob er sich die erbrachte Leistung von der Gesellschaft erstatten läßt oder nicht. Eine Ersatzleistung der Aktiengesellschaft ist daher kein solch typischer Geschehensablauf, der einen Beweis des ersten Anscheins rechtfertigt.

b) Keine Verletzung anderer aktienrechtlicher Bestimmungen

Weitere aktienrechtliche Bestimmungen werden durch den Vergleich nicht verletzt. Die Nichtigkeit des Vertrags ist erstens nicht erforderlich, um eine notwendige Kontrolle der Hauptversammlungsbeschlüsse zu gewährleisten. Das Anfechtungsrecht des Aktionärs dient nur dessen eigenen mitgliedschaftlichen Interessen, so daß ein Aktionär, der sich in einem Vergleichsvertrag zur Rücknahme seiner Anfechtungsklage verpflichtet, nicht in unzulässiger Weise eine Kontrolle eines Hauptversammlungsbeschlusses verhindert.[225] Zum zweiten kann der Vorstand der Aktiengesellschaft durch sein rechtswidriges Verhalten, er verstößt gegen das Verbot des § 57 Abs. 1 S. 1 AktG, nicht das Gebot der Gleichbehandlung aus § 53 a AktG verletzen, weil es keine Gleichbehandlung

---

[224] So auch Diekgräf, S. 101 f. unter a). Bei Leistungen eines mit der Gesellschaft konzernverbundenen Unternehmens an den Aktionär differenziert Diekgräf, S. 102-105 zu Recht zwischen Leistungen eines Tochterunternehmens und Leistungen der Muttergesellschaft. Nur in ersterem Fall wird in der Regel eine Vermögensminderung auch des nicht unmittelbar zahlenden Unternehmens vorliegen. Unter dieser Voraussetzung sind wiederum die zwischen dem Tochterunternehmen und dem Aktionär geschlossenen Rechtsgeschäfte nach § 57 Abs. 1 S. 1 AktG analog nichtig. Ebenso Diekgräf, S. 118.

[225] Vgl. ausführlich oben S. 50 ff., insbesondere S. 52.

im Unrecht gibt. Eine gleichheitswidrige Behandlung kann weder in der rechtswidrigen Behandlung der übrigen Aktionäre, noch in der Rücknahme der rechtswidrigen Behandlung gegenüber dem Opponenten bestehen.[226]

c) Nichtigkeit aus § 138 BGB

Die Nichtigkeit der zwischen der Aktiengesellschaft und dem Aktionär oder einem Dritten abgeschlossenen Rechtsgeschäfte kann sich nicht nur aus § 57 Abs. 1 S. 1 AktG, § 134 BGB, sondern auch aus § 138 BGB ergeben. Die Sittenwidrigkeit des Vergleichsvertrags hat erstmals Heuer[227] erörtert. Nach seiner Ansicht ist der Vergleich zwar in der Regel kein wucherisches Rechtsgeschäft gemäß § 138 Abs. 2 BGB, da es an einem auffälligen Mißverhältnis zwischen den Vertragsleistungen und an einer Zwangslage der Aktiengesellschaft fehlen werde. Die Nichtigkeit des Vertrags ergebe sich aber aus § 138 Abs. 1 BGB, da der Aktionär das Anfechtungsrecht in sittenwidriger Weise kommerzialisiere.[228]

Heuer ist entgegenzuhalten, daß seinen Ausführungen die notwendige Konsequenz fehlt. Wenn das Anfechtungsrecht nicht kommerzialisierbar wäre, so müßte die Vereinbarung jeglicher Zahlung sittenwidrig sein. Heuer bezweifelt jedoch einen Verstoß gegen die guten Sitten, wenn der Aktionär sich nur seinen ihm entstandenen Schaden ersetzen läßt.[229] Aber auch wenn der Opponent sein Anfechtungsrecht nur in diesem Rahmen zu Geld macht, kommerzialisiert er es. Zudem ist nicht jede Kommerzialisierung eines Rechts, das nicht auf die Erlangung eines wirtschaftlichen Vorteils gerichtet ist, sittenwidrig.[230] Es müssen besondere Umstände hinzukommen,[231] die eine Verknüpfung der

---

[226] Vgl. ausführlich oben S. 84 ff., insbesondere S. 93.

[227] Heuer, WM 89, 1401, 1407. Erwähnt wurde § 138 BGB auch von Lutter, WuB II A., § 62 AktG 1.88, 1134, 1136 und Martens, AG 88, 118, 121. Die Sittenwidrigkeit des Verhaltens des Aktionärs mit der Folge eines Schadensersatzanspruchs aus § 826 BGB betonen: OLG Köln WM 88, 1021; auch Timm, OLG Köln EWiR § 243 AktG 1/88, 1050; vgl. auch oben S. 136 mit Fn. 179.

[228] Heuer, WM 89, 1401, 1407.

[229] Heuer, WM 89, 1401, 1407: "Das Anfechtungsrecht ... wird jedenfalls dann sittenwidrig mißbraucht ..., wenn eine Bereicherung jenseits des Schadens erzielt werden soll, ..."

[230] Vgl. z. B. OLG Hamm NJW 78, 701, 702 f. zur Kommerzialisierung eines von der ZVS zugewiesenen attraktiven Studienortes.

[231] Das kann die Beeinträchtigung der persönlichen Würde oder anderer "ideeller Güter" sein: Krüger-Nieland/Zöller, in: RGRK § 138 Rn. 186; Hefermehl, in: Soergel, § 138 Rn. 22; Jauernig § 138 Anm. 3 d ff. Zu den - teilweise überholten - Rechtspre-

Geltendmachung oder Nichtgeltendmachung eines Rechts mit einer Geldleistung verbieten.[232] Als einen solchen besonderen Umstand bewertet Heuer die Fremdnützigkeit des Anfechtungsrechts. Es wurde nun aber oben[233] dargelegt, daß das Anfechtungsrecht ein bloßes Individualrecht ist, das den Schutz Dritter nicht bezweckt. Auch der BGH hat in der von Heuer besprochenen Entscheidung ausdrücklich den individuellen Charakter betont.[234] Ein eventuelles Drittinteresse an der Durchführung eines Anfechtungsverfahrens spricht daher nicht für eine Sittenwidrigkeit der Kommerzialisierung.

Der besondere Umstand, der den Vergleichsvertrag als sittenwidrig erscheinen läßt, ist vielmehr die Ausnutzung der Zwangslage der Aktiengesellschaft durch den Aktionär bei dem Abschluß des Vertrags.[235] Und dies legt zugleich die Heranziehung des § 138 Abs. 2 BGB nahe. Wenn sich die Sittenwidrigkeit des Aktionärsverhaltens bereits aus den konkreten Voraussetzungen des § 138 Abs. 2 BGB ergibt, ist ein Rückgriff auf den unbestimmten Begriff der guten Sitten in der Generalklausel des § 138 Abs. 1 BGB nicht erforderlich.

Der BGH hat allerdings bei einem unter mehreren Aspekten vergleichbaren Sachverhalt einen Vergleichsvertrag nicht als wucherisches Rechtsgeschäft bewertet. Siebzig Anwohner hatten sich von einem Energieversorgungsunternehmen ihre Widersprüche gegen einen Genehmigungsbescheid zu dem Bau eines Kohlekraftwerks gegen jeweils 20.000 DM abkaufen lassen.[236] Die in diesem Urteil angestellten Überlegungen gilt es im folgenden besonders zu berücksichtigen.

§ 138 Abs. 2 BGB erfordert zunächst ein auffälliges Mißverhältnis zwischen der Leistung des Aktionärs und der Gegenleistung der Aktiengesellschaft. Es liegt vorbehaltlich der besonderen Umstände des Einzelfalles vor, wenn der Aktionär als Sondervorteil mehr als den doppelten Betrag[237] des Vermögens-

chungsnachweisen vgl.: Enneccerus/Nipperdey, § 191 III 4, S. 1173; Mayer-Maly, in: Münch Komm, § 138 Rn. 32 f.

[232] BGHZ 79, 131, 141; auch Heuer, WM 89, 1401, 1407.

[233] Vgl. oben S. 16, insbesondere S. 20.

[234] BGHZ 107, 296, 310.

[235] Auf Grund dieser besonderen Umstände ist § 138 BGB auch neben § 123 BGB anwendbar: st. Rspr.: BGH NJW 88, 2599, 2601; Hefermehl, in: Soergel, § 138 BGB Rn. 29, 64; Heinrichs, in: Palandt, § 138 BGB Rn. 15.

[236] BGHZ 79, 131, 137 ff. Der Vertrag enthielt noch weitere Vereinbarungen.

[237] BGH LM Nr. 4 zu § 138 BGB. Mayer-Maly, in: Münch Komm, § 138 Rn. 119. Dies entspricht der laesio enormis des römischen Rechts, vgl. Bender, NJW 80, 1129, 1132; Hackl, BB 77, 1412, 1414.

wertes des Anfechtungsrechts und des Prozeßkostenerstattungsanspruchs verlangt.[238] Hier besteht bereits ein Unterschied zu dem von dem BGH entschiedenen Sachverhalt. Dort verzichteten die Vergleichspartner auf erhebliche vermögenswerte Rechte.[239] Der Vermögenswert des Anfechtungsrechts ist dagegen begrenzt.[240] Betrachtet man die bekannt gewordenen Fälle, in denen Aktionäre meist fünf- oder sechsstellige Abfindungsbeträge gefordert haben,[241] so kann der Ansicht Heuers[242] nicht gefolgt werden, daß eine Anwendung des § 138 Abs. 2 BGB in aller Regel an der Voraussetzung eines auffälligen Mißverhältnisses scheitern würde.

Die Aktiengesellschaft befindet sich auch in einer Zwangslage,[243] wenn sie durch die Erhebung der Anfechtungsklage an der Durchführung eines Hauptversammlungsbeschlusses gehindert ist. Der BGH hatte eine Zwangslage des Energieversorgungsunternehmens allerdings wegen der Möglichkeit des einstweiligen Rechtsschutzes des Unternehmens verneint.[244] Diese Argumentation ist einerseits auf den Anfechtungsrechtsstreit zwischen der Aktiengesellschaft und dem Aktionär nur begrenzt übertragbar, weil der einstweilige Rechtsschutz der Aktiengesellschaft auf die registerrechtlichen Rechtsmittel begrenzt ist und nur einen beschränkten Schutz gewährt. Andererseits besteht eine Zwangslage auch trotz einer erfolgten Registereintragung, wenn das Interesse der Aktiengesellschaft an einer beständigen Unternehmensleitung dem Vollzug eines angefochtenen Beschlusses entgegensteht. Eine Zwangslage der Gesellschaft ist selbst dann zu bejahen, wenn die Anfechtungsklage einen Entlastungsbeschluß betrifft, weil § 138 Abs. 2 BGB keine existenzgefährdende Notlage erfordert. Dies verdeutlicht die Neufassung seines Wortlauts.[245] Auch die mit einer solchen Klage verbundene Beeinträchtigung des Vertrauens in die Tätigkeit des Vorstands oder des Aufsichtsrats kann die Gesellschaft erheblich behindern und damit mittelbar wirtschaftliche Nachteile zur Folge haben. Hinzu kommt die

---

[238] Vgl. oben S. 53 ff. insbesondere S. 79. Hierbei ist von dem Wert der nicht mißbräuchlich geltend gemachten Anfechtungsklage auszugehen, da ansonsten das Kriterium des Verlangens eines Sondervorteils doppelt berücksichtigt würde, zunächst zur Bestimmung des Vermögenswerts und dann bei der Beurteilung der auffällig unverhältnismäßigen Gegenleistung.

[239] BGHZ 79, 131, 133 f., 139-141.

[240] Vgl. oben S. 70 ff.

[241] BGHZ 107, 296, 312 ff.

[242] Heuer, WM 89, 1401, 1407.

[243] Zur Zwangslage vgl. Hefermehl, in: Soergel, § 138 Rn. 78 f.

[244] BGHZ 79, 131, 137-139. Dagegen bereits Knothe, JuS 83, 18, 21.

[245] So noch BGH LM Nr. 1 zu § 134 BGB (Ba). Zu der Neufassung des Gesetzes 1976, vgl. BTDS 7/3441, S. 21 zu § 302 a StGB. Vgl. auch Krüger-Nieland/Zöller, in: RGRK § 138 Rn. 57; Mayer-Maly, in: Münch Komm, § 138 Rn. 124.

Belastung der Organmitglieder durch den sich eventuell über Jahre hinziehenden Rechtsstreit. Die Zwangslage ist daher wegen der Bedeutung, die den Entlastungsbeschlüssen im Wirtschaftsleben beigemessen wird, zu bejahen.[246]

Weitere Voraussetzung des § 138 Abs. 2 BGB ist die Ausbeutung der Zwangslage der Aktiengesellschaft. Auch sie hat der BGH in der genannten Entscheidung verneint.[247] Er führte zur Begründung aus, daß das Unternehmen von Anfang an die Strategie verfolgt habe, die Anwohner durch eine Abfindungszahlung von ihrer weiteren Rechtsverfolgung abzubringen. Dieser Einwand trifft von vornherein nicht auf die Fälle zu, in denen der Opponent von sich aus in erpresserischer Absicht "angriffsweise" den Vergleich erstrebt.[248] Der Aktionär nutzt dann bewußt die Zwangslage der Aktiengesellschaft aus und hat auch die Kenntnis von dem Mißverhältnis zwischen Leistung und Gegenleistung. Die Kriterien der Ausbeutung liegen somit vor.[249] Der Aktionär kann seine Kenntnis von dem Mißverhältnis zwischen Leistung und Gegenleistung auch nicht mit dem Einwand bestreiten, er habe geglaubt, mit seinem Verzicht eine vermögenswerte Leistung in Höhe des nunmehr der Aktiengesellschaft nicht entstehenden Schadens erbracht zu haben.[250] Der Handelnde braucht sich nicht der Bewertung seines Verhaltens als sittenwidrig bewußt zu sein.[251] Daher ist der Irrtum des Aktionärs über die rechtliche Beurteilung eines Sachverhalts, der nicht zugleich ein Tatsachenirrtum ist, unbeachtlich. Der Wucherer muß nicht wissen, daß er die besonderen Umstände, welche die weiterreichenden Vermögensinteressen der Aktiengesellschaft begründen, nicht in einen eigenen Vermögensvorteil umwandeln darf.

Sämtliche Voraussetzungen des § 138 Abs. 2 BGB liegen somit vor. Seine Anwendung ist auch nicht aus Konkurrenzgründen ausgeschlossen. Zwar wird

---

[246] Zur Bedeutung der Entlastungsbeschlüsse vgl.: Zöllner, in: Kölner Komm., § 120 Rn. 25. Es kann den mißbräuchlich opponierenden Aktionär im übrigen nicht zum Vorteil gereichen, daß der Vorstand auf Grund seiner Sorgfaltspflichten dennoch verpflichtet ist, der Zwangslage zu widerstehen, vgl. oben S. 98.

[247] BGHZ 79, 131, 138 f.

[248] Zu den Fällen der Verleitung des Aktionärs durch die Aktiengesellschaft vgl. unten S. 152 f.

[249] Zu den Voraussetzungen vgl. für alle: Hefermehl, in: Soergel, § 138 Rn. 82; Dilcher, in: Staudinger, § 138 Rn. 100.

[250] Es wurde oben S. 73 ff. bereits ausgeführt, daß der drohende Vermögensschaden bei Fortführung des Anfechtungsrechtsstreits nicht berücksichtigt werden kann.

[251] Hefermehl, in: Soergel, § 138 Rn. 35, 38; Krüger-Nieland/Zöller, in: RGRK § 138 Rn. 54; Dilcher, in: Staudinger, § 138 Rn. 100; Mayer-Maly, in: Münch Komm, § 138 Rn. 129. BGH NJW 82, 2767, 2768; RGZ 60, 9, 11; 86, 296, 300. Vgl. auch oben S. 123 mit Fn. 130.

in der Literatur die Ansicht vertreten, daß § 138 BGB durch § 134 BGB verdrängt werden kann, wenn sich die Nichtigkeit des Rechtsgeschäfts zugleich aus dem Verstoß gegen ein Verbotsgesetz ergibt.[252] Eine Strafbarkeit des Wucherers nach § 302 a StGB[253] oder nach § 253 StGB[254] steht der Nichtigkeit des Rechtsgeschäfts nach § 138 Abs. 2 BGB aber nicht entgegen. Auch die Nichtigkeit des Vergleichsvertrags gemäß § 57 Abs.1 S.1 AktG, § 134 BGB hindert eine Anwendung des § 138 Abs. 2 BGB nicht, da die Sittenwidrigkeit des Vergleichsvertrags nicht auf der Gewährung oder dem Empfang einer Einlagerückgewähr, sondern auf der Ausbeutung einer Zwangslage durch den Aktionär beruht.

Die Sittenwidrigkeit des Vergleichsvertrags hat auch die Nichtigkeit der Erfüllungsgeschäfte zur Folge.[255] Umgehungsgeschäfte der Aktiengesellschaft mit einem Dritten sind ebenfalls nach § 138 Abs. 2 BGB nichtig, wenn auch der Dritte die Zwangslage der Aktiengesellschaft ausbeutet und Kenntnis von dem Mißverhältnis sowie der Zwangslage hat.[256] Nichtig sind zudem die zwischen dem Opponenten und einem Großaktionär abgeschlossenen Rechtsgeschäfte, wenn letzterer statt der Aktiengesellschaft den Vermögensvorteil erbringt.[257] Der Opponent beutet dann nicht nur die Zwangslage der Aktiengesellschaft,[258] sondern auch die Zwangslage des Großaktionärs aus, der

---

[252] Hefermehl, in: Soergel, § 138 Rn. 63; Mayer-Maly, in: Münch Komm, § 134 Rn. 4; Krüger-Nieland/Zöller, in: RGRK § 138 Rn. 9.

[253] Hefermehl, in: Soergel, § 138 Rn. 70; Dilcher, in: Staudinger, § 138 Rn. 106; § 134 Rn. 20; Heinrichs, in: Palandt, § 138 Rn. 76. § 138 BGB ist neben § 302 a StGB anwendbar, weil der zivilrechtliche Grundtatbestand nicht durch eine strafrechtliche Norm bedeutungslos wird. A. A. nur: Jauernig, § 138 Anm. 4 a.

[254] Flume, Allgemeiner Teil § 17, 3, S. 344.; Hefermehl, in: Soergel, § 134 Rn. 24; Krüger-Nieland/ Zöller, in: RGRK § 138 Rn. 130 f.; Mayer-Maly, in: Münch Komm, § 134 Rn. 47 f. tendenziell weiter; vgl. auch Mot. I, S. 210. § 138 BGB ist neben § 253 StGB anwendbar, weil das Strafgesetz nur das Verbot einer Handlung, nicht aber das Verbot des vollzogenen Rechtsgeschäfts als Regelung enthält.

[255] BGH WM 85, 1545, 1547; Hefermehl, in: Soergel, § 138 Rn. 55 mit Fn. 16, Rn. 84; Larenz, Allgemeiner Teil, § 22 III d, S. 453. Hefermehl weist allerdings zu Recht darauf hin, daß der Bewucherte sein Eigentum durch Vermischung, §§ 947, 948 Abs. 1 BGB verlieren kann oder dem Verfügungsgeschäft wegen bargeldloser Zahlung kaum Bedeutung zukommt.

[256] Zum Beweis dieser Tatsache kann wieder der Beweis des ersten Anscheins herangezogen werden, wenn die Zuwendung an Verwandte erfolgt, vgl. oben, S. 143.

[257] Nur insoweit erwähnt auch Diekgräf, S. 118 die Anwendbarkeit des § 138 BGB.

[258] Die Ausnutzung einer Zwangslage Dritter reicht aus: Dilcher, in: Staudinger, § 138 Rn. 101; Hefermehl, in: Soergel, § 138 Rn. 78.

durch die drohende Schädigung der Gesellschaft in besonderem Maße betroffen ist.

d) Anfechtbarkeit des Vergleichsvertrags nach § 123 Abs. 1 BGB

Die Nichtigkeit eines Rechtsgeschäfts schließt eine Anfechtung nach § 123 Abs. 1 BGB nicht aus. Seit den Ausführungen Kipps[259] zu den Doppelwirkungen im Recht ist dies in Rechtsprechung[260] und Literatur[261] anerkannt. Die Aktiengesellschaft kann daher auch ihre durch Drohung beeinflußte Zustimmung zum Vertragsabschluß anfechten. Eine widerrechtliche Drohung des Aktionärs an die Aktiengesellschaft erfolgt allerdings noch nicht unmittelbar durch die Klageerhebung, da diese keinen objektiven Erklärungswert[262] einer Drohung mit einer mißbräuchlichen Rechtsausübung enthält. Hierzu ist ein weiteres Verhalten entweder vor oder nach Klageerhebung erforderlich. Dies kann etwa im Rahmen eines Vergleichsangebots erfolgen, wenn der Aktionär einen unzulässigen Sondervorteil verlangt.[263] Der Opponent erklärt mit der Abgabe des Angebots zumindest konkludent, andernfalls eine mißbräuchliche Klage fortzusetzen. Zwischen Rechtsprechung[264] und Literatur[265] ist zwar umstritten, ob der Drohende die Umstände kennen oder schuldhaft nicht kennen muß, die seiner Drohung den sittlich anstößigen Charakter geben. Der Opponent handelt jedoch stets schuldhaft, wenn er die offensichtliche Zwangslage der Gesellschaft in einen Vermögensvorteil umzuwandeln versucht.

Die Aktiengesellschaft schließt infolge der Drohung nicht nur den Vergleichsvertrag ab, sondern auch die sich anschließende Zahlung beruht auf dem drohenden Verhalten.[266] Die Aktiengesellschaft kann also ihre Willenserklä-

---

[259] Kipp, FS Martitz, S. 211, 224 ff.

[260] RGZ 114, 338, 342; BGH WM 68, 1057, 1058.

[261] Dilcher, in: Staudinger, § 138 Rn. 120; Kramer, in: Münch Komm, § 123 Rn. 28; Hefermehl, in: Soergel, § 142 Rn. 7. Die Möglichkeit der Anfechtung eines Vergleichsvertrags erwähnt auch Diekgräf, S. 119.

[262] BGHZ 36, 33; Palandt-Heinrichs § 133 Rn. 9

[263] Zur Frage, ob ein Vergleichsangebot eine rechtswidrige Drohung sein kann, vgl. BGH JZ 63, 318 f. mit Anm. Lorenz, JZ 63, 319 f.; Karakatsanes, Widerrechtlichkeit, S. 35, 38. Der Unterschied ist hier, daß der Opponent mit einer mißbräuchlichen Klage droht, vgl. auch oben S. 135.

[264] BGHZ 25, 217, 223; LM Nr. 28 zu § 123 BGB; RGZ 59, 351, 353.

[265] Hefermehl, in: Soergel, § 139 Rn. 51; Flume, Allgemeiner Teil, § 28, 3, S. 538 ff.; Larenz, Allgemeiner Teil, § 20 IV b, S. 403 f.

[266] Zum Kausalitätserfordernis: Hefermehl, in: Soergel, § 138 Rn. 43; Krüger-Nieland, in: RGRK § 138 Rn. 64 ff.

rungen im Rahmen des Verpflichtungs- und des Verfügungsgeschäfts anfechten.

Anfechtbar sind auch die eventuell zwischen der Aktiengesellschaft und dem Dritten oder die zwischen einem Großaktionär und dem Opponenten abgeschlossenen Rechtsgeschäfte, denn die Einschränkung des § 123 Abs. 2 BGB betrifft nicht eine Anfechtung wegen einer Drohung, sondern nur eine solche wegen Täuschung.[267]

e) Rechtsfolgen bei Verleitung des Aktionärs zum Abschluß des Sondervorteile versprechenden Vergleichsvertrags

Abschließend sind die Rechtsfolgen darzustellen, die sich ergeben, falls der Vergleich nicht von einem mißbräuchlich handelnden Aktionär veranlaßt wurde, sondern die Aktiengesellschaft einen ordnungsgemäß klagenden Aktionär zum Abschluß eines ihm scheinbar Sondervorteile versprechenden Vertrags verleitete.

Auch ein solcher Vergleichsvertrag ist unvereinbar mit dem Verbot der Einlagerückgewähr aus § 57 Abs. 1 S. 1 AktG, weil der Leistung der Aktiengesellschaft wiederum keine entsprechende Leistung des Aktionärs gegenübersteht. Zwar kommt der ordnungsgemäßen Anfechtungsklage - anders als bei seiner mißbräuchlichen Geltendmachung - der oben[268] ermittelte Vermögenswert zu. Der gesamte Vergleichsvertrag ist dennoch wegen der Unanwendbarkeit des § 139 BGB[269] insgesamt nichtig.

Bei dem zusätzlichen Nichtigkeitsgrund des § 138 Abs. 2 BGB ist zu differenzieren. Einerseits kann es bereits an der objektiven Voraussetzung eines auffälligen Mißverhältnisses fehlen.[270] Andererseits steht das Anerbieten der Aktiengesellschaft nicht der Voraussetzung der Zwangslage entgegen. Diese beruht auf der rechtshängigen Anfechtungsklage und nicht auf dem Vergleichsangebot des Aktionärs. Die Initiative der Gesellschaft ist also gerade Ausdruck ihrer Notsituation. Wesentlich ist die Frage, ob das subjektive Kriterium der Ausbeutung der Zwangslage durch den Aktionär vorliegt, wenn die Aktiengesellschaft den Vergleich selbst vorschlägt. Der BGH[271] hat ein Ausbeuten verneint, wenn der bewucherte Vergleichspartner von Anfang an das Ziel

---

[267] Hefermehl, in: Soergel, § 123 Rn. 42; Krüger-Nieland, in: RGRK, § 123 Rn. 54.
[268] Vgl. oben S. 70 ff., insbesondere S. 79.
[269] Zur Unanwendbarkeit des § 139 BGB vgl. oben S. 138 mit Fn. 188.
[270] Zu dieser Voraussetzung vgl. oben S. 147.
[271] BGHZ 79, 131 ff. Vgl. oben S. 149 mit Fn. 247.

verfolgt habe, die Gegenseite durch eine Abfindungszahlung von ihrer weiteren Rechtsverfolgung abzubringen. Dagegen spricht, daß es gleichgültig ist, ob das Angebot zu dem Abschluß eines wucherischen Rechtsgeschäfts von dem Wucherer oder dem Bewucherten ausgeht.[272] Angesichts der Zwangslage des Bewucherten steht es der Sittenwidrigkeit nicht entgegen, wenn er den Wucherer dazu drängt, den Vergleich abzuschließen. Voraussetzung eines sittenwidrigen Verhaltens des Vertragspartners ist lediglich, daß letzterer sich der Zwangslage der anderen Seite bewußt ist und Kenntnis des Mißverhältnisses von Leistung und Gegenleistung hat.[273] Liegen diese Voraussetzungen vor, so wird ein redlicher Rechtsinhaber auf das Ausnutzen der Zwangslage verzichten. Somit sind auch die Voraussetzungen aufgezeigt, unter denen ein von der Aktiengesellschaft angeregter Vergleichsvertrag sittenwidrig und nach § 138 Abs. 2 BGB nichtig ist. Der Aktionär muß wissen, daß seine Klageerhebung der Durchführung des Hauptversammlungsbeschlusses entgegensteht, und er muß die Tatsachen kennen, die das auffällige Mißverhältnis von Leistung und Gegenleistung begründen. Der Irrtum des Aktionärs, infolge der Zwangslage der Aktiengesellschaft habe das Anfechtungsrecht einen höheren Vermögenswert, steht der Kenntnis allerdings wiederum nicht entgegen.[274] Auch der von der Aktiengesellschaft vorgeschlagene Vergleichsvertrag kann also nach § 138 Abs. 2 BGB nichtig sein.

An einer zur Anfechtung gemäß § 123 Abs. 1 BGB berechtigenden Drohung fehlt es allerdings, wenn der Aktionär erst auf das Angebot der Aktiengesellschaft hin das mißbräuchliche Ziel eines Sondervorteils erstrebt. Wenn die Gesellschaft bereits zu dem Abschluß eines Sondervorteile gewährenden Vergleichs bereit ist, so ist eine spätere Drohung des Aktionärs nicht mehr ursächlich für die Abgabe einer entsprechenden Willenserklärung der Aktiengesellschaft.

f) Ergebnis

Zusammenfassend ergibt sich, daß der von einem mißbräuchlich klagenden Aktionär erstrebte Vergleichsvertrag stets nach § 57 Abs. 1 S. 1 AktG, § 134 BGB nichtig ist, falls der Aktionär - wenn auch nur mittelbar - von der Aktien-

---

[272] BGH NJW 85, 3006, 3007; BGH LM Nr. 3 zu § 138 BGB (Ba); Dilcher, in: Staudinger, § 138 Rn. 100; Mayer-Maly, in: Münch Komm, § 138 Rn. 129; Heinrichs, in: Palandt, § 138 Rn. 74.

[273] Zu ihren Voraussetzungen vgl. ausführlich: Hefermehl, in: Soergel, § 138 Rn. 82; Dilcher, in: Staudinger, § 138 Rn. 100.

[274] Vgl. oben S. 149 mit Fn. 251.

gesellschaft einen Sondervorteil erlangt. Das Verfügungsgeschäft zur Erfüllung des Vergleichsvertrags ist ebenfalls nichtig. Auch die zwischen der Aktiengesellschaft und einem Dritten vorgenommenen Rechtsgeschäfte können nach § 57 Abs. 1 S. 1 AktG, § 134 BGB nichtig sein. Zugleich sind in der Regel die zwischen Aktiengesellschaft und Aktionär oder auch einem Dritten abgeschlossenen Rechtsgeschäfte nach § 138 Abs. 2 BGB nichtig. Außerdem kann die Aktiengesellschaft die nichtigen Rechtsgeschäfte wegen widerrechtlicher Drohung durch den Aktionär anfechten.

Die Rechtsgeschäfte sind nach § 57 Abs.1 S.1 AktG gleichfalls nichtig, wenn die Gesellschaft den Aktionär zum Abschluß des Vergleichsvertrags verleitet hat. Auch die Nichtigkeit der Rechtsgeschäfte nach § 138 Abs. 2 BGB ist nicht notwendig ausgeschlossen, wohl aber ihre Anfechtung.

2. Auswirkungen der Nichtigkeit des Vergleichs auf die Rechtshängigkeit der Anfechtungsklage

Die Aktiengesellschaft erstrebt mit dem Abschluß des Vergleichs ein rasches Ende des Anfechtungsrechtsstreits, um den Hauptversammlungsbeschluß durchführen zu können. Wenn infolge der Nichtigkeit des Vertrags die Anfechtungsklage weiterhin rechtshängig bliebe, könnte die Gesellschaft dieses Ziel nicht erreichen.

Die Rechtsfolgen der Nichtigkeit des Vergleichsvertrags richten sich danach, ob die Parteien einen Prozeßvergleich oder einen außergerichtlichen Vergleich geschlossen haben. Der mißbräuchlich klagende Aktionär wird in aller Regel den Abschluß eines außergerichtlichen Vergleichs, verbunden mit einer einseitigen Klagerücknahme anstreben, weil das Prozeßgericht einen gesetzwidrigen und daher nichtigen Prozeßvergleich gar nicht protokollieren darf.[275] Außerdem würde das mißbräuchliche Handeln des Opponenten dem Gericht bekannt. Es müßte also nicht nur die Protokollierung ablehnen, sondern stattdessen sogar auf Antrag der Aktiengesellschaft die Anfechtungsklage wegen mißbräuchlicher Rechtsausübung als unbegründet abweisen. Sollte ausnahmsweise einmal das Prozeßgericht dennoch einen Prozeßvergleich protokollieren, etwa weil die Parteien die Einlagerückgewähr verschleiern konnten, so ist wegen der Nichtigkeit seines materiellen Teils auch der prozessuale Teil nich-

---

[275] Hartmann, in: Baumbach/Lauterbach/Albert/Hartmann Anh. § 307 Anm. 2 A; Keßler, DRiZ 78, 79, 80.

tig.[276] In diesem Fall ist die mißbräuchliche Anfechtungsklage in der Tat noch rechtshängig. Das Registergericht wird dennoch wegen der scheinbaren Beendigung des Rechtsstreits die Eintragung der Maßnahme in das Handelsregister spätestens jetzt verfügen und somit der Aktiengesellschaft die Durchführung der Maßnahme ermöglichen. Sollte es im Gegensatz zum Prozeßgericht die Mißbräuchlichkeit des Vergleichs erkennen, wird es ebenfalls - trotz Kenntnis der andauernden Rechtshängigkeit - die Eintragung verfügen, da eine mißbräuchliche Anfechtungsklage mangels Erfolgsaussicht einer Eintragung nicht entgegensteht.[277]

Haben sich die Parteien dagegen außergerichtlich geeinigt und hat der Aktionär infolgedessen die Klage zurückgenommen, so ist der Rechtsstreit beendet[278] und ein Widerruf der Prozeßerklärung des Opponenten nicht möglich. Das folgt daraus, daß bindende Parteihandlungen nur widerrufen werden können, soweit die Voraussetzungen einer Restitutionsklage gegen ein rechtskräftiges Urteil nach §§ 580 f. ZPO vorliegen.[279] Die Täuschung des Aktionärs durch den Vorstand, daß ersterer den durch den Abschluß des Vergleichs erlangten Vermögensvorteil endgültig behalten dürfe,[280] reicht zur Begründung einer Restitutionsklage nach § 580 Nr. 4 ZPO nicht aus, da dies kein strafbares Verhalten der Vorstandsmitglieder darstellt.[281] Der Aktionär wird wegen Ablaufs der Frist des § 246 Abs. 1 AktG auch nicht erneut eine Anfechtungsklage erheben können.

Täuscht der Vorstand allerdings einen ordnungsgemäß klagenden Aktionär darüber, daß er durch den Abschluß des Vergleichsvertrags einen über seinen eigenen Schaden hinausreichenden Vorteil erlangen könne[282] und verleitet er so den Aktionär zu dem Abschluß eines Vergleichs und zu einer Klagerück-

---

[276] BGHZ 79, 71, 74; BGH NJW 85, 1962, 1963; Stötzer, in: Zöller, § 794 Rn. 14; Bork, ZIP 90, 1037, 1043; Diekgräf, S. 231.

[277] Vgl. oben S. 31 f. Das gilt selbst bei Bestehen einer Registersperre nach §§ 319 Abs. 3 S. 2, 345 Abs. 2 S. 1, 359 Abs. 2 S. 1, 360 Abs. 2 S. 1 AktG. Die teleologische Reduktion der Vorschriften wurde oben begründet, vgl. oben S. 38.

[278] Insoweit auch Diekgräf, S. 231.

[279] BGH NJW 81, 2193, 2194; Leipold, in: Stein/Jonas, Vor § 128 Rn. 226, 230; Rosenberg/Schwab, § 65 V 2 c, S. 388 f. Nur eine M. M. läßt jede arglistige Täuschung genügen: Arens, Willensmängel, S. 119 ff.

[280] Zu den Rückgewähransprüchen vgl. unten S. 156 ff.

[281] Ein Betrug zu Lasten des Aktionärs scheitert bereits am fehlenden Schaden, da ein mißbräuchlich handelnder Aktionär mit seiner Anfechtungsklage keinen durch einen rechtswidrigen Hauptversammlungsbeschluß verursachten Schaden abwenden kann. Auch an einer Bereicherungsabsicht der Aktiengesellschaft fehlt es.

[282] Der Aktionär kann diesen Vorteil nicht behalten, dazu vgl. unten S. 165 ff.

nahme, so kann sich der Vorstand in der Tat wegen Betrugs strafbar machen. Das ermöglicht es dem Aktionär unter den sehr engen Voraussetzungen der §§ 580 Nr. 4, 581 ZPO, seine Prozeßhandlung der Klagerücknahme zu widerrufen.[283] Hat der Vorstand den Aktionär dazu verleiten können, bereits von einer Einreichung der Klage Abstand zu nehmen, wird der Aktionär in analoger Anwendung des § 203 Abs. 2 BGB eine Fristhemmung geltend machen und Klage erheben können.[284]

3. Rückgewähransprüche

Die Nichtigkeit des Vergleichsvertrags steht in der Regel zwar nicht einer Prozeßbeendigung entgegen, sie hat aber eine Reihe von Rückgewähransprüchen zur Folge. Diese Ansprüche sind zu einem Teil im Aktiengesetz geregelt, sie können sich aber auch aus dem allgemeinen Zivilrecht ergeben. Gläubiger der Ansprüche kann je nach Anspruchsgrundlage die Aktiengesellschaft oder auch ein beteiligter Großaktionär sein. Als Schuldner kommen der opponierende Aktionär und ein von ihm eingeschalteter Dritter in Betracht.

Wiederum sind zunächst die Folgen eines Vertrags darzustellen, den der Aktionär in mißbräuchlicher Weise erstrebt hat. Anschließend sind die Besonderheiten eines Vergleichs aufzuzeigen, zu dessen Abschluß die Aktiengesellschaft den Aktionär verleitet hat.

---

[283] Vgl.: Rosenberg/Schwab, § 65 V 2 c, S. 388 f.; Grunsky, in: Stein/Jonas, § 515 Rn. 6; RGZ 156, 70, 80 f.; BGHZ 12, 284, 285 f. unter 2; BGH NJW 81, 2193, 2194. Fröhlich, JR 55, 336 vertritt unter Berufung auf RGZ 150, 392, 396 sogar die Ansicht, daß es keiner vorherigen strafrechtlichen Verurteilung gemäß § 581 ZPO bedürfe, um eine Prozeßhandlung zu widerrufen.

[284] So das OLG Frankfurt a. M. NJW 66, 838, 840, bereits für den Fall, daß die Klageerhebung wegen nicht rechtzeitiger Entscheidung über den Antrag auf Bewilligung einer Prozeßkostenhilfe versäumt wurde. Kritisch dazu jedoch die Literatur: Zöllner, in: Kölner Komm., § 246 Rn. 15 f.; Hüffer, in: Geßler/Hefermehl/Eckardt/Kropff, § 246 Rn. 38 f.; Baumbach/Hueck, § 246 Anm. 3. Zumindest bei einer strafrechtlich relevanten Herbeiführung einer Fristversäumnis wird man einer analogen Anwendung des § 203 Abs. 2 BGB zustimmen müssen. Eine Wiedereinsetzung in den vorherigen Stand nach § 233 ZPO ist dagegen nicht möglich, da die Frist des § 246 Abs. 1 AktG materiellrechtlicher und nicht prozessualer Art ist: Zöllner, in: Kölner Komm., § 246 Rn. 6; Hüffer, in: Geßler/Hefermehl/Eckardt/Kropff, § 246 Rn. 30 f.; Schumann, in: Stein/Jonas, § 323 Rn. 23.

a) Anspruch aus § 62 AktG

Der Aktionär hat der Aktiengesellschaft nach § 62 Abs. 1 S.1 AktG die vermögenswerten Leistungen zurückzugewähren, die er unter Verstoß gegen § 57 Abs. 1 S. 1 AktG erlangt hat. Gläubiger dieses aktienrechtlichen[285] Anspruchs ist die Gesellschaft, nicht aber ein Großaktionär, der statt der Gesellschaft dem Opponenten Vermögensgegenstände zugewandt hat.[286] Schuldner ist in aller Regel nur der Aktionär, da der Anspruch aus § 62 Abs. 1 S. 1 AktG nach unbestrittener Ansicht gesellschaftsrechtlicher Natur ist. Auch wenn der Aktionär einen Strohmann einsetzt, der von der Aktiengesellschaft den Vermögensvorteil erlangt, um ihn an den Anfechtungskläger weiterzugeben, haftet nur der Aktionär nach § 62 Abs. 1 AktG. Der Strohmann ist lediglich nach § 812 BGB zur Rückzahlung verpflichtet.[287] Der Dritte haftet nur ausnahmsweise nach § 62 Abs. 1 S. 1 AktG, wenn er der Hintermann eines Strohmann-Aktionärs ist. Verlangt er, der Hintermann, von der Aktiengesellschaft eine vermögenswerte Leistung direkt oder über den Strohmann-Aktionär an sich, so ist er wie ein Aktionär zu behandeln, mit der Folge, daß er Schuldner des aktienrechtlichen Rückgewähranspruchs ist.[288] Neben ihm haftet unstreitig auch der Strohmann-Aktionär nach § 62 Abs. 1 S. 1 AktG,

[285] Ganz h. M.: Lutter, in: Kölner Komm., § 62 Rn. 4 m. w. N.; Hefermehl/Bungeroth, in: Geßler/Hefermehl/Eckardt/Kropff, § 62 Rn. 4; Baumbach/Hueck, § 62 Anm. 3; a. A. : Bommert, S. 100 ff. Bommert hat versucht, eine bereicherungsrechtliche Natur des Anspruchs aufzuzeigen. Zum einen verkennt Bommert, S. 105 in einem von ihm selbst als wesentlich bewerteten Aspekt, daß § 819 Abs. 2 BGB eine gegenüber § 818 Abs. 3 BGB verschärfte Haftung des Aktionärs nur bei dessen Kenntnis von der Verbotswidrigkeit seines Handelns begründen kann, allg. M.: Palandt-Thomas § 819 Rn. 2. Aber auch ein gutgläubiger Aktionär ist bei einer Einlagerückgewähr in vollem Umfang zur Rückgewähr nach § 62 Abs. 1 S. 1 AktG verpflichtet. Zudem ist die Ansicht Bommerts nicht mit der historischen Entwicklung der Norm vereinbar, vgl. dazu Joost, ZHR 149, 423-426. Zu dem Ringen um eine Neuformulierung des § 56 AktG 1937 vgl. Begr. RegE bei Kropff zu § 62, S. 82 f.

[286] Lutter, in: Kölner Komm., § 62 Rn. 6; Holtermann, BB 88, 1538, 1545; Diekgräf, S. 131.

[287] Lutter, in: Kölner Komm., § 62 Rn. 13; Hefermehl/Bungeroth, in: Geßler/Hefermehl/Eckardt/Kropff, § 62 Rn. 20; Canaris, FS Fischer, S. 31, 36 f. Das in der Literatur als Beleg angeführte Urteil des OLG Düsseldorf AG 89, 273, 274 behandelt unter 3. allerdings nicht die Fälle eines arglistigen Zusammenwirkens, vgl. OLG Düsseldorf AG 80, 273, 275 unter 8. Das OLG bestätigend: BGH AG 81, 227; a. A. jetzt Diekgräf, S. 129. Vgl. auch unten S. 164 mit Fn. 313.

[288] Canaris, FS Fischer, S. 31, 40; Lutter, in: Kölner Komm., § 62 Rn. 13; Hefermehl/Bungeroth, in: Geßler/Hefermehl/Eckardt/Kropff, § 62 Rn. 20. Vgl. auch oben S. 144 mit Fn. 222; Diekgräf, S. 129 unter (2).

wenn er den Sondervorteil von der Aktiengesellschaft erhalten und diesen an seinen Hintermann weitergegeben hat. Hat der Aktionär einmal eine Einlage zurückerlangt, so ist es unerheblich, in welcher Weise er mit ihr verfährt.

Umstritten ist aber, ob der Strohmann-Aktionär auch Schuldner des Anspruchs aus § 62 Abs. 1 S. 1 AktG ist, wenn er den Vermögensvorteil nicht einmal im Wege des Durchgangserwerbs erlangt, sondern der Hintermann die Zuwendung unmittelbar von der Aktiengesellschaft empfangen hat.[289] Canaris bejaht einen Anspruch der Aktiengesellschaft gegen den Strohmann-Aktionär aus § 62 Abs. 1 S. 1 AktG mit dem Argument, daß es keinen Unterschied machen könne, ob der Strohmann-Aktionär zunächst die Zuwendung des Sondervorteils von der Aktiengesellschaft erhalten und dann weitergeleitet hat oder die Zuwendung sofort an den Hintermann erfolgte. Dem ist zu entgegnen, daß eine Einlagerückgewähr stets einen Vermögensvorteil des Aktionärs voraussetzt.[290] Unerheblich ist zwar, ob der Aktionär ihn nur zeitweise oder mittelbar erzielt. Aber wenn der Aktionär nicht einmal in diesem eingeschränkten Umfang eine Leistung empfangen hat, kann er auch nicht zu einer Rückgewähr gegenüber der Aktiengesellschaft verpflichtet sein. Der direkt dem Hintermann zugewandte Vermögensvorteil kann dem Strohmann-Aktionär nicht zugerechnet werden, weil er dem Strohmann-Aktionär auch im Innenverhältnis nicht zusteht.[291] Nicht der Aktionär, sondern der Hintermann umgeht das Verbot einer Einlagerückgewähr. Nur er ist daher zu einer Rückzahlung nach § 62 Abs. 1 S.1 AktG verpflichtet.

Der Anspruch aus § 62 Abs. 1 S. 1 AktG ist auf die Herausgabe des gesamten Vermögensvorteils gerichtet und nicht nur auf eine Rückgewähr des Teils, der eine eigene Leistung des Aktionärs übersteigt. Letzteres könnte nur richtig sein, wenn man der bereits oben widersprochenen Ansicht folgte, daß § 139 BGB bei einem gegen § 57 Abs. 1 S. 1 AktG verstoßenden Verpflichtungsgeschäft anwendbar sei.[292]

---

[289] Bejahend: Canaris, FS Fischer, S. 31, 41 unter bb.; Lutter, in: Kölner Komm., § 62 Rn. 12; weitgehend auch Diekgräf, S. 126. Verneinend: Hüffer, in: Geßler/Hefermehl/Eckardt/Kropff, § 62 Rn. 20.

[290] Vgl. oben S. 142. Ein Vertrag zwischen Aktiengesellschaft und Aktionär ist nicht schon dann nach § 57 Abs. 1 S. 1 AktG nichtig, wenn der Aktionär die Gesellschaft nur veranlaßt, eine einseitige Leistung an einen Dritten zu erbringen, ohne selbst einen Vorteil zu erlangen.

[291] Hüffer, in: Geßler/Hefermehl/Eckardt/Kropff, § 62 Rn. 20.

[292] Vgl. oben S. 138 mit Fn. 188. Im übrigen erbringt der mißbräuchlich handelnde Aktionär gar keine vermögenswerte Leistung, so daß auch aus diesem Grund eine Teilwirksamkeit des Vergleichs ausgeschlossen wäre.

Ist der Aktionär zur Herausgabe des Erlangten unvermögend, sollen nach ganz herrschender Ansicht §§ 275, 280, 281 BGB Anwendung finden.[293] Der Aktionär würde daher bei einem unverschuldeten Unvermögen von seiner Leistungspflicht frei. Diese Beschränkung hat zumindest bei dem Abschluß eines Vergleichsvertrags kaum eine praktische Bedeutung, da der Aktionär in den allermeisten Fällen eine Geldleistung von der Aktiengesellschaft erlangen wird und der Schuldner einer Geldleistung sein Unvermögen zur Rückgewähr stets zu vertreten hat.[294] Sollte die Aktiengesellschaft aber ausnahmsweise eine andere vermögenswerte Leistung an den Opponenten erbringen, so ist die Anwendung der §§ 275, 280 f. BGB allerdings bedenklich.

Sowohl der Grundsatz der Kapitalaufbringung und -erhaltung als auch die historische Entwicklung sprechen dafür, daß der Aktionär auch bei einem Unvermögen der Sachherausgabe stets zum Wertersatz verpflichtet ist. So entsprach die Haftung des Aktionärs vor der Neuregelung in § 62 Abs. 1 S. 1 AktG weitgehend derjenigen eines Kommanditisten nach §§ 172 Abs. 4 S. 1, 171 Abs. 1 HGB. Gewährte die Aktiengesellschaft einem Aktionär seine Einlage zurück, so haftete er den Gesellschaftsgläubigern in Höhe des Wertes der Leistung ohne Rücksicht darauf, was mit der erlangten Einlage geschah.[295] Zusätzlich entwickelte die Literatur einen Anspruch der Aktiengesellschaft gegen den Aktionär auf Rückgewähr des Erlangten. Auch dieser Anspruch war auf den Ersatz des Wertes der zurückerlangten Einlage gerichtet.[296] Die

---

[293] Barz, in: GroßKomm., § 62 Anm. 5; Lutter, in: Kölner Komm., § 62 Rn. 26; Hefermehl/Bungeroth, in: Geßler/Hefermehl/Eckardt/Kropff, § 62 Rn. 21-23; Diekgräf, S. 126; a. A. ohne Erwähnung der gegenteiligen Ansicht: K. Schmidt, § 29 II 2 b, S. 673; Godin/Wilhelmi, § 62 Anm. 5.

[294] Allg. M.: Emmerich, in: Münch Komm, § 279 Rn. 2; Teichmann, in: Soergel, § 244 Rn. 4; BGHZ 28, 123, 128.

[295] Schlegelberger/Quassowski, § 56 Anm. 4; Fischer, in: Gadow-Heinichen², § 56 Anm. 5; Ritter, § 56 Anm. 2 e bb; Flechtheim, in: Düringer/Hachenburg, § 217 Anm. 4; Zur Kommanditistenhaftung vgl. nur: K. Schmidt, in: Schlegelberger, §§ 171, 172 Rn.16, 62, 66; Schilling, in: GroßKomm. HGB, § 171 Rn. 4.

[296] Der Anspruch wurde zunächst als bereicherungsrechtlicher Anspruch bewertet: Schlegelberger/Quassowski, § 52 Anm. 7; Ritter, § 52 Anm. 3 a; Baumbach/Hueck¹², § 52 Anm. 1; Gadow-Heinichen¹, § 56 Anm. 11. Die bereicherungsrechtliche Haftung der Aktionäre sollte einige Besonderheiten aufweisen: §§ 814, 817 BGB seien nicht anwendbar. Die Anwendbarkeit des § 818 Abs. 3 BGB wurde aber nicht ausgeschlossen. Später wurde der Anspruch jedoch als spezifisch gesellschaftsrechtlicher Art charakterisiert, um die Unanwendbarkeit des § 818 Abs. 3 BGB zu begründen: Godin/Wilhelmi², § 56 Anm. 12; Fischer, in: Gadow-Heinichen², § 52 Anm. 11; Weisser, S. 118; Lutter, Kapital, S. 378. BGH WM 57, 61. Dafür findet sich allerdings keine Stellungnahme zu §§ 275, 280 f. BGB bei Unmöglichkeit bzw. Unvermögen der Erfüllung des gesellschaftsrechtlichen Anspruchs.

historische Entwicklung der Haftung des Aktionärs spricht daher dafür, § 62 Abs. 1 S. 1 AktG als Wertersatzanspruch auszulegen.

Eine Beschränkung der Haftung ist vor allem unvereinbar mit dem wesentlichen Grundsatz der Kapitalaufbringung und Kapitalerhaltung,[297] der auch den Rückgewähranspruch aus § 62 Abs. 1 S. 1 AktG bestimmt. Es ergibt sich unmittelbar aus dem Gesetz, daß dieser Anspruch in seiner Bedeutung dem Einlageanspruch aus § 54 AktG entspricht. So wird in § 66 Abs. 2 AktG eine Befreiung des Aktionärs sowohl von seiner Einlagepflicht als auch von einer Rückzahlungspflicht ausgeschlossen. Das Wesen des Anspruchs aus § 62 Abs. 1 S. 1 AktG wird daher zutreffend mit der Bewertung als "Wiedereinlageanspruch"[298] gekennzeichnet. Für ihn müssen auch die gleichen Regeln gelten wie für den ursprünglichen Einlageanspruch. Wenn es einem Aktionär unmöglich wird, eine Sacheinlage zu erbringen, hat er unstreitig seine Einlageverpflichtung in Geld zu erfüllen. Somit muß sich auch der Anspruch auf Herausgabe einer zurückgewährten Sache in einen Wertersatzanspruch umwandeln, sobald der Aktionär die Sache - auch ohne daß ihn ein Verschulden trifft - nicht mehr herausgeben kann.

Der Rückgewähranspruch ist daher ein Wertersatzanspruch, so daß der Schuldner nicht von jeder Leistung frei wird, sobald ihm die Rückgabe der erlangten Sache aus Gründen, die er nicht zu vertreten hat, unmöglich wird.

b) Anspruch aus § 985 BGB

Die Aktiengesellschaft hat zusätzlich gegen den Aktionär einen Anspruch aus § 985 BGB auf Herausgabe der empfangenen Leistung, da das Verfügungsgeschäft nichtig ist.[299] Allerdings kann der Anspruch bei einer Geldleistung der Aktiengesellschaft kaum Bedeutung erlangen, da die Zahlung meist bargeldlos erfolgt oder aber die Aktiengesellschaft ihr Eigentum nach §§ 948

---

[297] Barz, in: GroßKomm., § 57 Anm. 1: "Grundpfeiler des Aktienrechts"; Lutter, in: Kölner Komm., § 57 Rn. 2 f.; Hefermehl/Bungeroth, in: Geßler/Hefermehl/Eckardt/Kropff, § 57 Rn. 2 f.; Hueck, Gesellschaftsrecht, § 21 I 3, S. 175.

[298] Lutter, in: Kölner Komm., § 62 Rn. 5; in der Sache ebenso Hefermehl/Bungeroth, in: Geßler/Hefermehl/Eckardt/Kropff, § 62 Rn. 4; Baumbach/Hueck, § 62 Anm. 3; Godin/Wilhelmi, § 62 Anm. 4; Barz, in: GroßKomm., § 62 Anm. 3; Fischer, in: GroßKomm[2], § 52, 11; ders., § 56 Anm. 17.

[299] Die Nichtigkeit ergibt sich aus § 57 Abs. 1 S. 1 AktG, aus § 138 Abs. 2 BGB und bei erfolgter Anfechtung auch aus §§ 123 Abs. 1, 142 Abs. 1 BGB. Vgl. dazu oben S. 140 ff., insbesondere S. 153.

Abs. 1, 947 BGB oder durch einen gutgläubigen Erwerb eines Dritten, etwa eines Kreditinstituts verloren hat. Gläubiger des Anspruchs kann auch ein Großaktionär sein, der die Leistung erbringt. Ebenso kommt als Schuldner ein Dritter in Betracht, wenn die Zahlung an einen Strohmann erfolgt. Für den Vindikationsanspruch gilt die dreißigjährige Verjährungsfrist des § 195 BGB[300] und nicht die fünfjährige Frist des § 62 Abs. 3 AktG, da nach dessen Wortlaut die spezielle Regelung der Verjährung auf die Ansprüche "nach diesen Vorschriften" beschränkt ist.

c) Schadensersatzansprüche

Deliktische Ansprüche sind durch § 62 Abs. 1 S. 1 AktG nach einhelliger Meinung ebenfalls nicht ausgeschlossen.[301] Das gilt für die allgemeine zivilrechtliche Regelung der §§ 823 ff. BGB und erst recht für die Haftung aus § 117 AktG.[302]

aa) Schadensersatzanspruch aus § 117 AktG

Gläubiger des Anspruchs aus § 117 Abs. 1 S.1 AktG ist die Aktiengesellschaft, Schuldner derjenige, der seinen Einfluß auf die Gesellschaft ausübt.[303] Das ist der Aktionär, der durch die Erhebung der Anfechtungsklage die Ausführung eines Hauptversammlungsbeschlusses behindert. Nimmt der Opponent nur formal die Stellung des Aktionärs ein und bestimmt ein Hintermann die Geschicke, so nutzt neben dem Strohmann-Aktionär auch dieser Hintermann

---

[300] Das ist in der Literatur auch dann unstreitig, wenn die Nichtigkeit des Verfügungsgeschäfts nur aus § 57 Abs. 1 S. 1 AktG folgt: Hefermehl/Bungeroth, in: Geßler/Hefermehl/Eckardt/Kropff, § 62 Rn. 25, 64; Lutter, in: Kölner Komm., § 62 Rn. 52. Die Frage der Verjährung war in der älteren Literatur umstritten: für die lange Verjährungsfrist: Schlegelberger/Quassowski, § 56 Anm.8; Flechtheim, in: Düringer/ Hachenburg, § 217 Anm. 11. Für eine fünfjährige Verjährungsfrist: Pinner, in: Staub, § 217 Anm. 23; Brodmann, § 217 Anm. 6.

[301] OLG Köln WM 88, 1021; LG Köln WM 88, 758, 760; Lutter, in: Kölner Komm., § 62 Rn. 30; Hefermehl/Bungeroth, in: Geßler/Hefermehl/Eckardt/Kropff, § 62 Rn. 27; Flume, Jur. Pers. § 8 IV 2 e, S. 295; Weisser, S. 118.

[302] § 117 AktG begründet einen Anspruch aus unerlaubter Handlung: Kropff, in: Geßler/Hefermehl/Eckardt/Kropff, § 117 Rn. 5; Begründung zum AktG 1937 bei Klausing, S. 87.

[303] Zum Schuldnerkreis: Mertens, in: Kölner Komm., § 117 Rn. 9 f.; Kropff, in: Geßler/Hefermehl/Eckardt/Kropff, § 117 Rn. 13 ff.; Baumbach/Hueck, § 117 Anm. 10. Zu dem Anspruch aus § 117 Abs. 1 S. 1 AktG vgl. auch Diekgräf, S. 136 ff.

seinen Einfluß auf die Gesellschaft aus. An der Einwirkung des Aktionärs, der sein Anfechtungsrecht geltend macht, ändert das Hinzutreten eines Hintermanns allerdings nichts.

Der Aktionär beziehungsweise zusätzlich sein Hintermann gebrauchen ihre Rechtsmacht, eine Anfechtungsklage erheben zu können, um den Vorstand zum Abschluß eines Vergleichsvertrags zu bestimmen.[304] Zwar erfordert § 117 Abs. 1 S. 1 AktG kein mißbräuchliches Verhalten des Einflußnehmenden. Der Vorstand braucht lediglich die Machtstellung zu kennen und gerade aus diesem Grund dem Vergleichsvertrag zuzustimmen.[305] Das mißbräuchliche Verhalten des Aktionärs erfüllt jedoch erst recht die Voraussetzung des Bestimmens des Vorstands.

Es fehlt auch nicht an einer Schädigung der Aktiengesellschaft, wenn die Parteien im Vergleich die Zuwendung eines Sondervorteils vereinbaren. Ein der Aktiengesellschaft infolge einer mißbräuchlichen Klagefortsetzung drohender größerer Schaden kann nicht als schadensmindernd berücksichtigt werden, da es ein rechtswidriges, ebenfalls zum Schadensersatz verpflichtendes Alternativverhalten ist.[306]

Auch die subjektiven Voraussetzungen des § 117 Abs. 1 S. 1 AktG liegen vor.[307] Der Aktionär, der einen Sondervorteil erstrebt, ist sich seines Einflusses auf den Vorstand bewußt. Er beabsichtigt mit seinem Verhalten, den Vorstand zum Abschluß des Vergleichsvertrags zu bestimmen und er weiß, daß die einseitige vermögenswerte Leistung der Aktiengesellschaft für sie einen Vermögensnachteil zur Folge hat. Wenn der Aktionär glaubt, der Aktiengesellschaft entstehe kein Schaden, da er von einer weiteren Geltendmachung des Anfechtungsrechts und damit von einer größeren Schädigung der Aktiengesellschaft absehe, so irrt er nicht über Tatsachen, sondern nur über eine rechtliche Bewertung. Dies schließt einen Ersatzanspruch aus § 117 Abs. 1 S. 1 AktG

---

[304] Zu der Voraussetzung des Bestimmens: Mertens, in: Kölner Komm., § 117 Rn. 11; Kropff, in: Geßler/Hefermehl/Eckardt/Kropff, § 117 Rn. 18.

[305] Kropff, in: Geßler/Hefermehl/Eckardt/Kropff, § 117 Rn. 18; Meyer-Landrut, in: GroßKomm., § 117 Anm. 2; Baumbach/Hueck, § 117 Anm. 2.

[306] Ein hypothetischer Schadensersatzanspruch gegen einen Dritten steht einem Schaden nicht entgegen: BGH NJW 67, 551, 552; Mertens, in: Soergel, Vor § 249 Rn. 153; Grunsky, in: Münch Komm, Vor § 249 Rn. 84; Medicus, in: Staudinger, § 249 Rn. 100 f.; Heinrichs, in: Palandt, Vor § 249 Rn. 100. Wenn der Schadensersatzanspruch gegen dieselbe Person gerichtet wäre, gilt nichts anderes.

[307] Kropff, in: Geßler/Hefermehl/Eckardt/Kropff, § 117 Rn. 25; Meyer-Landrut, in: GroßKomm., § 117 Anm. 5; Mertens, in: Kölner Komm., § 117 Rn. 15; Baumbach/Hueck, § 117 Anm. 13.

nicht aus.[308] Der Anspruch ist auf den Ersatz der zurückgewährten Einlage gerichtet.

Ein Ersatzanspruch der Aktiengesellschaft aus § 117 Abs. 1 S. 1 AktG besteht auch dann, wenn der Aktionär oder sein Hintermann ihren Einfluß in der Weise geltend machen, daß der Vorstand der Gesellschaft den Vermögensvorteil an einen Dritten erbringen soll, da hier in gleicher Weise ein Schaden der Gesellschaft verursacht wird.

bb) Schadensersatzansprüche aus §§ 823, 826 BGB

Ein Ersatzanspruch der Aktiengesellschaft kann sich auch aus § 823 Abs. 1 BGG wegen eines Eingriffs in ihren eingerichteten und ausgeübten Gewerbebetrieb ergeben. Es wurde bereits oben[309] dargelegt, daß eine mißbräuchliche Klageerhebung einen Eingriff in den eingerichteten und ausgeübten Gewerbebetrieb bedeutet. Die mißbräuchliche Klageerhebung ist ein rechtswidriges Verhalten des Aktionärs, dessen Folge der Abschluß des Vergleichsvertrags ist. Der Aktionär beabsichtigt die rechtswidrige Klageerhebung und den Abschluß des Vergleichsvertrags, er handelt also vorsätzlich. Sein rechtswidriges und schuldhaftes Verhalten verpflichtet ihn zum Ersatz der zurückgewährten Einlage. Darüber hinaus kann die Aktiengesellschaft auch den Schaden ersetzt verlangen, der ihr durch die mißbräuchliche Klageverfolgung bis zum Abschluß des Vergleichsvertrags entstanden ist.

Auch aus § 823 Abs. 2 BGB kann sich eine Schadensersatzpflicht des Aktionärs ergeben, wenn der mißbräuchlich handelnde Aktionär zugleich erpresserisch gemäß § 253 Abs. 1 StGB gehandelt hat.[310]

Als weiterer deliktischer Anspruch kommt § 826 BGB in Betracht.[311] Die Sittenwidrigkeit des Verhaltens des Klägers ergibt sich aus der mißbräuchlichen

---

[308] Vgl. dazu die Parallele oben S. 149 mit Fn. 251.

[309] Vgl. oben S. 135 mit Fn. 177.

[310] § 253 StGB ist ein Schutzgesetz im Sinne des § 823 Abs. 2 BGB: RGZ 166, 40, 46; RG JW 38, 755, 757; Zeuner, in: Soergel, § 823 Rn. 261; Thomas, in: Palandt, § 823 Rn. 149. Eine Schutzgesetzverletzung ist nach Ansicht Weisser, S. 119 f., nicht bereits die Verletzung des § 57 Abs. 1 S. 1 AktG; a. A. Diekgräf, S. 133.

[311] Das Bestehen eines Anspruchs aus § 826 BGB betonen: OLG Köln WM 88, 1021; Lutter, ZGR 78, 347, 360; ders., FS Der Betrieb, S. 193, 204; ders., WuB II A., § 62 AktG 1.88 unter 2 b bb; Schlaus, AG 88, 113, 115; Zöllner, in: Kölner Komm., Einl. Rn. 162; Timm, OLG Köln EWiR § 243 AktG 1/88, 1049, 1050; Timm, in: Aktionärsverhalten, S. 1, 28; Diekgräf, S. 134.

Geltendmachung einer Anfechtungsklage.[312] Der Vorsatz des Aktionärs, der Gesellschaft einen Schaden zuzufügen, folgt aus der Kenntnis der Tatumstände, die den fehlenden Vermögenswert der Anfechtungsklage begründen.

Gläubiger der Schadensersatzansprüche kann auch der Großaktionär sein, wenn ihm ein Schaden entsteht, ebenso wie als Schuldner ein Dritter in Betracht kommt, der statt des Opponenten die Schädigung verursacht hat.

d) Bereicherungsrechtliche Ansprüche

Bereicherungsrechtliche Ansprüche stehen der Aktiengesellschaft vor allem gegen einen Strohmann des Aktionärs zu, soweit sie an ihn rechtsgrundlos eine Leistung erbracht hat.[313] Das setzt voraus, daß ein zwischen ihnen geschlossenes Verpflichtungsgeschäft in analoger Anwendung des § 57 Abs. 1 S. 1 AktG nichtig ist.[314]

Die Aktiengesellschaft kann dagegen gegenüber dem Aktionär keinen bereicherungsrechtlichen Anspruch damit begründen, daß ein zwischen ihnen geschlossener Vergleichsvertrag nach § 57 Abs. 1 S. 1 AktG nichtig ist. Der aus der unzulässigen Einlagerückgewähr folgende Anspruch aus § 62 Abs. 1 S. 1 AktG ist insoweit lex specialis.[315] Die Aktiengesellschaft kann gegen

---

[312] BGHZ 74, 9, 13 f.; 36, 18, 21; OLG Köln WM 88, 1021; Hönn, in: Soergel, § 826 Rn. 241; Steffen, in: RGRK, § 826 Rn. 64; Mertens, in: Münch Komm, § 826 Rn. 169; Lutter, FS Der Betrieb, S. 193, 204 f.; ders., WuB II A., § 62 AktG 1.88.

[313] Hefermehl/Bungeroth, in: Geßler/Hefermehl/Eckardt/Kropff, § 62 Rn. 20; Lutter, in: Kölner Komm., § 62 Rn. 13. In der Literatur wird dabei die Ansicht vertreten, auf diese Ansprüche seien §§ 814, 817 S. 2, 818 Abs. 3 BGB nicht anwendbar: Canaris, FS Fischer, S. 31, 37 unter Hinweis auf BGH WM 57, 61. Dort war allerdings das Verhältnis Aktiengesellschaft - Aktionär betroffen. Anstatt in den bereicherungsrechtlichen Anspruch gesellschaftsrechtliche Erwägungen mit einzubeziehen, wäre es konsequent, in dem Verhältnis der Aktiengesellschaft gegen den Dritten nicht nur § 57 Abs.1 S.1 AktG, sondern auch § 62 Abs. 1 S. 1 AktG analog anzuwenden. So jetzt Diekgräf, S. 129. Vgl. den entsprechenden Streitstand zu § 30 GmbHG bei Hueck, in: Baumbach/Hueck, § 31 GmbHG Anm. 10-12 m. w. N.

[314] Dazu vgl. oben S. 143.

[315] Hefermehl/Bungeroth, in: Geßler/Hefermehl/Eckardt/Kropff, § 62 Rn. 26; Lutter, in: Kölner Komm., § 62 Rn. 29; Baumbach/Hueck, § 62 Anm. 17; Barz, in: GroßKomm., § 62 Anm. 1, 15; Flume, Jur. Pers. § 8 IV 2 e, S. 295. Auch Bommert, S. 103 f., S. 223 Nr. 12 verneint einen konkurrierenden Anspruch aus § 812 Abs. 1 S. 1 BGB. Er bewertet nur den Anspruch aus § 62 Abs. 1 S. 1 AktG als bereicherungsrechtlichen Anspruch und bestimmt seinen Umfang auch nach bereicherungsrechtlichen Grundsätzen. Vgl. dazu oben Fn. 285. Die zu § 52 AktG 1937 vertretene gegenteilige

den Aktionär aber neben § 62 Abs. 1 S. 1 AktG einen zusätzlichen Anspruch aus § 812 Abs. 1 S. 1 BGB geltend machen, wenn sich die Rechtsgrundlosigkeit ihrer Leistung auch aus allgemeinen zivilrechtlichen Normen ergibt. So verletzt der Vergleich zwischen der Aktiengesellschaft und dem mißbräuchlich klagenden Aktionär auch § 138 Abs. 2 BGB. Zudem kann der Vertrag gemäß §§ 123 Abs. 1, 142 Abs. 1 BGB nichtig sein. Die Rechtsfolge eines Verstoßes gegen diese Vorschriften kann kein Rückgewähranspruch aus § 62 Abs. 1 S. 1 AktG sein, insoweit ist daher § 812 Abs. 1 S. 1 BGB anzuwenden. Der Aktionär kann diesem zusätzlichen Anspruch weder § 814 BGB entgegenhalten, da die Aktiengesellschaft die Leistung nur unter dem Druck des sittenwidrigen Verhaltens des Aktionärs erbracht hat,[316] noch § 817 S. 2 BGB, da die Folgen der Verletzung des § 57 Abs. 1 S. 1 AktG im Aktienrecht abschließend geregelt sind.[317] Der Aktionär kann sich gemäß § 819 Abs. 1 und Abs. 2 BGB auch nicht auf einen Wegfall der Bereicherung berufen.

Auch ein Großaktionär, der statt der Aktiengesellschaft rechtsgrundlos einen Vermögensvorteil an den Opponenten oder dessen Strohmann erbringt,[318] kann einen Bereicherungsanspruch geltend machen. Da er keinen Anspruch aus § 62 Abs. 1 S. 1 AktG hat,[319] stellen sich keine Konkurrenzprobleme. Schuldner des Bereicherungsanspruchs kann auch ein Dritter sein, der statt des Opponenten die Leistung erlangt, soweit die an den Dritten erbrachten Leistungen gemäß den obigen[320] Ausführungen rechtsgrundlos erfolgten.

e) Rechtsfolgen bei Abschluß des Vergleichs auf Anregung der Aktiengesellschaft

Es wurde bereits oben[321] aufgezeigt, daß ein Vergleichsvertrag zwischen Aktionär und Aktiengesellschaft auch dann nach § 57 Abs. 1 S. 1 AktG nichtig ist, wenn die Initiative zu dem Vertragsabschluß nicht von dem Aktionär, sondern von der Aktiengesellschaft ausgegangen ist. Ebenso kann der Vergleichsvertrag nach § 138 Abs. 2 BGB nichtig sein.[322] Im folgenden ist zu

---

Ansicht, Baumbach/Hueck[12], § 56 Anm. a B; Schlegelberger/Quassowski, § 52 Anm. 7; Ritter, § 52 Anm. 3 a; Flechtheim, in: Düringer/Hachenburg, § 213 Anm. 12, ist durch die Normierung des aktienrechtlichen Anspruchs überholt.

[316] § 814 BGB findet nur Anwendung, wenn die Leistung freiwillig erbracht wird: Lorenz, in: Staudinger, § 814 Rn. 7; Mühl, in: Soergel, § 814 Rn. 2.

[317] Vgl. oben Fn. 315.

[318] Zur Nichtigkeit des Verpflichtungsgeschäfts vgl. oben S. 150, 151.

[319] Vgl. oben S. 157.

[320] Vgl. oben S. 150, 151.

[321] Vgl. oben S. 152.

[322] Vgl. oben S. 152.

erwägen, ob zumindest bei den dargestellten Rückforderungsansprüchen Besonderheiten zu beachten sind.

Die Tatbestandsvoraussetzungen des § 62 Abs. 1 S. 1 AktG liegen vor, da sie sich in einer Leistung entgegen dem Verbot des § 57 Abs. 1 S. 1 AktG erschöpfen. Der Rückzahlungsanspruch umfaßt wiederum die gesamte empfangene Leistung.[323] Der Aktionär wird jedoch den Einwand erheben, die Aktiengesellschaft handele treuwidrig, wenn sie zunächst dem Aktionär den Abschluß eines Vergleichsvertrags anbiete, um anschließend die vereinbarte und erbrachte Leistung zurückzuverlangen. Dem Rückforderungsanspruch der Aktiengesellschaft aus § 62 Abs. 1 S. 1 AktG stehe daher der Einwand des widersprüchlichen Verhaltens - venire contra factum proprium -[324] entgegen.

Eine Einschränkung ist sogleich voranzustellen. Der Einwand des widersprüchlichen Verhaltens setzt zunächst voraus, daß der Schuldner auf ein früheres gegenteiliges Verhalten des Rechtsinhabers vertraut hat.[325] Ein Aktionär, der Kenntnis von der Verbotswidrigkeit des Vertrags und der Zuwendung selbst hat, weiß, daß er die Leistung nicht endgültig erlangen kann. Er kann daher auch nicht darauf vertrauen, daß die Aktiengesellschaft Rückgewähransprüche nicht geltend machen werde. Hat der Aktionär diese Kenntnis, so ist ihm der Einwand eines treuwidrigen, widersprüchlichen Verhaltens daher von vorneherein abgeschnitten.

Hat der Aktionär keine Kenntnis von der Verbotswidrigkeit des Vergleichs, so vertraut er allerdings auf die Wirksamkeit des Vertrags und das Bestehen eines Rechtsgrundes für die seinerseits erlangte Leistung. Doch dieses Vertrauen allein reicht nicht aus, um ein treuwidriges Verhalten der Aktiengesellschaft bei der Geltendmachung des Rückgewähranspruchs zu begründen. Es muß die Schutzwürdigkeit des Vertrauens des Aktionärs hinzukommen.[326] Es ist unbestritten, daß bereits eine fahrlässige Unkenntnis der Rechtslage einem Vertrauensschutz entgegenstehen kann.[327] Stets sind die Gesamtumstände des Einzelfalles zu berücksichtigen. Für eine geringe Schutzwürdigkeit des Aktionärs spricht zum einen der Umstand, daß die Aktiengesellschaft ihm eine

---

[323] Vgl. oben S. 152 mit Fn. 269 i.V.m. S. 138 mit Fn. 188.

[324] Vgl. dazu allgemein: Roth, in: Münch Komm, § 242 Rn. 289 ff.; Weber, in: Staudinger[11], § 242 Anm. D 323 ff.; Alff, in: RGRK, § 242 Rn. 93 ff.; Teichmann, in: Soergel, § 242 Rn. 312 ff.

[325] Teichmann, in: Soergel, § 242 Rn. 318; Roth, in: Münch Komm, § 242 Rn. 292; vgl. auch Canaris, Vertrauenshaftung, S. 503 f.; 506 unter 3.

[326] BGH WM 80, 341; VersR 82, 444, 445; Teichmann, in: Soergel, § 242 Rn. 320; Roth, in: Münch Komm, § 242 Rn. 292.

[327] Roth, in: Münch Komm, § 242 Rn. 292; Teichmann, in: Soergel, § 242 Rn. 320; auch Canaris, Vertrauenshaftung, S. 504, 506.

Leistung versprochen hat, auf die er erkennbar "keinen Anspruch hat und billigerweise auch nicht erheben kann".[328] Das Angebot der Zuwendung eines Sondervorteils erfolgte infolge der Zwangslage, die der Aktionär selbst durch die Erhebung seiner Anfechtungsklage herbeigeführt hatte. Dies ist für den Aktionär bei einer Beachtung der erforderlichen Sorgfalt erkennbar.

Gegen die Schutzwürdigkeit des Aktionärs spricht vor allem, daß neben den Interessen des Aktionärs und der Aktiengesellschaft auch erhebliche Interessen Dritter zu berücksichtigen sind. Das folgt daraus, daß das Verbot der Einlagerückgewähr ein Teil des für das Aktienrecht zentralen Grundsatzes der Kapitalaufbringung und Kapitalerhaltung ist.[329] Das Verbot dient dem Schutz der Gläubiger der Aktiengesellschaft, da ihnen die Aktionäre für die Verpflichtungen der Aktiengesellschaft nicht persönlich haften. Die Gläubiger bedürfen daher nicht nur des Schutzes gegen eine Vermögensminderung der Aktiengesellschaft durch ein mißbräuchliches Aktionärsverhalten, sondern auch gegenüber einem Vorstand, der aus eigener Veranlassung eine Einlage an einen Aktionär zurückgewährt. Da die Verbotsnorm des § 57 Abs. 1 S. 1 AktG bezweckt, die Gläubiger der Gesellschaft zu schützen, kann die Geltendmachung des Rückgewähranspruchs aus § 62 Abs. 1 S. 1 AktG nicht treuwidrig sein. Der Aktionär kann daher dem Anspruch der Aktiengesellschaft aus § 62 Abs. 1 S. 1 AktG nicht den Einwand des venire contra factum proprium entgegenhalten. Er hat die empfangene Leistung zurückzugewähren.

Verlangt die Aktiengesellschaft wegen der Nichtigkeit des Verfügungsgeschäfts[330] die Herausgabe des Erlangten nach § 985 BGB oder nach § 812 Abs. 1 S. 1 BGB, so kann der Aktionär ebenfalls nicht den Einwand eines treuwidrigen Verhaltens der Aktiengesellschaft erheben. Auch hier steht der Zweck der Verbotsnorm der Schutzwürdigkeit des Vertrauens des Aktionärs entgegen.

Die Geltendmachung der Rückforderungsansprüche ist auch dann nicht treuwidrig, wenn die Aktiengesellschaft vorgeschlagen hat, den Vorteil an einen Dritten zu erbringen, um die Tatsache der Einlagerückgewähr zu verschleiern. In der Regel wird der Aktionär dann erst recht nicht darauf ver-

---

[328] Vgl. BGHZ 107, 296, 297 Leitsatz 6, 311. Diese Feststellung diente dem BGH allerdings zur Bestimmung eines mißbräuchlichen Aktionärsverhaltens bei dessen eigener Initiative.

[329] Barz, in: GroßKomm., § 57 Anm. 1: "Grundpfeiler des Aktienrechts"; Hueck, Gesellschaftsrecht, § 21 I 3, S. 175: "einer der wichtigsten Grundsätze des Aktienrechts".

[330] Auch das Verfügungsgeschäft ist bei einer Leistung entgegen § 57 Abs. 1 S. 1 AktG nichtig, vgl. oben S. 140 ff.

trauen, daß unter diesen Umständen die mittelbare Zuwendung eines Vermögensvorteils an ihn mit der Rechtsordnung vereinbar ist.[331] Erneut ist aber auch auf die mangelnde Schutzwürdigkeit des Aktionärs abzustellen. Die Aktiengesellschaft kann wegen der Nichtigkeit der mit einem Dritten geschlossenen Rechtsgeschäfte[332] auch diesen Dritten gemäß § 985 BGB und gemäß § 812 Abs. 1 S. 1 BGB in Anspruch nehmen. Auch dieser ist wegen der überwiegenden Interessen der Gläubiger der Aktiengesellschaft nicht schutzwürdig.

Darüber hinaus bestehen keine weiterreichenden Schadensersatzansprüche der Aktiengesellschaft gegen den Aktionär oder einen Dritten wegen der verzögerten Durchführung des Beschlusses, wenn die Initiative zum Abschluß des Vergleichsvertrags von der Aktiengesellschaft ausgegangen ist. Ein Anspruch aus § 117 Abs. 1 S. 1 AktG ist ausgeschlossen, weil es an einem Bestimmen des Vorstands durch den Aktionär fehlt. Es besteht ebenfalls kein Anspruch aus § 823 BGB oder aus § 826 BGB auf Ersatz des durch die Verzögerung entstandenen Schadens. Die Erhebung einer Anfechtungsklage ist kein Eingriff in den eingerichteten und ausgeübten Gewerbebetrieb, solange der Aktionär mit ihr zweckgemäße Ziele verfolgt.[333] Solange der Aktionär ordnungsgemäß klagt, besteht auch kein Ersatzanspruch aus § 823 Abs. 2 BGB, § 253 StGB oder § 826 BGB.

Im Ergebnis bestehen die Rückgewähransprüche der Aktiengesellschaft, soweit sie auf einem Verstoß gegen § 57 Abs. 1 S. 1 AktG oder § 138 Abs. 2 BGB beruhen, auch dann, wenn die Aktiengesellschaft selbst den Abschluß des Vergleichsvertrags angeregt hat. Nur weiterreichende Schadensersatzansprüche der Gesellschaft sind ausgeschlossen.

Dennoch ist der Aktionär, der von der Aktiengesellschaft zum Abschluß des Vertrags verleitet wurde, nicht gänzlich ungeschützt. Zum einen wurde oben[334] bereits aufgezeigt, daß der Aktionär, der infolge des Vertragsabschlusses seine Anfechtungsklage zurückgenommen hat, die Erklärung der Klagerücknahme unter den Voraussetzungen der §§ 580 f. ZPO widerrufen kann. Dann kann der Aktionär seine mit der Anfechtungsklage erstrebten berechtigten Interessen weiter verfolgen. Die sehr engen Voraussetzungen einer Restitutionsklage, insbesondere die strafrechtliche Verurteilung gemäß § 581

---

[331] Vgl. die oben erstgenannte Einschränkung, S. 166.

[332] Dazu oben S. 161, 165. Ein Anspruch aus § 62 Abs. 1 S. 1 AktG besteht wegen dessen spezifisch gesellschaftsrechtlichen Natur nicht: vgl. oben S. 157 mit Fn. 287 und S. 164 mit Fn. 313.

[333] Vgl. oben S. 135 mit Fn. 176.

[334] Vgl. oben S. 155 mit Fn. 283.

ZPO, werden jedoch nur in seltenen Ausnahmefällen einmal vorliegen. Der Aktionär hat jedoch noch eine zweite Handlungsmöglichkeit, die zwar nicht an die überaus strengen Voraussetzungen der §§ 580 f. ZPO geknüpft ist, dafür aber auch nur einen geringen Schutz bietet. Er kann gegen die Aktiengesellschaft, die ihn zum Abschluß eines verbotswidrigen Vergleichsvertrags verleitet hat, einen Anspruch aus culpa in contrahendo wegen schuldhaften Verhaltens während der Vergleichsverhandlungen geltend machen. Der Aktionär kann somit seinen materiellen Schaden ersetzt verlangen. Dieser setzt sich aus seinen Prozeßkosten und in der Regel[335] aus den durch einen rechtswidrigen Hauptversammlungsbeschluß erlittenen Schaden zusammen. Eine Aufrechnung der Forderung gegen den Rückgewähranspruch der Aktiengesellschaft aus § 62 Abs. 1 S. 1 AktG ist dem Aktionär allerdings wegen § 66 Abs. 2 S. 1 AktG nicht möglich,[336] auch nicht unter Berufung auf § 242 BGB.[337]

f) Ergebnis

Die Aktiengesellschaft kann gegen einen Aktionär, der sie mißbräuchlich zum Abschluß eines Vergleichsvertrags gedrängt hat, eine Vielzahl aktienrechtlicher und allgemein zivilrechtlicher Ersatzansprüche geltend machen. Gläubiger dieser Ansprüche kann in der Regel auch ein Großaktionär sein, der statt der Aktiengesellschaft die Leistung erbracht hat. Als Schuldner kommen auch Dritte in Betracht, die die Leistung statt des Aktionärs empfangen haben. Einzig der spezifisch aktienrechtliche Anspruch aus § 62 Abs. 1 S. 1 AktG kann in der Regel nur der Aktiengesellschaft gegenüber dem Aktionär zustehen. Verleitet die Gesellschaft einen gutgläubigen Aktionär zum Abschluß eines Vergleichsvertrags, so kann sie zwar die rückgewährte Einlage zurückverlangen, sie muß jedoch mit einem gegen sie gerichteten Schadensersatzanspruch des Aktionärs und bei einem betrügerischen Verhalten auch mit einer Fortsetzung des Anfechtungsrechtsstreits rechnen.

---

[335] Vgl. wiederum oben S. 72, 125.

[336] Hefermehl/Bungeroth, in: Geßler/Hefermehl/Eckardt/Kropff, § 62 Rn. 38; Lutter, in: Kölner Komm., § 66 Rn. 15; Der Aktionär kann auch kein Zurückbehaltungsrecht aus § 273 BGB geltend machen: Hefermehl/Bungeroth, in: Geßler/Hefermehl/Eckardt/Kropff, § 66 Rn. 57; Lutter, in: Kölner Komm., § 66 Rn. 25.

[337] Lutter, in: Kölner Komm., § 66 Rn. 15; BGHZ 37, 75, 79; BGH GmbHR 83, 194 zu § 19 Abs. 1 S. 2 GmbHG. Die Aufrechnung gegen einen Anspruch aus § 31 GmbHG ist allerdings stets möglich: vgl. Hueck, in: Baumbach/Hueck, § 31 GmbHG Anm. 18.

4. Sorgfaltspflicht des Vorstands bei mißbräuchlicher Klageerhebung

a) Voraussetzungen der Sorgfaltspflicht

Es bedarf abschließend der Erörterung, ob die Vereinbarung des Vergleichs und die Erbringung der Leistung mit der Pflicht des Vorstands der Aktiengesellschaft zu einer sorgfältigen Geschäftsführung vereinbar ist. Diese Pflicht ergibt sich aus der in § 76 Abs. 1 AktG enthaltenen Aufgabe des Vorstands, die Aktiengesellschaft zu leiten.[338] Die allgemeinen Voraussetzungen eines pflichtgemäßen Verhaltens des Vorstands bei dem Abschluß eines Vergleichs wurden bereits dargelegt.[339]

Zur Sorgfalt eines ordentlichen und gewissenhaften Geschäftsleiters gehört demnach zunächst die Pflicht, Gesetz und Satzung bei der Geschäftsführung zu beachten.[340] Es wird daher in der Literatur zu Recht nicht in Zweifel gezogen, daß der Vorstand nicht berechtigt ist, einen ohne Mißbrauchsabsichten klagenden Aktionär zum Abschluß eines unzulässigen Vergleichs zu verleiten. Der Vorstand darf bei seinem Handeln die Rechtsordnung auch nicht zu dem Zweck verletzen, der Aktiengesellschaft zu einem Vorteil zu verhelfen. Der Gesetzgeber hat das Anfechtungsrecht als ein weitreichendes Recht zum Schutz einer Minderheit in der Gesellschaft ausgestaltet und dabei hingenommen, daß die Gesellschaft unter Umständen infolge der Rechtsausübung einen Nachteil erleidet. Daher darf der Vorstand dem Aktionär den Abschluß eines Kostenvergleichs,[341] aber keinen Sondervorteil anbieten.[342]

Wenn der Aktionär allerdings mißbräuchlich eine Anfechtungsklage erhebt, um einen Sondervorteil zu erlangen, ist auch dieser Umstand bei der Bestimmung des sorgfaltsgemäßen Vorstandsverhaltens zu berücksichtigen. Zwar verletzt der Vorstand auch in diesem Fall das Verbot des § 57 Abs. 1 S. 1 AktG, wenn er mit dem Opponenten einen Vergleichsvertrag abschließt. Dennoch wird in der Literatur die Ansicht vertreten, die Rechtsverletzung

---

[338] Vgl. oben S. 95 mit Fn. 193.

[339] Vgl. oben S. 95 ff.

[340] Mertens, in: Kölner Komm., § 76 Rn. 10; ders. § 93 Rn. 30; Kossen, DB 88, 1785, 1786; Zöllner, ZGR 88, 392, 423; Schneider, FS Werner, S. 795, 810, Kust, WM 80, 758, 762 f. Die Erwähnung der Pflicht zur Wahrung der Rechtmäßigkeit findet sich oft - wohl wegen seiner Selbstverständlichkeit - nur an versteckter Stelle: Geßler, in: Geßler/Hefermehl/Eckardt/Kropff, § 111 Rn. 24; Mertens, in: Kölner Komm., § 111 Rn. 27; Meyer-Landrut, in: GroßKomm., § 111 Anm. 3; Baumbach/Hueck, § 111 Anm. 5; Semler, S. 69-71; Dieckgräf, S. 162.

[341] Vgl. dazu oben S. 95 ff.

[342] Zur Sorgfaltswidrigkeit eines solchen Verhaltens vgl. bereits oben S. 98.

stelle nicht notwendig eine Sorgfaltspflichtverletzung dar. Unter welchen Voraussetzungen und mit welcher Begründung der Vorstand bei dem Abschluß eines Vergleichsvertrags pflichtgemäß handelt, ist allerdings umstritten.

So vertritt Martens[343] die Ansicht, eine aus § 76 AktG folgende Pflicht des Vorstands, Schaden von der Gesellschaft abzuwenden,[344] könne den Vorstand ausnahmsweise auch berechtigen, an einen mißbräuchlich handelnden Aktionär eine vermögenswerte Leistung entgegen § 57 Abs. 1 S. 1 AktG zu erbringen. Auch Schlaus[345] ist der Auffassung, es liege nahe, der allgemeinen Sorgfaltspflicht des Vorstands den Vorrang vor der Beachtung des § 57 Abs. 1 S. 1 AktG zu geben. Diese Begründung ist allerdings bedenklich. Bereits die Regelung des § 93 Abs. 3 Nr. 1 AktG weist darauf hin, daß eine Einlagerückgewähr nicht nur gegen das Verbot des § 57 Abs. 1 S. 1 AktG verstößt, sondern gerade auch mit der Sorgfalt eines gewissenhaften Geschäftsleiters nicht vereinbar ist.[346] Grundlegend ist der Einwand, daß bloß wirtschaftliche Erwägungen, also auch die Sorge, Schaden von der Gesellschaft abzuwenden, den Vorstand nicht von der Pflicht zur Beachtung der Rechtsnormen befreien können.[347] Die Pflicht zu einem rechtmäßigen Verhalten ist gegenüber der Pflicht zur Schadensabwendung oder Vermögensmehrung vorrangig: Recht ist nicht, was der Gesellschaft nutzt, sondern der Gesellschaft nutzt, was rechtens ist. Die Verpflichtung zur Befolgung bestehender Rechtsnormen ist die notwendige Folge ihrer Ordnungsfunktion.[348] Der Vorstand darf sich nicht mit dem bloßen Argument, er handele zum Wohle der Gesellschaft, über die Gesetze hinwegsetzen.

Auch Lutter[349] ist der Ansicht, daß der Vorstand sorgfaltspflichtgemäß handelt, wenn er den gesetzwidrigen Vergleich mit dem mißbräuchlich handelnden Aktionär abschließt. Zur Begründung fügt er aber hinzu, daß dies aus einem allgemeinen Rechtsgedanken folgt, der sowohl im zivilen Deliktsrecht

---

[343] Martens, AG 88, 118, 120; Bork, ZIP 90, 1037, 1043 läßt den Rechtsgrund offen. Diekgräf, S. 144 ff. stellt zunächst die Pflicht des Vorstands in den Vordergrund, zum wirtschaftlichen Vorteil der Gesellschaft zu handeln. Im weiteren beruft er sich dann aber auf besondere Gründe zur Rechtfertigung einer verbotswidrigen Zahlung, vgl. Diekgräf, S. 153 ff.; dazu vgl. unten Fn. 352.

[344] Zu dieser Pflicht vgl.: Mertens, in: Kölner Komm. § 76 Rn. 22 ff; Meyer-Landrut, in: GroßKomm., § 76 Anm. 10; Godin/Wilhelmi, § 76 Anm. 5.

[345] Schlaus, AG 88, 113, 116.

[346] Lutter, FS Der Betrieb, S. 193, 202; weitgehend jetzt auch Diekgräf, S. 146, vgl. dazu unten Fn. 352.

[347] Insoweit zutreffend die Kritik Lutters, FS Der Betrieb, S. 193, 200.

[348] Welzel, FS Niedermeyer, S. 279, 289.

[349] Lutter, FS Der Betrieb, S. 193, 205; ebenso Diekgräf, S. 153-156.

als auch im Strafrecht als Rechtfertigungsgrund enthalten ist.[350] Die Heranziehung eines allgemeinen Rechtsgedankens, hier des Rechtfertigungsgrundes, ist dogmatisch betrachtet eine Rechtsanalogie, das heißt die Übertragung eines aus mehreren Normen zu entnehmenden Rechtsgedankens auf einen nicht geregelten, aber vergleichbaren Sachverhalt.[351]

Eine solche Rechtsanalogie setzt zunächst eine Gesetzeslücke voraus. Sie liegt vor, wenn die gesetzlichen Vorschriften die Gesellschaft nicht ausreichend vor einer mißbräuchlichen Anfechtungsklage zu schützen vermögen. Zwar hat die Aktiengesellschaft eine mögliche Behinderung bei der Wahrnehmung ihrer Unternehmensinteressen in Kauf zu nehmen, wenn ein Aktionär ordnungsgemäß Klage erhebt. Aber wenn die Aktiengesellschaft nicht einmal gegenüber einem mißbräuchlich handelnden Aktionär ihre Interessen wahren kann, so liegt eine planwidrige Unvollständigkeit des Gesetzes vor.

Die Vorschriften zum Schutz der Gesellschaft wurden bereits oben erörtert.[352] So ist die Eintragung eines angefochtenen Beschlusses in das Handelsregister meist in das Ermessen des Registerrichters gestellt. Erkennt er die Mißbräuchlichkeit der Rechtsausübung, so handelt er allerdings nur dann

---

[350] Lutter, FS Der Betrieb, S. 193, 205f.; Als einen möglichen Lösungsansatz bezeichnet das auch Schlaus, AG 88, 113, 116. Diekgräf, S. 153 f. entnimmt den Rechtsgedanken zum einen der Wertung des § 71 Abs. 1 Nr. 1 AktG. Es kommt allerdings keine analoge Anwendung der Norm in Betracht, da diese Vorschrift gerade keine Zahlung eines überhöhten Entgeltes ermöglicht, vgl. oben S. 79; ebenso Diekgräf, S. 152. Diekgräf entnimmt dieser Regelung daher nur die Wertung, daß auch das Aktienrecht die Möglichkeit kennt, einen Widerspruch zwischen den Grundsätzen der Kapitalerhaltung und der Pflicht zur Schadensverhinderung aufzulösen. Diekgräf, S. 154 f. entlehnt den Rechtsgedanken zum zweiten dem Rechtfertigungsgrund der übergesetzlichen rechtfertigenden Pflichtenkollision. Diese Rechtsanalogie erscheint jedoch weniger geeignet, da bei einer rechtfertigenden Pflichtenkollision den Pflichtigen zwei miteinander unvereinbare Handlungspflichten treffen. Die Kollision einer Handlungs- mit einer Unterlassungspflicht - § 57 Abs. 1 S. 1 AktG begründet eine solche - wird dagegen von der gesetzlichen Notstandsregelung des § 34 StGB erfaßt: Samson, in: Systematischer Kommentar, § 34 Rn. 27; Lenckner, in: Schönke-Schröder Vor. § 32 Rn. 71. Diekgräf, S. 156 begründet zudem die Rechtfertigung einer von ihm angenommenen Verletzung des Gleichbehandlungsgebots; vgl. dazu bereits oben S. 145 mit Fn. 226. Zur Pflichtwidrigkeit eines Vergleichs trotz erkannter unzweifelhafter Rechtswidrigkeit des Beschlusses vgl. oben S. 96mit Fn. 197; teilweise a. A. Diekgräf, S. 160 ff., insbesondere S. 165 ff.

[351] Larenz, Methodenlehre, S. 368; Enneccerus/Nipperdey, § 58 II 1 b, S. 340.

[352] Vgl. oben S. 31 ff., insbesondere S. 48. Andere Möglichkeiten zur Abwehr eines mißbräuchlichen Verfahrens bestehen nicht, vgl. die Ausführungen von Lutter, FS Der Betrieb, S. 193, 203-205 und Diekgräf, S. 180-186.

ermessensfehlerfrei, wenn er die Eintragung anordnet. Sieht das Gesetz eine Registersperre bei Rechtshängigkeit einer Anfechtungsklage vor, so ist eine Eintragung eines mißbräuchlich angefochtenen Beschlusses dennoch ebenfalls infolge einer teleologischen Reduktion der Vorschrift möglich. Als unzureichend erweist sich der somit gewährte Schutz aber bereits deshalb, weil das Registergericht nicht zu einer umfassenden Beweiserhebung verpflichtet ist, um sich von einer mißbräuchlichen Rechtsausübung durch den Aktionär zu überzeugen. Die umfassende Beurteilung der Begründetheit des präjudiziellen Rechtsstreits erfolgt nur in dem Verfahren vor dem Prozeßgericht.[353]

Hinzu kommt ein zweiter wesentlicher Gesichtspunkt. Der Aktiengesellschaft wird oftmals kein ausreichender Schutz zuteil, selbst wenn das Registergericht die Eintragung verfügt. So kann das Interesse des Unternehmens an einer beständigen Unternehmensleitung einem Vollzug des Beschlusses auch dann entgegenstehen, wenn das Registergericht dessen Eintragung verfügt hat. Das folgt daraus, daß die Aktiengesellschaft oft erhebliche Nachteile zu besorgen hat, wenn ein faktisch bereits durchgeführter Beschluß ex tunc für nichtig erklärt wird.[354] Auch nachträgliche Schadensersatzansprüche gegen den Aktionär vermögen der Gesellschaft wenig zu helfen, wenn sie Beträge erreichen, die der Aktionär nicht aufbringen kann.

Ein wirksamer Schutz der Aktiengesellschaft ist daher nur durch eine schnelle Beendigung des Rechtsstreits und die damit verbundene Gewißheit der Wirksamkeit des Hauptversammlungsbeschlusses möglich. Das kann die Aktiengesellschaft nur durch den Abschluß des von dem Aktionär erstrebten Vergleichsvertrags erreichen. Gerade dieser Schritt ist jedoch mit der Pflicht des Vorstands, bei der Geschäftsführung rechtmäßig zu handeln, nicht zu vereinbaren. Somit besteht eine Regelungslücke.

Zur Lückenausfüllung zieht Lutter einen allgemeinen Rechtsgedanken heran, daß ein verbotswidriges Handeln als sorgfaltspflichtgemäß zu bewerten sei, wenn es zur Abwehr eines ungewöhnlich hohen Schadens erforderlich ist. Unter dieser Voraussetzung verletze der Vorstand nicht seine Sorgfaltspflicht aus § 93 Abs. 1 S. 1 AktG, wenn er einen rechtswidrigen Vergleich mit dem Aktionär abschließe. Es gilt daher zunächst, einen solchen allgemeinen Rechtsgedanken in den gesetzlichen Regelungen aufzuzeigen.

---

[353] Vgl. oben S. 32 mit Fn. 75, S. 40 mit Fn. 121.

[354] A. A. insoweit Diekgräf, S. 177 f. Er verneint einen ausreichenden Schutz der Gesellschaft nur, falls eine Registereintragung nicht erfolgt. Bei Anfechtungsklagen gegen einen Beschluß, mit dem die Hauptversammlung einer Geschäftsführungsmaßnahme zustimmt, bestehe zudem immer ein genügender Schutz, vgl. dazu oben S. 103.

Die Notwehrvorschriften der § 227 BGB und § 32 StGB können nicht Grundlage der Rechtsanalogie sein, da sie lediglich einen Eingriff in die Rechte des Angreifers ermöglichen.[355] Durch einen Verstoß gegen § 57 Abs. 1 S. 1 AktG werden aber nicht die Rechte des mißbräuchlich handelnden Aktionärs, sondern die Rechte der Gläubiger der Gesellschaft beeinträchtigt. Ein geeigneter Rechtsgrundsatz zur Rechtfertigung des Vorstandsverhaltens kann allerdings den Vorschriften der § 904 BGB und § 34 StGB entnommen werden. Sie bringen zum Ausdruck, daß der Verstoß gegen eine Verbotsnorm von der Rechtsordnung nicht mißbilligt wird, wenn er zur Abwehr eines Schadens erforderlich ist und dieser Schaden das mittels der Verbotsnorm geschützte Interesse wesentlich überwiegt.[356] Beide Vorschriften rechtfertigen auch einen Eingriff in Rechte Dritter.

Die Heranziehung dieses allgemeinen Rechtsgedankens ist auch zur Ergänzung des unvollständigen Schutzes der Gesellschaft geeignet, da sie ein dreifaches bewirkt. Der Vorstand darf erstens mit dem mißbräuchlich handelnden Aktionär einen rechtswidrigen Vergleich abschließen, er ist hieran nicht durch eine entgegenstehende Sorgfaltspflicht gehindert. Somit erlangt die Aktiengesellschaft einen ausreichenden Schutz, da ihr die Wahrnehmung ihrer Unternehmensinteressen ermöglicht wird. Zweitens wird dem Interesse der Allgemeinheit und der Gläubiger an der Beachtung von Verbotsgesetzen, insbesondere dem Verbot der Einlagerückgewähr aus § 57 Abs. 1 S. 1 AktG, durch die engen Voraussetzungen einer Rechtfertigungslage Rechnung getragen. Letztlich ist zu beachten, daß die Rechtsanalogie nicht zu dem Ergebnis führt, daß der Vergleichsvertrag selbst rechtmäßig wäre und somit Rückforderungsansprüche gegen den mißbräuchlich handelnden Aktionär ausgeschlossen wären.

Daraus ergibt sich, daß eine Rechtsanalogie zu den Notstandsvorschriften der § 34 StGB, § 904 BGB geeignet ist, den Rechtsschutz der Aktiengesellschaft gegen mißbräuchliche Anfechtungsklagen zu ergänzen. Bei der Beurteilung eines sorgfaltspflichtgemäßen Verhaltens des Vorstands gegenüber einer mißbräuchlichen Anfechtungsklage kann ein rechtswidriges Verhalten mittels der

---

[355] Heinrichs, in: Palandt, § 227 Rn. 10; Dilcher, in: Staudinger, § 227 Rn. 17, 28; Fahse, in: Soergel, § 227 Rn. 28.

[356] Eine Übertragung des allgemeinen Rechtsgedankens zur Rechtfertigung eines straftatbestandsmäßigen Verhaltens wurde bereits vom Reichsgericht vorgenommen, als das StGB eine § 34 StGB entsprechende Regelung noch nicht kannte, RGSt 61, 242, 252, 254. Das Reichsgericht bezeichnete dies in RGSt 62, 137 als übergesetzlichen Notstand. Auch die im Verfassungsrecht angestrebte "praktische Konkordanz" beinhaltet eine ähnliche Güterabwägung, vgl. hierzu Hesse, Grundzüge Rn. 72 m. w. N., 317-319; Lerche Bay VBl 74, 177, 179.

Rechtsanalogie gerechtfertigt sein, der Vorstand also pflichtgemäß handeln. Voraussetzung ist in Analogie zu § 34 StGB, § 904 BGB, daß der Abschluß des Vergleichsvertrags erforderlich ist, um einen weit überwiegenden Schaden der Gesellschaft abzuwehren.

Lutter[357] vertritt allerdings die Ansicht, daß der Vorstand bei dem Abschluß eines gegen § 57 Abs.1 S.1 AktG verstoßenden Vergleichsvertrags nur dann sorgfaltsgemäß handele, wenn eine weitere einschränkende Voraussetzung erfüllt sei. Der weit überwiegende Schaden müsse aus möglichen Schadensersatzansprüchen Dritter drohen. Das bedeutete, daß der Vorstand nicht pflichtgemäß handelte, wenn er an einen opponierenden Aktionär eine Einlage zurückgewährte, um mit dem Vollzug des Hauptversammlungsbeschlusses einen außergewöhnlichen Gewinn zu realisieren. Die Einschränkung ist schon deshalb nicht überzeugend, weil der allgemeine Schadensbegriff auch einen entgangenen Gewinn umfaßt. Das ergibt sich bereits aus § 252 BGB.[358]

Zudem ist ein weiterer Einwand zu beachten. Lutter begründet die zusätzliche Voraussetzung mit dem Hinweis, daß die Zahlung eine seltene Ausnahme bleiben müsse.[359] Das zusätzliche Kriterium stellt sich damit als bloße Billigkeitserwägung dar. Eine solche ist aber nicht erforderlich, da der allgemeine Rechtsgedanke des Notstands bereits ausreichende Wertungskriterien zur Beurteilung der Verhaltenspflichten des Vorstands enthält.[360]

Im Ergebnis handelt der Vorstand bei dem Abschluß eines rechtswidrigen Vergleichsvertrags mit einem mißbräuchlich klagenden Aktionär stets dann sorgfaltsgemäß, wenn der Vertragsabschluß erforderlich ist, um einen weit überwiegenden Schaden der Gesellschaft abzuwenden.

Ein festes Schema zur Beurteilung eines Vorstandsverhaltens kann allerdings nicht angegeben werden, da stets alle Umstände eines Einzelfalles zu berücksichtigen sind. Weit überwiegende Interessen der Aktiengesellschaft an der schnellen Beendigung der mißbräuchlich geführten Anfechtungsklage können nur vorliegen, wenn überhaupt eine erhebliche Beeinträchtigung der Aktiengesellschaft droht.[361] Unter Berücksichtigung der gesamten Geschäftstätigkeit

---

[357] Lutter, FS Der Betrieb, S. 193, 207; a. A. Diekgräf, S. 179 f.

[358] Heinrichs, in: Palandt, § 252 Rn. 1; ders., Vor § 249 Rn. 15 "lucrum cessans".

[359] Lutter, FS Der Betrieb, S. 193, 207.

[360] Diekgräf, S. 188 vertritt die Ansicht, der Vorstand handele nur sorgfaltspflichtgemäß, wenn er zusätzlich vor Abschluß des Vergleichs die Zustimmung des Aufsichtsrates einhole. Er erkennt jedoch selbst die dagegen bestehenden Bedenken, die sich aus § 111 Abs. 4 S. 1 AktG ergeben. Eine Rechtspflicht trifft den Vorstand zur Information des Aufsichtsrates, § 90 Abs. 1 AktG.

[361] Diekgräf, S. 178 f. zieht den Maßstab des § 71 Abs. 1 Nr. 1 AktG heran.

der Aktiengesellschaft wird man einen erheblichen Vermögensschaden frühestens bei fünfstelligen, wenn nicht gar erst bei sechsstelligen Summen annehmen können. Insbesondere bei der Anfechtung eines Beschlusses, der die konzernrechtliche Einbindung einer Gesellschaft betrifft, können zusätzlich personalpolitische Entscheidungen gefährdet werden. Auch sie können für die Gesellschaft einen ganz erheblichen Schaden bedeuten.

b) Pflicht zur Geltendmachung des Rückgewähranspruchs

Der Vorstand, der ausnahmsweise bei der Rückgewähr einer Einlage an einen Aktionär pflichtgemäß handelte, muß gleichwohl den Rückzahlungsanspruch der Aktiengesellschaft aus § 62 Abs. 1 S. 1 AktG geltend machen.[362] Die Rechtfertigung des Vorstandsverhaltens bedeutet nicht, daß zugleich der Vergleichsvertrag mit § 57 Abs. 1 S. 1 AktG vereinbar ist. Der Aktionär darf aus seinem mißbräuchlichen Verhalten keine dauerhaften Vorteile ziehen. Der Vorstand ist außerdem verpflichtet, den Ersatz eines weiterreichenden Schadens der Aktiengesellschaft zu verlangen.[363] Versäumt der Vorstand die Geltendmachung der Rückgewähransprüche, handelt er nunmehr pflichtwidrig und haftet der Aktiengesellschaft auf den Ersatz des daraus entstehenden Schaden gemäß § 93 Abs. 1 S. 1, Abs. 3 Nr. 1 AktG.

c) Pflicht zur Information der Aktionäre und des Aufsichtsrats

Teil der pflichtgemäßen Geschäftsführung des Vorstands ist außerdem die Information der Hauptversammlung über den Ausgang des Anfechtungsverfahrens im Rahmen des Lageberichts, § 289 HGB, den der Vorstand gemäß §§ 120 Abs. 3 S. 2, 176 Abs. 1 S. 1, 2 AktG auch der Hauptversammlung zu erläutern hat. Der Vorstand hat von dem Abschluß des Vergleichsvertrags und auch von einem geltend gemachten Rückforderungsanspruch zu berichten. Gegebenenfalls ist die Erbringung einer Sonderleistung sogar im Anhang des Jahresabschlusses gemäß §§ 264 Abs. 1 S. 1, 277 Abs. 4 S. 1, 2 HGB als außerordentliche Aufwendung auszuweisen und zu erläutern, sofern sie nicht für die Ertragslage von untergeordneter Bedeutung ist.[364] Zudem ist der Vor-

---

[362] Martens, AG 88, 118, 121; Lutter, FS Berieb, S. 193, 207; Diekgräf, S. 191, 194.

[363] Ebenso: Diekgräf, S. 195.

[364] Hommelhoff/Timm, AG 89, 168, 170; Federmann, BB 87, 1071 f., 1073 unter C (1); Isele, in: Küting/Weber § 277 Rn. 122, 124 ff; Budde/Förschle, in: Bil. Komm. § 275 Rn. 224 f. Zur Informationspflicht auch Diekgräf, S. 199.

stand verpflichtet, auch den Aufsichtsrat gemäß § 90 Abs. 1 S. 1, 2 AktG zu informieren.

d) Folgen eines pflichtwidrigen Verhaltens

Es sind schließlich die Folgen eines pflichtwidrigen Verhaltens des Vorstands darzustellen. In Betracht kommen Rechtsbehelfe, die jedem einzelnen Aktionär zustehen und solche, die von einer Minderheit oder auch nur durch Mehrheitsbeschluß der Hauptversammlung geltend gemacht werden können.

aa) Keine Aktionärsklage

Trotz eines rechts- und sorgfaltspflichtwidrigen Handelns des Vorstands bei Abschluß eines Vergleichsvertrags kann ein einzelner Aktionär keinen Anspruch gegen die Aktiengesellschaft auf Unterlassung des Vertragsabschlusses oder Unterlassung der Erfüllung desselben geltend machen. Es besteht kein allgemeines Recht der Aktionäre auf ein recht- und satzungsmäßiges Verhalten des Vorstands bei der Geschäftsführung.[365] Das widerspräche der gesetzlichen Kompetenzstruktur der Aktiengesellschaft.

Den Aktionären kann lediglich insoweit ein Klagerecht zustehen, gerichtet auf Unterlassung einer geplanten oder Beseitigung einer getätigten Maßnahme, als durch sie ihr eigenes Mitgliedschaftsrecht beeinträchtigt wird.[366] Die Schmälerung des Gesellschaftsvermögens beinhaltet aber nicht zugleich eine Verletzung der Entscheidungsbefugnis der Aktionäre über die Gewinnverwendung aus § 174 Abs. 1 AktG. Dieses Recht ermöglicht es den Aktionären nur, über die Verwendung eines tatsächlich entstandenen Gewinns zu entscheiden. Es wird nicht dadurch verletzt, daß der Gewinn der Gesellschaft durch Maßnahmen der Geschäftsführung geschmälert wird. Wollte man anders entscheiden, so könnten die Aktionäre Klage gegen jede Geschäftsführungsmaßnahme des Vorstands mit der Begründung erheben, sie wirke sich negativ auf den zu erwartenden Jahresgewinn aus.

Auch auf die Verletzung des Gleichbehandlungsgebots kann eine Klage gegen den Abschluß eines Vergleichsvertrags nicht gestützt werden, weil

---

[365] BGHZ 83, 122, 135; Mertens, in: Kölner Komm. § 93 Rn. 190 m. w. N.; Zöllner, ZGR 88, 392, 415, 421 ff.; Brondics, Aktionärsklage, S. 106 f.; K. Schmidt, § 21 V 3 a, S. 484; Diekgräf, S. 198 f..

[366] BGHZ 83, 122, 133 f., 135; Mertens, in: Kölner Komm. § 93 Rn. 191 m. w. N.; Brondics, S. 103; Zöllner, ZGR 88, 392, 426.

§ 53 a AktG nicht durch den Abschluß des Vergleichsvertrags verletzt wird.[367]

bb) Anspruch der Aktiengesellschaft auf Schadensersatz

Die nächstliegende Folge einer pflichtwidrigen Einlagerückgewähr ist der Schadensersatzanspruch der Gesellschaft gegen die Vorstandsmitglieder aus § 93 Abs. 1 S. 1, Abs. 3 Nr. 1 AktG, gerichtet auf den Ersatz des Wertes der zurückgewährten Einlage.[368] Der Vorstand kann gegen diesen Anspruch nicht einwenden, daß kein Schaden durch sein Verhalten entstanden sei, weil er durch den Abschluß des Vergleichsvertrags einen höheren Schaden vermieden habe. Die hypothetische Schadensursache des mißbräuchlichen Aktionärsverhaltens kann nicht schadensmindernd berücksichtigt werden, da sie zu der Haftung eines Dritten geführt hätte.[369] Der Vorstand haftet also nach § 93 Abs. 1 S. 1, Abs. 3 Nr. 1 AktG der Aktiengesellschaft auf Ersatz der zurückgewährten Einlage, sofern er den Schaden der Aktiengesellschaft nicht durch die erfolgreiche Geltendmachung eines Rückgewähranspruchs der Aktiengesellschaft gegen den Opponenten mindern kann.

Die Gesellschaft muß den Ersatzanspruch jedoch nur dann geltend machen, wenn dies die Hauptversammlung mit einfacher Mehrheit beschließt oder eine Minderheit, deren Anteile zusammen den zehnten Teil des Grundkapitals erreichen, dies verlangt, § 147 Abs. 1 S. 1 AktG.

cc) Bestellung eines Sonderprüfers, Entlastungsverweigerung

Zur Vorbereitung eines Schadensersatzanspruchs kann die Hauptversammlung mit einfacher Stimmenmehrheit, § 142 Abs. 1 S. 1 AktG, die Bestellung eines Sonderprüfers beschließen, der das Vorstandsverhalten im Rahmen der Geschäftsführung zu überprüfen hat. Auch diese Maßnahme kann eine Minderheit, die 10% des Grundkapitals der Aktiengesellschaft hält, § 142 Abs. 2 S. 1 AktG, verlangen.

Andererseits kann die Hauptversammlungsmehrheit, nicht aber eine qualifizierte Minderheit, dem Vorstand die Entlastung gemäß § 120 Abs. 1 S. 1

---

[367] Vgl. oben S. 86 und S. 93.

[368] Einen solchen Schadensersatzanspruch bejahen: Lutter, FS Der Betrieb, S. 193, 202; Hirte, BB 88, 1469, 1474; Diekgräf, S. 196 f.

[369] Vgl.: BGH NJW 67, 551, 552; Grunsky, in: Münch Komm, Vor § 249 Rn. 84; Medicus, in: Staudinger, § 249 Rn. 100 f.; Mertens, in: Soergel, Vor § 249 Rn. 153.

AktG verweigern. Dies ermöglicht es dem Aufsichtsrat, die betroffenen Vorstandsmitglieder nach § 84 Abs. 3 AktG abzuberufen, wenn in der Verweigerung der Entlastung zugleich ein Vertrauensentzug durch die Hauptversammlung zum Ausdruck kommt.[370]

[370] Eckardt, in: Geßler/Hefermehl/Eckardt/Kropff, § 120 Rn. 45; Baumbach/Hueck, § 120 Anm. 10; Barz, in: GroßKomm., § 120 Anm. 3; Godin/Wilhelmi, § 120 Anm. 5; nur geringfügig enger Zöllner, in: Kölner Komm. § 120 Rn. 4.

Zusammenfassung

1. Das Anfechtungsrecht ist ein eigennütziges Mitverwaltungsrecht des Aktionärs. Dieser kann es geltend machen, wenn er zum Zeitpunkt der Klageerhebung Aktionär der Gesellschaft ist. Seine Mitgliedschaft braucht aber weder notwendig bereits zum Zeitpunkt der Hauptversammlung zu bestehen noch über den Zeitpunkt der Klageerhebung hinaus anzudauern. Die Widerspruchseinlegung gegen den Hauptversammlungsbeschluß durch den Aktionär bzw. seinen Rechtsvorgänger ist hingegen eine zwingende Voraussetzung des Anfechtungsrechts.

2. Die Erhebung einer Anfechtungsklage wird oftmals den Vollzug eines Hauptversammlungsbeschlusses wesentlich verzögern. Besteht eine gesetzliche Registersperrre, so ist die Durchführung nur möglich, wenn das Registergericht die Klage als mißbräuchlich erkennt und daher die Eintragung verfügt. In den übrigen Fällen einer konstitutiven Eintragung liegt diese im Ermessen des Registergerichts. Darüber hinaus kann eine einstweilige Verfügung des Aktionärs der Durchführung ebenso entgegenstehen wie das Interesse der Gesellschaft an einer kontinuierlichen Unternehmensleitung.

3. Das Anfechtungsrecht des Aktionärs bezweckt nicht den Schutz der übrigen Aktionäre oder der Aktiengesellschaft. Daher steht die Ratio des Anfechtungsrechts nicht einem Vergleich entgegen, mit dem der Aktionär auf eine weitere Rechtsausübung verzichtet.

4. Der Vergleich verstößt nicht gegen § 57 Abs. 1 S. 1 AktG, wenn die Aktiengesellschaft dem Aktionär seine erstattungsfähigen Prozeßkosten und den Schaden ersetzt, der diesem durch den möglicherweise rechtswidrigen Hauptversammlungsbeschluß entstanden ist. Der Ausgleich eines solchen Schadens ist jedoch ausgeschlossen, wenn der Aktionär zur Wahrung seiner vermögenswerten Interessen auf das Spruchstellenverfahren nach § 306 AktG, § 30 UmwG verwiesen ist. Weiterreichende Zahlungen können auch nicht mit einer analogen Anwendung des § 71 Abs. 1 Nr. 1 AktG gerechtfertigt werden.

5. Das Gebot der Gleichbehandlung aller Aktionäre wird durch den Abschluß eines Vergleichs zwischen der Aktiengesellschaft und einem Aktionär nicht verletzt. Soweit eine Zahlung der Aktiengesellschaft mit § 57

Abs. 1 S. 1 AktG vereinbar ist, entspricht eine ungleiche Behandlung des opponierenden gegenüber den übrigen Aktionären auch der Ungleichartigkeit seiner Rechtsbeziehungen zu der Aktiengesellschaft. Verstößt die Aktiengesellschaft mit der Zahlung bereits gegen das strikte Verbot der Einlagerückgewähr, so ist eine gleichzeitige Verletzung des § 53 a AktG gerade wegen der Zuwiderhandlung ausgeschlossen. Ein Anspruch der übrigen Aktionäre auf eine erhöhte Dividendenausschüttung besteht nicht.

6. Das Anfechtungsrecht wird weder durch eine spezifische Treuepflicht des Aktionärs noch durch das Verbot der schikanösen Rechtsausübung, § 226 BGB, begrenzt. Das Anfechtungsrecht findet statt dessen seine Schranke in dem allgemeinen Gebot von Treu und Glauben aus § 242 BGB.

7. Ein Aktionär handelt rechtsmißbräuchlich, wenn er bei der Geltendmachung des Anfechtungsrechts ganz überwiegend zweckwidrige Ziele verfolgt. Erstrebt er einen Sondervorteil, so ergibt sich sein mißbräuchliches Verhalten aus dem Umstand, daß er hierbei die bestehende Zwangslage der Aktiengesellschaft zu seinem Vorteil ausnutzt.

8. Ein Vergleich zwischen der Aktiengesellschaft und dem Aktionär, in dem die Gesellschaft dem Opponenten den erstrebten Sondervorteil verspricht, um eine mißbräuchliche Anfechtungsklage abzuwenden, ist sowohl nach § 57 Abs. 1 S. 1 AktG, § 134 BGB, als auch in der Regel nach § 138 Abs. 2 BGB nichtig. Gleiches gilt für die Erfüllungsgeschäfte.

9. Der Aktiengesellschaft stehen mehrere Rückgewähransprüche zu, wenn sie dem Aktionär einen Sondervorteil gewährt hat. Der Anspruch aus § 62 Abs. 1 S. 1 AktG ist dabei von besonderer Wichtigkeit. Gegen einen mißbräuchlich klagenden Aktionär kann die Aktiengesellschaft zudem einen Schadensersatzanspruch geltend machen.

10. Ein Vergleichsvertrag, in dem die Aktiengesellschaft einem Anfechtungskläger Sondervorteile verspricht, ist auch dann nach § 57 Abs. 1 S. 1 AktG, § 134 BGB nichtig, wenn die Aktiengesellschaft den ordnungsgemäß klagenden Aktionär zum Vertragsabschluß verleitet hat. Der Aktionär hat den erlangten Sondervorteil an die Aktiengesellschaft gemäß § 62 Abs. 1 S. 1 AktG zurückzugewähren. Der Vorstand der Aktiengesellschaft kann sich in diesem Fall jedoch wegen Betrugs strafbar machen, so daß der Aktionär seine Prozeßhandlung der Klagerücknahme unter den Voraussetzungen der §§ 580 f. ZPO widerrufen kann. Außerdem muß die Aktiengesellschaft mit einem Schadensersatzanspruch des Aktionärs rechnen.

11. Der Vorstand handelt bei einem Abschluß eines rechtmäßigen Vergleichsvertrags sorgfaltspflichtgemäß, wenn dies zur Abwendung der Gefahr einer erheblichen Schädigung der Gesellschaft erforderlich ist und diese Pflicht schwerer wiegt als die Pflicht, eine umfassende Überprüfung der Rechtmäßigkeit des Verwaltungshandelns zu ermöglichen. Einen ohne Mißbrauchsabsichten klagenden Aktionär darf der Vorstand nicht zum Abschluß eines unzulässigen Vergleichsvertrags verleiten.

12. Zur Abwehr einer mißbräuchlichen Anfechtungsklage darf der Vorstand unter Umständen auch einen Vergleich mit dem Opponenten abschließen, der gegen das Verbot der Einlagerückgewähr aus § 57 Abs.1 S.1 AktG verstößt. Das setzt in analoger Anwendung der § 34 StGB, § 904 BGB voraus, daß der Vergleich zur Abwendung eines weit überwiegenden Schadens der Gesellschaft erforderlich ist.

Literatur

Akademie für Deutsches Recht: 1933-1945, Protokolle der Ausschüsse, hrsg. von Werner Schubert, Berlin, New York 1986.

Arens, Peter: Streitgegenstand und Rechtskraft im aktienrechtlichen Anfechtungverfahren, Bielefeld 1960.

- Willensmängel bei Parteihandlungen im Zivilprozeß, Bad Homburg v. d. H., Berlin, Zürich 1968.

Ballerstedt, Kurt: Kapital, Gewinn und Ausschüttung bei Kapitalgesellschaften, Tübingen 1949.

Bassenge, Peter / *Herbst*, Gerhard: Gesetz über die Angelegenheiten der freiwilligen Gerichtsbarkeit, Rechtspflegergesetz, 4. Auflage, Heidelberg 1986.

Baumbach, Adolf: Aktiengesetz, 5. Auflage, München 1944.

Baumbach, Adolf / *Hueck*, Alfred: Aktiengesetz, 13. Auflage, bearbeitet von Alfred Hueck, Götz Hueck, unter Mitwirkung von Joachim Schulze, München 1968.
12. Auflage, bearbeitet von Alfred Hueck, München 1964.

- GmbHG-Gesetz. Gesetz betreffend die Gesellschaften mit beschränkter Haftung, bearbeitet von Götz Hueck, Joachim Schulze-Osterloh, Wolfgang Zöllner, 15. Auflage, München 1988.

Baumbach, Adolf / *Lauterbach*, Wolfgang / *Albers*, Jan / *Hartmann*, Peter: Zivilprozeßordnung mit Gerichtsverfassungsgesetz und anderen Nebengesetzen, verfaßt von Jan Albers und Peter Hartmann, 47. Auflage, München 1989.

Baumgärtel, Gottfried: Die Verwirkung prozessualer Befugnisse im Bereich der ZPO und des FGG, in: ZZP 67, S. 423-451.

- Treu und Glauben, gute Sitten und Schikaneverbot im Erkenntnisverfahren, in: ZZP 69, 89-131.

Baums, Theodor: Anmerkung zu OLG Hamm BB 1981, S. 259-262, in: BB 1981, S. 262-265.

- Eintragung und Löschung von Gesellschafterbeschlüssen, Heidelberg 1981.

- Registerrechtliche Fragen bei mißbräuchlicher Anfechtung, in: Mißbräuchliches Aktionärsverhalten, hrsg. von Wolfram Timm, Köln 1990, S. 85-88.

Baur, Fritz: Zur Beschränkung der Entscheidungsbefugnis des Registerrichters durch einstweilige Verfügung, in: ZGR 1972, S. 421-426.

Bayer, Walter: Anmerkung zu OLG Köln WM 1988, S. 1792-1797, in:, WuB II A., § 340 a AktG 1.89.

Becker-Eberhard, Ekkehard: Grundlagen der Kostenerstattung bei der Verfolgung zivilrechtlicher Ansprüche. Zugleich ein Beitrag zum Verhältnis zwischen materiellrechtlichem und prozessualem Kostenerstattungsanspruch, Bielefeld 1985.

Beck'scher Bilanz-Kommentar: Der Jahresabschluß nach Handels- und Steuerrecht, bearbeitet von Wolfgang Dieter Budde u. a., 2. Auflage, München 1990. (zitiert: Bil.Komm.-Bearbeiter).

Beck'sches Handbuch der Rechnungslegung: hrsg. von Edgar Castan u. a., München 1987; (zitiert: Bearbeiter in Beck'sches HdbR).

Beeser, Julius: Inpfandnahme von Eigenaktien, in: AcP 159, S. 56-76.

Begründung, Allgemeine: Allgemeine Bgündung zum Entwurf eines Gesetzes, betreffend die KGaA und AG (1884), abgedruckt in: Schubert, Werner, Hommelhoff, Peter, Hundert Jahre modernes Aktienrecht, Berlin, New York 1985.

Begründung des Regierungsentwurfs: Entwürfe der Bundesregierung a) eines Aktiengesetzes, b) eines Einführungsgesetzes zum Aktiengesetz mit je einer Begründung, in: BTDS IV/171 S. 1-334.

Bender, Rolf: Probleme des Konsumentenkredits, in: NJW 1980, S. 1129-1136.

Beyerle, Konrad: Zur Klagebefugnis eines Aktionärs bei Übertragung der Aktien auf Dritte, in: DB 1982, S. 837-845.

Bokelmann, Gunther: Anmerkung zu OLG Karlsruhe OLGZ 86, 155-159, in: EWiR § 144 FGG, 1/86, S. 367-368.

- Rechtsmißbrauch des Anfechtungsrechts durch den Aktionär? Bielefeld 1970.

- Rechtsmißbrauch des Anfechtungsrechts durch den Aktionär, in: BB 1972, S. 733-737.

Bommert, Rainer: Verdeckte Vermögensverlagerungen im Aktienrecht, Köln, Berlin, Bonn, München 1989.

Bondi, Felix: Der Begriff der "Einlage" des Aktionärs (§ 213 HGB), in: DJZ 1906, Spalten 1250-1252.

Bork, Reinhard: Aktuelle Probleme des Aktienrechts, in: ZIP 1990, S. 1037-1044.

- Der Vergleich, Berlin 1988.

Breit, James: Anmerkung b) zu RG JW 1916, S. 490-492, in: JW 1916, S. 490-491.

- Ansprüche des Aktionärs gegen die Aktiengesellschaft aus dem Erwerb der Aktien, in: ZHR 76 (1915), S. 415-454.

Brodmann, Erich: Aktiengesetz, Berlin, Leipzig 1928.

Brondics, Klaus: Die Aktionärsklage, Berlin 1988.

Bumiller, Ursula / *Winkler*, Karl: Freiwillige Gerichtsbarkeit, Gesetz über die Angelegenheiten der freiwilligen Gerichtsbarkeit, 4. Auflage, München 1987.

Burg, Detlev von der: Mißbrauch von Aktionärsrechten und Ausschluß aus der Hauptversammlung, in: AG 1962, S. 92-94.

Canaris, Claus Wilhelm: Die Rückgewähr von Gesellschaftereinlagen durch Zuwendungen an Dritte, S. 31-64, in: Festschrift für Robert Fischer, hrsg. von Marcus Lutter u. a., Berlin, New York 1979.

- Die Vertrauenshaftung im Deutschen Privatrecht, München 1971.

Claussen, Carsten Peter: Mißbräuchliches Aktionärsverhalten - wie verhält man sich dazu?, in: AG 1990 S. 156-157.

Damm, Reinhard: Einstweiliger Rechtsschutz im Gesellschaftsrecht, in: ZHR 154 (1990), S. 413-442.

Del Vecchio, Giorgio: Die Gerechtigkeit, 2. Auflage, Basel 1950.

Deuss, Peter: Das Auskunftsrecht des Aktionärs in der Hauptversammlung der Aktiengesellschaft nach § 112 AktG und als Problem der Aktienrechtsreform, München, Berlin 1962.

Diekgräf, Robert: Sonderzahlungen an opponierende Kleinaktionäre im Rahmen von Anfechtungs- und Spruchstellenverfahren. Unter besonderer Berücksichtigung der Frage einer Zahlungsbefugnis der betroffenen AG, Heidelberg 1990.

Diskussionsentwurf: Gesetz zur Bereinigung des Umwandlungsrechts, Text und Begründung; Bundesanzeiger.

Döllerer, Georg: Fragen der verdeckten Gewinnausschüttung der Aktiengesellschaft, in: BB 1967, S. 1437-1446.

- Zur Rechtsnatur der neuen Körperschaftssteuer, in: BB 1983, S. 1-5.

- Aktuelle Fragen aus dem Bereich der verdeckten Gewinnausschüttung und der verdeckten Einlage, in: BB 1973, S. 5-10.

Düringer, A. / *Hachenburg*, Max: Das Handelsgesetzbuch, III.Band/1.Teil §§ 178-230 a HGB, erläutert von Fritz Bing u. a., Mannheim, Berlin, Leipzig 1934.

Eifler, Günter: Grundsätze ordnungsmäßiger Bilanzierung für Rückstellungen, Düsseldorf 1976.

Emmerich, Volker: Anmerkung zu AG Düsseldorf ZIP 1988, S. 970-971, in: WuB II A., § 142 AktG 1.89.

- Anmerkung zu LG Bielefeld WM 1988, S. 218-220, in: WuB II A., § 345 AktG 1.88.

- Anmerkung zu OLG Hamm WM 1988, S. 943-946, in: WuB II A.,§ 345 AktG 2.88.

Endemann, Wilhelm: Das deutsche Handelsrecht, 2. Auflage, Heidelberg 1868.

Enneccerus, Ludwig / *Nipperdey*, Hans Carl: Allgemeiner Teil des Bürgerlichen Rechts, Erster Halbband: Allgemeine Lehren, Personen, Rechtsobjekte, 15. Auflage, Tübingen 1959.
Zweiter Halbband: Entstehung, Untergang und Veränderung der Rechte. Ansprüche und Einreden, Ausübung und Sicherung der Rechte, Tübingen 1960.

Erman, Walter: Handkommentar zum Bürgerlichen Gesetzbuch, hrsg. von Harm Peter Westermann, Band 1, §§ 1-853 BGB, 8. Auflage, Münster 1989.

Esser, Josef: Schuldrecht, Band I, Allgemeiner Teil, 4. Auflage, Karlsruhe 1970.

Fabricius, Andreas: Vermögensbindung in AG und GmbH - tiefgreifender Unterschied oder grundsätzliche Identität -, in: ZHR 144 (1980), S. 628-641.

Fechner, Erich: Die Treubindungen des Aktionärs. Zugleich eine Untersuchung über das Verhältnis von Sittlichkeit, Recht und Treue, Weimar 1942.

Federmann, Rudolf: Außerordentliche Erträge und Aufwendungen in der GuV-Rechnung, in: BB 1987, S. 1071-1078.

Fischer, Robert: Anmerkung zu BGHZ 36, 121-142, in: JZ 1962, S. 410-411.

Fischer, Robert / *Lutter*, Marcus / *Hommelhoff*, Peter: GmbH-Gesetz, Kommentar, bearbeitet von Marcus Lutter und Peter Hommelhoff, 12. Auflage, Köln 1987.

Flechtheim: Eine wichtige kartellrechtliche Entscheidung, in: JW 1916, S. 937-939.

Flume, Werner: Grundfragen der Aktienrechtsreform, Düsseldorf 1960.

- Allgemeiner Teil des bürgerlichen Rechts, Erster Band, Zweiter Teil, Die juristische Person, Berlin, Heidelberg, New York, Tokyo 1983.

- Reichen die Vorschriften des Steuerrechts - unter Berücksichtigung des Gesellschaftsrechts - aus, um Vermögensbewegungen zwischen verbundenen Unternehmen vollständig und befriedigend zu regeln? In: Verhandlungen des 49. deutschen Juristentages, Band II S. Q 8-Q 29, München 1972.

Fröhlich, Georg: Widerruf der Rechtsmittelrücknahme, in: JR 1955, S. 336-337.

Gadow, Wilhelm / *Heinichen*: Eduard, Aktiengesetz, Großkommentar, bearbeitet von Carl Hans Barz u. a.,
2. Auflage, 1. Band §§ 1-144, Berlin 1961,
2. Band §§ 145-304, Berlin 1965.
1. Auflage, bearbeitet von Wilhelm Gadow u. a., Berlin 1939.

Gail, Winfried: Aktienrechtliche Rückgewähr von Einlagen und steuerrechtliche verdeckte Gewinnausschüttung - Gemeinsamkeiten und Unterschiede, in: WPg 1970, S. 237-242.

Geßler, Ernst: Zur handelsrechtlichen verdeckten Gewinnausschüttung, S. 131-148, in: Festschrift für Robert Fischer, hrsg. von Marcus Lutter u. a., Berlin, New York 1979.

Geßler, Ernst / *Hefermehl*, Wolfgang / *Eckardt*, Ulrich / *Kropff*, Bruno: Aktiengesetz, Kommentar von Ernst Geßler u. a., München,
Bd.I, §§ 1-75 (1984),
Bd. II §§ 76-147 (1973),
Bd. III §§ 148-178 (1974),
12. Lieferung, §§ 179-191, (1989),
9. Lieferung, §§ 241-261 (1984),
6. Lieferung, §§ 291-318 (1976).

Geßler, Jörg H.: Aktiengesetz mit dem "Dritten Buch des HGB" (§§ 238-335 HGB) u. a., Kommentar, Loseblattsammlung, Stand Oktober 1989, Frankfurt a. M.

Glade, Anton: Rechnungslegung und Prüfung nach dem Bilanzrichtlinien-Gesetz, Systematische Darstellung und Kommentar, Herne, Berlin 1986.

Godin, Reinhard Frh. v. / *Wilhelmi*, Hans: Aktiengesetz, Kommentar, 4. Auflage, bearbeitet von Sylvester Wilhelmi, Berlin, New York 1971.
Band 1: §§ 1-178, Band 2: §§ 179-410.
2. Auflage, Berlin 1950.

Goldmann, Samuel: Das Handelsgesetzbuch vom 10. Mai 1897, Zweiter Band, Berlin 1905.

Goldschmidt, Robert: Grundfragen des neuen schweizerischen Aktienrechts, St.Gallen 1937.

Götz, Hans Norbert: Zum Mißbrauch aktienrechtlicher Anfechtungsklagen, in: DB 1989, S. 261-269.

Großkommentar: Aktiengesetz, Großkommentar, bearbeitet von Carl Hans Barz u. a., 3. Auflage, Berlin
Band I, 1, §§ 1-75 (1973),
Band I, 2, §§ 76-147 (1973),
Band II, §§ 148-178 (1970),
Band III, §§ 179-290 (1973),
Bd. IV, §§ 291-410 (1975).

Großkommentar HGB: Staub, Großkommentar, 4. Auflage, hrsg. von Claus Wilhelm Canaris u. a., Berlin, New York,
1. Lieferung: Einleitung, §§ 1-16, (1983).
9. Lieferung: §§ 161-177a (1987).

Haberlandt, Helmut: Zur Auskunftspflicht über Vorstandsbezüge, in: BB 1962, S. 117-119.

Habscheid, Walther J.: Freiwillige Gerichtsbarkeit, 7. Auflage, München 1983.

Hachenburg, Max: Gesetz betreffend die Gesellschaften mit beschränkter Haftung (GmbHG). Großkommentar, bearbeitet von Carl Hans Barz u. a., 7. Auflage, Berlin, New York; Zweiter Band: §§ 13-52 (1979).

- Verkauf eigener Aktien durch die Aktiengesellschaft und eigener Geschäftsanteile durch die Gesellschaft m.b.H., in: Das Recht 1907, Spalten 225-232.

Hackl, Karl: Äquivalenzstörung und Sittenwidrigkeit, in: BB 1977, S. 1412-1415.

Hahn, C.: Die gesammten Materialien zu den Reichsjustizgesetzen, Band 2, Erste Abteilung, Materialien zur Civilprozeßordnung, Berlin 1880.

Hahn, C. / *Mugdan*, B.: Die gesammten Materialien zu den Reichsjustizgesetzen, Band 6, Materialien zum Handelsgesetzbuch, Berlin 1897.
Band 7, Materialien zum Gesetz über die Angelegenheiten der freiw. Gerichtsbarkeit. Materialien zum Gesetz betreffend die Änderungen der Konkursordnung nebst Einführungsgesetz, Berlin 1898.

Heckschen, Heribert: Anmerkung zu OLG Düsseldorf WM 1989, S. 1605-1607, in: WuB II A., § 306 AktG 1.90.

- Anmerkung zu OLG Karlsruhe WM 1989, S. 1134-1142, in: WuB II A., § 340 a AktG 2.89.

- Anmerkung zu OLG Frankfurt a. M. WM 1989, S. 148-149, in: EWiR § 306 AktG 1/90, 227.

- Anmerkung zu OLG Frankfurt a. M. WM 1990, S.596-598, in: WuB II. A. § 345 AktG 1.90.

- Fusion von Kapitalgesellschaften im Spiegel der Rechtsprechung, in: WM 1990, S. 377-389.

- Verschmelzung von Kapitalgesellschaften, Stuttgart 1989.

- Das Verschmelzungsrecht auf dem Prüfstand, in: ZIP 1989, S. 1168-1174.

Heinze, Meinhard: Einstweiliger Rechtsschutz in aktienrechtlichen Anfechtungs- und Nichtigkeitsverfahren, in: ZGR 1979, S. 293-333.

Henn, Günter: Handbuch des Aktienrechts, 3. Auflage, Kronberg/Ts 1987.

Hesse, Konrad: Grundzüge des Verfassungsrechts der Bundesrepublik Deutschland, 16. Auflage, Heidelberg 1988.

Heuer, Carl-Heinz: Wer kontrolliert die "Kontrolleure"? -Anmerkungen zur Kochs-Adler-Entscheidung des Bundesgerichtshofes-, in: WM 1989, S. 1401-1408.

Heymann, Ernst: Handelsgesetzbuch, (ohne Seerecht), Kommentar begründet von Ernst Heymann, bearbeitet von Volker Emmerich u. a., Berlin, New York,
Band 1: §§ 1-104, 1989,
Band 3: §§ 238-342, 1989.

Hirte, Heribert: Anmerkung zu BGH WM 1989, S. 1128-1134, in: EWiR § 246 AktG 1/89, S. 843-844.

- Mißbrauch von Aktionärsklagen - allgemeine Abwägung oder konkrete Definition?, in: DB 1989, S. 267-269.

- Mißbrauch aktienrechtlicher Anfechtungsklagen, in: BB 1988, S. 1469-1477.

- Die Nichtbestellung von Sonderprüfern im Feldmühle-Verfahren, ZIP 1988, S. 953-957.

Holtermann, Manfred: Verbotene Kapitalrückzahlung und verdeckte Gewinnausschüttung durch Dritten im Recht der AG, in: BB 1988, S. 1538-1546.

Hommelhoff, Peter / *Timm*, Wolfram: Aufwandspauschalen für Anfechtungskläger, AG 1989, S. 168-170.

Hopt, Klaus: Schadensersatz aus unberechtigter Verfahrenseinleitung, München 1968.

Horn, Norbert: Aktien- und konzernrechtlicher Vermögensschutz der Aktiengesellschaft und der Gang an die Börse, in: ZIP 1987, S. 1225-1234.

Horrwitz, Hugo: Recht der Generalversammlungen der Aktien-Gesellschaften und Kommandit-Gesellschaften auf Aktien, Berlin 1913.

Horrwitz, Walter: Nichtige und anfechtbare Generalversammlungsbeschlüsseim geltenden und zukünftigen Aktienrecht, (Teil 2), in: ZBH 1933, S. 86-91.

Hueck, Alfred: Anfechtbarkeit und Nichtigkeit von Generalversammlungsbeschlüssen bei Aktiengesellschaften, Mannheim, Berlin, Leipzig 1924.

- Der Treuegedanke im modernen Privatrecht, München 1947.

Hueck, Alfred / *Nipperdey*, Hans Carl: Lehrbuch des Arbeitsrechts, 7. Auflage, Erster Band von Alfred Hueck, Berlin, Frankfurt a. M. 1963.

Hueck, Götz: Gesellschaftsrecht, 18. Auflage, München 1983.

- Der Grundsatz der gleichmäßigen Behandlung im Privatrecht, Berlin, München 1958.

Immenga, Ulrich: Die Problematik der Anfechtungsklage im GmbH-Recht, in: GmbH-Rdsch 1973, S. 5-11.

Ipsen, Hans Peter: Gleichheit, S. 111-198 in: Die Grundrechte, Band 2, Handbuch der Theorie und Praxis der Grundrechte, hrsg. von Franz L. Neumann u. a., Berlin 1968.

Jakobs, Günther: Nötigung durch Drohung als Freiheitsdelikt, in: Einheit und Vielfalt des Strafrechts, S. 69-89, in: Festschrift für Karl Peters zum 70. Geburtstag, hrsg. von Jürgen Baumann und Klaus Tiedemann, Tübingen 1974.

Jansen, Paul: FGG, Gesetz über die Angelegenheiten der freiwilligen Gerichtsbarkeit mit Nebengesetzen und bundes- und landesrechtlichen Ergänzungs- und Ausführungsvorschriften, 2. Auflage, Berlin,
Erster Band, §§ 1-34, (...), 1969
Zweiter Band, §§ 35-166, 1970.

Jauernig, Othmar: Bürgerliches Gesetzbuch mit Gesetz zur Regelung des Rechts der Allgemeinen Geschäftsbedingungen, erläutert von Othmar Jauernig u. a., 5. Auflage, München 1990.

Joost, Detlev: Grundlagen und Rechtsfolgen der Kapitalerhaltungsregeln im Aktienrecht, in: ZHR 149 (1985), S. 419-443.

Josef, Eugen: Streitfragen aus der freiwilligen Gerichtsbarkeit in Handelssachen. Das Beschwerderecht der Mitglieder von Gesellschaften, in: Holdh.Mschr.19 (1910), S. 127-132.

Karakatsanes, Johannes: Die Widerrechtlichkeit in § 123 BGB, Berlin 1974.

Keidel, Theodor / *Kuntze*, Joachim / *Winkler*, Karl: Freiwillige Gerichtsbarkeit, Teil A, Handausgabe des Gesetzes über die Angelegenheiten der freiwilligen Gerichtsbarkeit mit Erläuterungen, von Theodor Keidel u. a., 12. Auflage, München 1987.

Keidel, Theodor / *Schmatz*, Hans / *Stöber*, Kurt: Registerrecht, bearbeitet von Theodor Keidel u. a., 4. Auflage, München 1985.

Keßler, Heinrich: Erfordert der Prozeßvergleich ein gegenseitiges Nachgeben? in: DRiZ 1978, S. 79-80.

Kipp, Theodor: Über Doppelwirkungen im Recht, insbesondere über die Konkurrenz von Nichtigkeit und Anfechtbarkeit, S. 211-233, in: Festschrift der Berliner Juristischen Fakultät für Ferdinand von Martitz zum fünfzigjährigen Doktorjubiläum, Berlin 1911.

Klausing, Friedrich: Gesetz über Aktiengesellschaften und Kommanditgesellschaften auf Aktien (Aktiengesetz) nebst Einführungsgesetz und "Amtlicher Begründung", Berlin 1937.

- Treupflicht des Aktionärs? Gedanken über "Aktienrechtsreform" und "Wirtschaftsethos". S. 405-456 in: Beiträge zum Recht des neuen Deutschland, Festschrift für Franz Schlegelberger zum 60. Geburtstag, Berlin 1936.

Knobbe-Keuk, Brigitte: Bilanz- und Unternehmenssteuerrecht, Köln, 7. Auflage 1989.

Knothe, Hans Georg: Die Rücknahme von Widersprüchen gegen Errichtungsgenehmigungen von Kraftwerken gegen Entgelt -BGHZ 79, 131, in: JuS 1983, S. 18-23.

Köhler, Helmut: Rückabwicklung fehlerhafter Unternehmenszusammenschlüsse(Unternehmensvertrag, Eingliederung, Verschmelzung, Gemeinschaftsunternehmen), in: ZGR 1985, S. 307-337.

Koenige, Heinrich: Handausgabe des Handelsgesetzbuchs, 4.Auflage 1936 bearbeitet von Robert Teichmann und Walter Koehler, Band 1, §§ 1-177, 335-473, Mannheim, Berlin, Leipzig 1936.

Kölner Kommentar: Kölner Kommentar zum Aktiengesetz, hrsg. von Wolfgang Zöllner, Köln, München,
2. Auflage, §§ 1-75 (1988),
§§ 76-94 (1989),
§§ 291-328 (1987).
1. Auflage, Einleitungsband (1984),
§§ 1-147 (1973),
§§ 148-290, (1976),
§§ 291-410, (1985).

Kort, Michael: Zur Treupflicht des Aktionärs, in: ZIP 90, S. 294-297.

Kossen, Klaus C.: Haftung des Vorstandes und des Aufsichtsrates einer Aktiengesellschaft für Pflichtverletzungen, in: DB 1988, S. 1785-1791.

Kropff, Bruno: Aktiengesetz, Düsseldorf 1965.

Kübler, Friedrich: Gesellschaftsrecht, 2. Auflage, Heidelberg 1985.

Kust, Egon: Zur Sorgfaltspflicht und Verantwortlichkeit eines ordentlichen und gewissenhaften Geschäftsleiters, in: WM 1980, S. 758-765.

Küting, Carlheinz / *Weber*, Claus-Peter: Handbuch der Rechnungslegung, Kommentar zur Bilanzierung und Prüfung, hrsg. von Carlheinz Küting und Claus-Peter Weber, 2. unveränderte Auflage, Stuttgart 1986.

Lang, Johann / *Weidmüller*: Genossenschaftsgesetz, von Egon Metz und Hans Jürgen Schaffland, 32. Auflage, Berlin, New York 1988.

Lange, Hermann: Schadensersatz, Band 1 des Handbuchs des Schuldrechts in: Einzeldarstellungen, hrsg. von Joachim Gernhuber, Tübingen 1979.

Lange, Joachim: Verdeckte Gewinnausschüttungen, Eine systematische Darstellung der Voraussetzungen und Auswirkungen, 2. Auflage, Berlin 1969.

Larenz, Karl: Lehrbuch des Schuldrechts, Erster Band, Allgemeiner Teil, 14. Auflage, München 1987.

- Methodenlehre der Rechtswissenschaft, 5. Auflage, Berlin, Heidelberg, New York 1983.

- Allgemeiner Teil des deutschen bürgerlichen Rechts, 7. Auflage, München 1989.

Lerche, Peter: Schranken der Kunstfreiheit - Insbesondere zu offenen Fragen der Mephisto-Entscheidung, Bay VBl 1974, S. 177-185.

Lorenz, Werner: Anmerkung zu BGH JZ 1963, S. 318-319, in: JZ 1963, S. 319-320.

Lüke, Wolfgang: Das Verhältnis von Auskunfts-, Anfechtungs- und Registerverfahren im Aktienrecht, in: ZGR 1990, S. 657-681.

Luther, Martin: Die genossenschaftliche Aktiengesellschaft, Tübingen 1978.

Lutter, Marcus: Die entgeltliche Ablösung von Anfechtungsrechten - Gedanken zur aktiven Gleichbehandlung im Aktienrecht-, in: ZGR 1978, S. 347-372.

- Anmerkung zu LG Köln WM 1988 S. 758-761, in: WuB II A., § 62 AktG 1.88.

- Zur Abwehr räuberischer Aktionäre, S. 193-210 in: Festschrift 40 Jahre Der Betrieb, Stuttgart 1988.

- Die Eintragung anfechtbarer Hauptversammlungsbeschlüsse im Handelsregister, in: NJW 1969, S. 1873-1879.

- Europäisches Gesellschaftsrecht, Texte und Materialien zur Rechtsangleichung nebst Einführung und Bibliographie, Zweite Auflage, Berlin, New York 1984.

- Kapital, Sicherung der Kapitalaufbringung und Kapitalerhaltung in den Aktien- und GmbH-Rechten der EWG, Karlsruhe 1964.

- Theorie der Mitgliedschaft - Prolegomena zu einem Allgemeinen Teil des Korporationsrechts -, in: AcP 180, S. 84-159.

- Die Treupflicht des Aktionärs, in: ZHR 153 (1989), S. 446-471.

Lutter, Marcus / *Friedewald*, Rolf: Kapitalerhöhung, Eintragung im Handelsregister und Amtslöschung, in: ZIP 1986, S. 691-694.

Makower, H.: Handelsgesetzbuch, Erster Band, Buch I und II, (Handelsstand, Gesellschaften), Berlin 1906.

Marsch-Barner: Anmerkung zu LG Mannheim WM 1988, S. 775-781, in: WuB II A., § 340 a AktG 1.88.

Martens, Klaus Peter: Kontinuität und Diskontinuität im Verschmelzungsrecht der Aktiengesellschaft, in: AG 1986, S. 57-67.

- Die Vergleichs- und Abfindungsbefugnis des Vorstands gegenüber opponierenden Aktionären, in: AG 1988, S. 118-126.

Maunz, Theodor / *Dürig*, Günter / *Herzog*, Roman: Grundgesetz, Kommentar von Theodor Maunz u. a., Loseblattsammlung, Band 1, Art.1-12, Stand: November 1988, München.

Meilicke, Hans / *Hohlfeld*, Klaus: Untergang der Antragsbefugnis im Spruchstellenverfahren vor Ablauf der Antragsfrist? in: BB 1972, S. 1249-1250.

Mertens, Hans Joachim: Der Aktionär als Wahrer des Rechts, Aktuelle Probleme der Durchsetzung von Aktionärsrechten, in: AG 90, S. 49-55.

Mestmäcker, Ernst-Joachim: Zur aktienrechtlichen Stellung der Verwaltung bei Kapitalerhöhungen, in: BB 1961, S. 945-952.

- Verwaltung, Konzerngewalt und Rechte der Aktionäre, Karlsruhe 1958.

Meyer, E. H. / *Meulenbergh*, Gottfried / *Beuthien*, Volker: Genossenschaftsgesetz, 12. Auflage, München 1983.

Meyer-Landrut, Joachim: Anmerkung zu AG Düsseldorf ZIP 1988, S. 970-971, in: EWiR § 142 AktG 1/88, S. 743-744.

- Anmerkung zu BGHZ 36, 121-142, in: JR 1962, S. 99-101.

- Anmerkung zu OLG Köln WM 1988, S. 1021-1022, in: EWiR § 62 AktG 1/88, S. 741-742.

- Der Mißbrauch aktienrechtlicher Minderheits- oder Individualrechte, insbesondere des Auskunftsrechts, S. 235-251, in: Festschrift für Wolfgang Schilling zum 65. Geburtstag, herausgegeben von Robert Fischer und Wolfgang Hefermehl, Berlin, New York 1973.

Meyer-Landrut, Joachim / *Miller*, Georg / *Niehus*, Rudolf J.: Gesetz betreffend die Gesellschaften mit beschränkter Haftung (GmbHG), Kommentar von Joachim Meyer-Landrut u. a., Berlin, New York 1987.

Möhring, Phillip / *Nirk*, Rudolf / *Tank*, Gerhard: Handbuch der Aktiengesellschaft, 2. Auflage, bearbeitet von Rudolf Nirk und Gerhard Tank,
Band 1: Gesellschaftsrecht, Köln 1967/82.

Motive: Motive zu dem Entwurfe eines Bürgerlichen Gesetzbuches für das Deutsche Reich, Band I, Allgemeiner Theil, Berlin 1896.

Müller, Klaus: Kommentar zum Gesetz betreffend die Erwerbs und Wirtschaftsgenossenschaften, Zweiter Band, §§ 43-931, Bielefeld 1980.

von Münch, Ingo: Grundgesetzkommentar, Band 1, Präambel bis Art.20, 3. Auflage, München 1985.

Münchener Kommentar: Münchener Kommentar zum Bürgerlichen Gesetzbuch, 2. Auflage, München,
Band 1: §§ 1-240 (1984),
Band 2: §§ 241-432 (1985),
Band 3/2: §§ 652-853 (1986).

Niederländer, Hubert: Nemo turpitudinem suam allegans auditur, ein rechtsvergleichender Versuch, S. 621-638, in: IUS ET LEX, Festgabe zum 70. Geburtstag von Max Gutzwiller, hrsg. von der Juristischen Fakultät der Universität Freiburg (Schweiz), Basel 1969.

Nitschke, Manfred / *Bartsch*, Hans Jürgen: Über Bedeutung und Umfang des Auskunftsrechts, insbesondere im Zusammenhang mit Entlastungsbeschlüssen, in: AG 1969, S. 95-100.

Palandt, Otto: Bürgerliches Gesetzbuch, bearbeitet von Peter Bassenge u. a., 50. Auflage München 1991.

Parisius, Ludolf / *Crüger*, Hans: Das Reichsgesetz betreffend die Erwerbs- und Wirtschaftsgenossenschaften, bearbeitet von Fritz Citron, 12. Auflage, Berlin, Leipzig 1932.

Peterhoff, Wolfgang P.: Anmerkung zu LG Kassel WM 1989, S. 789-793, in: WuB II A., § 243 AktG 1.89.

- Anmerkung zu OLG Zweibrücken WM 1988, S. 1826-1828, in: WuB II A., § 291 AktG 1.89.

Pinner, Heinz: Erwerb eigener Aktien und Rückzahlung der Einlage, S. 613-635, in: Festschrift Albert Pinner zum 75. Geburtstag, gewidmet von dem deutschen Anwaltverein u. a., Berlin, Leipzig 1932.

Pohle, Rudolf: Zur Lehre vom Rechtsschutzbedürfnis, S. 195-235, in: Festschrift für Friedrich Lent zum 75. Geburtstag, hrsg. von Leo Rosenberg und Karl Heinz Schwab, München, Berlin 1957.

Priester, Hans Joachim: Das neue Verschmelzungsrecht, in: NJW 1983, S. 1459-1467.

Raiser, Ludwig: Der Gleichbehandlungsgrundsatz im Privatrecht, in: ZHR 111 (1948), S. 75-101.

- Rechtsschutz und Institutionenschutz im Privatrecht, S. 613-635, in: summum ius - summa iniuria, Individualgerechtigkeit und der Schutz allgemeiner Werte. Ringvorlesung, gehalten von den Mitgliedern der Tübinger Juristenfakultät im Rahmen des Dies academicus, Wintersemester 1962/63, Tübingen 1963.
ebenfalls in: Die Aufgabe des Privatrechts, Aufsätze zum Privat- und Wirtschaftsrecht aus drei Jahrzehnten, S. 124-144, Kronberg/Ts. 1977.

Raiser, Thomas: Das Recht der Kapitalgesellschaften. Aktiengesellschaft, Gesellschaft mit beschränkter Haftung, Kapitalgesellschaft & Co, München 1983.

Referentenentwurf eines Aktiengesetzes: Referentenentwurf eines Aktiengesetzes, veröffentlicht durch das Bundesjustizministerium, 1958.

Reichsgerichtsräte- Kommentar: Das Bürgerliche Gesetzbuch mit besonderer Berücksichtigung der Rechtsprechung des Reichsgerichts und des Bundesgerichtshofes, 12. Auflage, Berlin u. a.,
Bd. I: §§ 1-240 (1982),
Bd. II, 1: §§ 241-413 (1976),
Bd. II, 5: §§ 812-831 (1989).

Renaud, Achilles: Das Recht der Actiengesellschaften, 2. Auflage, Leipzig 1875.

Riegger, Bodo: Anmerkung zu LG Frankfurt a. M. WM 1989, S. 683-685, in: EWiR § 131 AktG 1/89, S. 943-944.

Ritter, Carl: Aktiengesetz, herausgegeben von Carl Ritter und Justus Ritter, 2. Auflage, Berlin, München 1939.

Rosenberg, Leo / *Gaul*, Hans Friedhelm / *Schilken*, Eberhard: Zwangsvollstreckungsrecht, begründet von Leo Rosenberg, fortgeführt von Hans Friedhelm Gaul, Eberhard Schilken, 10. Auflage, München 1987.

Rosenberg, Leo / *Schwab*, Karl Heinz: Zivilprozeßrecht, begründet von Leo Rosenberg, fortgeführt von Karl Heinz Schwab, 14. Auflage, München 1986.

Roth, Günther H.: Gesetz betreffend die Gesellschaften mit beschränkter Haftung (GmbHG) mit Erläuterungen, 2. Auflage, München 1987.

Rowedder, Heinz: Gesetz betreffend die Gesellschaften mit beschränkter Haftung (GmbHG). Kommentar von Heinz Rowedder u. a., München 1985.

Rundschreiben: Rundschreiben des Bundesverbandes des privaten Bankgewerbes Nr.90 vom 4. November 1965, in: WM 65, S. 1090-1111.

Säcker, Franz-Jürgen: Die Rechte der Aktionäre bei konzerninternen Umstrukturierungen gemäß § 304 f. AktG in: DB 1988, S. 271-277.

Schellhammer, Kurt: Zivilprozeß. Theorie-Praxis-Fälle. Ein Lehrbuch. 4. Auflage, Heidelberg 1989.

Scheu, Hans Joachim: Das Auskunftsrecht des Aktionärs. Eine kritische Betrachtung der geltenden Regelung mit entsprechenden Reformanregungen, Köln 1959.

Schilling, Wolfgang: Gesellschaftstreue und Konzernrecht, Zur Auslegung des § 243 Abs. 2 AktG, S. 226-239, in: Freundesgabe für Hans Hengeler zum 70. Geburtstag, hrsg. von Wolfgang Bernhardt u. a., Berlin, Heidelberg, New York 1972.

- Anmerkung zu BGHZ 36, 121-142 in: JZ 1962, S. 410-411.

Schlaus, Wilhelm: Der Auskauf opponierender Aktionäre, in: AG 1988, S. 113-117.

Schlegelberger, Franz: Gesetz über die Angelegenheiten der freiwilligen Gerichtsbarkeit, 7. Auflage, Köln, Berlin 1956,
Erster Band §§ 1-124,
Zweiter Band §§ 125-200.

- Handelsgesetzbuch, Kommentar von Ernst Geßler u.a., 5. Auflage, München,
Bd.1: §§ 1-47a (1973),
Bd.3, II: §§ 161-177a / §§ 335-342 (§§ 230-237 n.F.) (1986).

Schlegelberger, Franz / *Quassowski*, Leo: Aktiengesetz, Kommentar von Franz Schlegelberger u.a., 3. Auflage, Berlin 1939.

Schmidt, Karsten: Gesellschaftsrecht, Köln, Berlin, Bonn, München 1986.

Schneider, Uwe H.: Anmerkung zu BFH WM 1989, S. 408-409, in: WuB II A., § 294 AktG 1.89.

- Antragsberechtigung des außenstehenden Aktionärs nach den §§ 304, 305 AktG, in: NJW 1971, S. 1109-1112.

- Haftungsmilderung für Vorstandssmitglieder und Geschäftsführer bei fehlerhafter Unternehmensleitung? S. 795-815, in: Festschrift für Winfried Werner zum 65. Geburtstag, hrsg. von Walther Hadding u. a., Berlin, New York 1984.

Schockenhoff, Martin: Gesellschaftsinteresse und Gleichbehandlung beim Bezugsrechtsausschluß, Köln, Berlin, Bonn, München 1988.

Scholz, Franz: Kommentar zum GmbH-Gesetz mit Nebengesetzen und den Anhängen Konzernrecht sowie Umwandlung und Verschmelzung.
Band 1: §§ 1-40, Anhang Konzernrecht
Band 2: §§ 41-85, Anhang Umwandlung und Verschmelzung.

Schönke, Adolf: Das Rechtsschutzbedürfnis. Studien zu einem zivilprozessualen Grundbegriff, Detmold, Frankfurt a. M. Berlin 1950.

Schönke, Adolf / *Schröder*, Horst: Strafgesetzbuch, Kommentar, begründet von Adolf Schönke, fortgeführt von Horst Schröder, bearbeitet von Theodor Lenckner u. a., 23. Auflage, München 1988.

Schubert, Werner / *Hommelhoff*, Peter: Hundert Jahre modernes Aktienrecht, Berlin, New York 1985.

Schuler, Hans: Auskunftsrecht der Aktionäre über Vorstandsbezüge, in: NJW 1962, S. 841-844.

Schwerdtner, Peter: Anmerkung zu BGHZ 90, 113-129, in: JZ 1984, S. 1103-1106.

Semler, Johannes: Die Überwachungsaufgabe des Aufsichtsrats, Köln, Berlin, Bonn, München 1980 (Nachdruck 1982).

Siebert, Wolfgang: Anmerkung zu RGZ 146, 385-397 in: JW 1935, S. 1553-1554.

- Verwirkung und Unzulässigkeit der Rechtsausübung, Marburg 1934.

- Treu und Glauben, Stuttgart 1959.

Sievers: Verkauf eigener Aktien durch die Aktiengesellschaft. Zur Auslegung der §§ 213, 215 HGB, in: Das Recht 1906, Spalten 974-979.

Soergel, Hans Theodor / *Siebert*, Wolfgang: Bürgerliches Gesetzbuch mit Einführungsgesetz und Nebengesetzen, Stuttgart,
12. Aufl.: Bd. 1: §§ 1-240 (1988),
11. Aufl.: Bd. 2/1: §§ 241-432 (1986),
Bd. 4: §§ 705-853 (1985).

Sonnenhol, Jürgen / *Stützle*, Rudolf: Auswirkungen des Verbots der Einlagerückgewähr auf Nichtgesellschafter, in WM 1983, S. 2-6.

Staub, Herrmann: Kommentar zum Allgemeinen Deutschen Handelsgesetzbuch, 1. Auflage Berlin 1893.

- Staub's Kommentar zum Handelsgesetzbuch, 14. Auflage, bearbeitet von Albert Pinner u. a., Berlin, Leipzig, Zweiter Band §§ 178-342.

Staudinger, Julius von: Kommentar zum Bürgerlichen Gesetzbuch mit Einführungsgesetz und Nebengesetzen, 12. Auflage, Berlin
§§ 90-240 (1980),
§§ 241-242, (1981),
§§ 243-254 (1983),
§§ 255-327 (1979),
§§ 741-822 (1986),

§§ 823-832 (1986).
11. Auflage: § 242 (1961).

Stein, Friedrich / *Jonas*, Martin: Kommentar zur Zivilprozeßordnung, bearbeitet von Wolfgang Grunsky u. a., 20. Auflage Tübingen,
Bd.1: §§ 1-252 (1984),
Bd.2/1: §§ 253-299 a (1987),
Bd.3: §§ 511-703 d (1977).

Stephan, Bodo: Das Rechtsschutzbedürfnis. Eine Gesamtdarstellung unter besonderer Berücksichtigung des Verfassungsprozesses, Berlin 1967.

Systematischer Kommentar: Systematischer Kommentar zum Strafgesetzbuch, bearbeitet von Hans Joachim Rudolphi u. a.,
Band 1 §§ 1-79 b, Stand Juni 1989
Band 2 §§ 80-358, Stand September 1989
Frankfurt a. M.

Teichmann, Arndt: Anmerkung zu OLG Hamm WM 1988, S. 1164-1171, in: WuB II A., § 245 AktG 1.88.

- Die Gesetzesumgehung, Göttingen 1962.

- Rechtsmißbrauch durch eine Klage - OLG Hamm, WM 1988, 1164, und BGH, 1989, 2689, in: JuS 1990, 269-273.

Teichmann, Robert / *Koehler*, Walter: Aktiengesetz, 3. Auflage, Heidelberg, 1950.

Thöl, Heinrich: Das Handelsgesetzbuch, Erster Band, 2.Hälfte, 5. Auflage, Leipzig 1875.

Thomas, Heinz / *Putzo*, Hans: Zivilprozeßordnung mit Gerichtsverfassungsgesetz und Einführungsgesetzen, erläutert von Heinz Thomas und Hans Putzo, 16. Auflage, München 1990.

Timm, Wolfram: Mißbräuchliche Anfechtungsklage einschließlich Abfindungsregelungen, Praktische Fälle und Erfahrungen, in: Mißbräuchliches Aktionärsverhalten, hrsg. von Wolfram Timm, Köln 1990, S. 1-33.

- Anmerkung zu BGHZ 103, 184-197 in: NJW 1988, S. 1582-1583.

- Anmerkung zu OLG Düsseldorf ZIP 1989, 642-644, in: EWiR § 306 AktG 1/89, S. 633-634.

- Anmerkung zu OLG Köln WM 1988, S. 1792-1797, in: EWiR § 243 AktG 1/88, S. 1049-1050.

- "Gegenstandslose" Hauptversammlungsbeschlüsse?, Zugleich Bemerkungen zum Stil neuerer Rechtsfortbildung, insbesondere in Kostenbeschlüssen, in: ZIP 1990, S. 361-364.

- Der "Kochs Adler"-Vergleich, in: ZIP 1990, S. 411-412.

- Zwingende "Verschmelzungssperre" nach § 345 Abs. 2 S. 1 AktG bei anhängigen Anfechtungsverfahren?, in: DB 90, S. 1221-1224.

Tuhr, Andreas von: Der allgemeine Teil des deutschen bürgerlichen Rechts, unveränderter Nachdruck Berlin 1957,
Erster Band, Allgemeine Lehren und Personenrecht, Berlin 1910,
Zweiter Band, Zweite Hälfte, Berlin 1918.

Weisser, Karl Friedrich: Der Gewinn der Aktiengesellschaft im Spannungsfeld zwischen Gesellschaft und Aktionären, Berlin 1962.

Welzel, Hans: Naturrecht und Rechtspositivismus, S. 279-294, in: Festschrift für Hans Niedermeyer zum 70. Geburtstag, dargebracht von der Rechts- und Staatswissenschaftlichen Fakultät zu Göttingen, Göttingen 1953.

Werner, Winfried: Anmerkung zu BGH WM 1989, S. 1128-1134, in: WuB II A., § 340 a AktG 3.89.

Wieacker, Franz: Zur rechtstheoretischen Präzisierung des § 242 BGB, Tübingen 1956.

Wiedemann, Herbert: Gesellschaftsrecht, Band I, Grundlagen, München 1980.

Wieland, Karl: Handelsrecht, Zweiter Band, Die Kapitalgesellschaften, München, Leipzig 1931.

Wieser, Eberhard: Das Rechtsschutzinteresse des Klägers im Zivilprozeß, Bielefeld 1971.

Wilhelm, Jan: Die Vermögensbindung bei der Aktiengesellschaft und der GmbH und das Problem der Unterkapitalisierung, S. 337-379, in: Festschrift für Werner Flume zum 70. Geburtstag, in Gemeinschaft mit Kurt Ballerstedt und F. A. Mann hrsg. von H. H.Jakobs, Band II, Köln 1978.

Windbichler, Christine: Mißbräuchliche Aktionärsklage einschließlich Abfindungsregelungen, Theoretische Grundlagen, in: Mißbräuchliches Aktionärsverhalten, hrsg. von Wolfram Timm, Köln 1990, S. 35-61.

Winkler, Karl: Anmerkung zu OLG Hamm WM 1988, S. 943-946, in: EWiR § 345 AktG 1/88, S. 639-640.

Wirtschaftsprüfer - Handbuch 1985/86: Handbuch für Rechnungslegung, Prüfung und Beratung, Band I, bearbeitet von Wolfgang Dieter Budde u. a., Düsseldorf 1985.

Würdinger, Hans: Aktienrecht und das Recht der verbundenen Unternehmen, 4. Auflage, Heidelberg, Karlsruhe 1981.

Zöller, Richard: Zivilprozezordnung, bearbeitet von Reinhold Geimer u. a., 16. Auflage, Köln 1990.

Zöllner, Wolfgang: Die sogenannten Gesellschafterklagen im Kapitalgesellschaftsrecht - Referat-in ZGR 1988, S. 392-440

- Die Schranken mitgliedschaftlicher Stimmrechtsmacht bei den privatrechtlichen Personenverbänden, München, Berlin 1963.

Register

Aachener und Münchener Beteiligungs Aktiengesellschaft 13
Aktionärsklage 93, 177, 184, 198
aktive Gleichbehandlung 89, 82, 88, 89
Allgemeine Begründung 16, 17, 19, 21, 25, 49, 100, 16, 49, 100
Altaktionär 21, 23-26
altruistischer Geist 118, 119
Amtslöschung 34, 42, 192
Anfechtbarkeit 17, 21, 22, 26, 43, 45, 49, 54, 94, 151, 189, 190
Angebot der Aktiengesellschaft 127, 153
Antrag 34, 40, 42-46, 104, 154, 156
Aufspaltung 23
Aufwandspauschale 55, 74, 75
Ausbeutung 149, 150, 152
Ausdrücklich zweckwidriges Handeln 114
außerprozessuale Kosten 55, 74, 75
außerprozessualer Vergleich 70
Ausschließlich zweckwidriges Handeln 113, 116, 121, 122
Aussetzung 31, 33, 37, 40, 42, 114, 134

Bedingtheit 77
Beschlußfassung 21-24, 26, 52, 55, 71, 91-93, 96, 97, 108, 110
Beschwerde 33, 34, 36, 37, 39, 42, 44, 45, 114
besonderes Rechtsschutzbedürfnis 18, 106
Bewertungsspielraum 65
Bindungswirkung 45
Börsenpreis 80, 81, 114

causa societatis 59-62, 64, 70
culpa in contrahendo 169

deklaratorisch 30, 31
Dispositionsgrundsatz 17
Dividende 58, 59, 68, 71, 88, 90-93, 113, 125
Drohung 94, 95, 151-154, 189

eigene Aktien 80, 81, 79-81, 125
eigene Ermittlungen 32
eigennütziges Mitgliedschaftsrecht 16, 18, 20, 52, 85, 86, 118, 119, 145, 180
eingerichteter und ausgeübter Gewerbebetrieb 135, 163, 168
Einlage 55, 57-60, 63, 91, 158, 159, 163, 167, 169, 175, 176, 178, 184, 185, 193
Einlagerückgewähr 15, 50, 53, 54, 56, 57-69, 78, 80-82, 86-93, 137, 139, 141-143, 145, 150, 152, 154, 157, 158, 164, 167, 171, 174, 178, 181, 182, 196
Einstweilige Verfügung 42-46, 48, 180, 183, 29, 42-46, 48, 180
Eintragung 15, 29-46, 48, 101-103, 114, 126, 154, 155, 172, 173, 180, 183, 192
Eintragungspflicht 29-31, 45
Erkennbarkeit des Mißverhältnisses 66, 69, 70, 81
Ermessen 31-33, 37, 45, 46, 48, 87, 103, 104, 172, 180
erpresserisches Verhalten 94, 121, 55, 94, 100, 103, 113, 116, 117, 121, 136, 149, 163
Erwerb eigener Aktien 79-81, 125, 193

fremdnützigeş Recht 16, 18, 52, 77, 112, 16-18, 52, 86, 112, 147
Frist 28, 82, 88, 155, 156, 161

Gegenleistung 56, 59, 61, 62, 64-66, 68, 70, 72, 74, 77, 79-81, 137, 138, 141, 142, 147-149, 153
geringfügiges Mißverhältnis 65
Gesellschaftsinteresse 83, 195
Gleichbehandlung 80, 82-84, 86-93, 145, 180, 191, 195
GmbH 17, 24, 26, 27, 41, 49, 52, 67, 80, 87, 105, 143, 186, 189, 192, 195, 198
Grundsatz der Kapitalaufbringung 65, 80, 159, 160, 59, 63, 167

Hauptversammlung 16, 19-23, 25, 28, 29, 30, 47, 71, 91-93, 97, 98, 102, 103, 113, 114, 130, 131, 134, 173, 176-180, 185
Hinterlegungspflicht 25
hohes Niveau 89

Individualrecht 16, 17, 85, 86, 94, 112, 147
Indiz eines Mißbrauchs 129-132
Informationspflicht 176, 98, 176
Interessenkonflikt 97

Kenntnis 61, 64-66, 108, 132, 143, 149, 150, 153, 155, 157, 164, 166
Klagerücknahme 15, 49, 51-53, 55, 71, 96, 98, 126, 129, 137, 142, 154, 155, 168, 181
Kochs Adler-Urteil 14, 115, 118, 120
konstitutiv 30, 31, 35, 37, 101, 134, 30, 31, 35-37, 48, 101, 134, 180
Kontrolle 97, 98, 145, 55, 96-98, 112, 145

Lagebericht 98, 176
Legalität des Verwaltungshandelns 19, 51
Löschung 34-37, 44, 183, 41, 42, 44

Marktpreis 55, 65, 80, 65, 80
Mißbrauch 13, 22, 23, 26, 39, 52, 104, 107, 109-120, 122-125, 128, 130, 131, 133, 134, 185, 187, 188, 189, 193, 14, 39, 51, 102, 111, 113, 116, 117, 119, 120, 123, 128-130, 133
Mißverhältnis 59, 62, 63, 65-70, 137, 146, 147, 149, 150, 153, 61, 62, 63-66, 69, 70, 74, 79, 81, 148, 152, 153
Monatsfrist 28

Nachweis des Mißbrauchs 119, 129, 130, 133
Negativerklärung 37, 40
Neuaktionär 21, 22, 24-26
Nichtigkeit 26, 40, 53, 63, 69, 92, 102, 138-142, 144-146, 150, 151, 154, 156, 160, 161, 165, 167, 168, 189, 190
Nichtigkeit des Verfügungsgeschäfts 140, 141, 142, 161
Nichtigkeit des Verpflichtungsgeschäfts 138, 139, 165
Niederschrift 20, 25, 27

objektives Kriterium 123, 61, 112, 123, 130, 135, 152
öffentliches Interesse 112, 32, 112

Pauschale 55, 74, 75
Pflicht zur sorgfältigen Geschäftsführung 52, 95, 15, 19, 20, 46, 52, 87, 95-99, 170-173, 176
Popularklage 18
präjudizielles Rechtsverhältnis 31, 173
Prozeßgericht 32, 45, 46, 75, 96, 103, 104, 128, 132, 154, 155, 173, 44-46
Prozeßkosten 54, 74-77, 79, 81, 85, 86, 95, 99, 125, 127, 134, 169, 180
Prozeßkostenhilfe 104, 156

Ratio 15, 18, 35, 39, 50-53, 58, 109, 118, 180
Rechtfertigung 171, 172, 174, 176
Rechtsbehelfe 33, 177, 33, 34, 44, 46, 93, 177
Rechtshängigkeit 29, 43, 73, 103, 154, 155, 173
Rechtskrafterstreckung 49, 50, 53
Rechtsmittel 33, 44, 148
Rechtsschutzinteresse 27, 46, 113, 133, 198
Rechtsvorgänger 25, 180, 22
Referentenentwurf 38, 50, 194
Regelungsgehalt 83, 87
Regierungsentwurf 50, 51, 53
Registergericht 31-34, 37, 39-48, 101, 103, 126, 154, 173, 180, 31, 32, 33, 34, 36, 40, 45, 46, 48, 172, 180
Registersperre 37-42, 101-103, 155, 173
Rückgewähranspruch 55, 90, 139, 141, 160, 165, 169, 15, 139, 155, 156, 157, 166-168, 176, 178, 181

Schadensersatzanspruch 134, 135, 161, 162, 169, 178, 181, 48, 103, 126, 134-136, 146, 161-164, 168, 169, 173, 175, 178, 181
Schiedsgerichtsvereinbarung 53
Schikane 107, 110, 107, 108, 110, 181
Schutz der Aktiengesellschaft 18-20, 28, 39, 41, 58, 62, 63, 65, 66, 67, 68, 141, 172-174, 180
Schutz der Gesellschaft 18, 19, 172, 173, 18-20, 28, 39, 41, 58, 62, 65, 68, 172-174, 180
Schutz der Gesellschaftsgläubiger 58, 67, 68, 167
Schutz des Aktionärs 28, 39, 41, 63, 65, 66-68, 99, 126, 166-168, 170
Schutz dritter Aktionäre 50, 51, 68, 147, 180
Schwarze-Freitag-Fälle 13
Sittenwidrigkeit 136, 146, 147, 150, 153, 163, 188
Sondervorteil 71, 94, 120, 131, 132, 136, 137, 147, 151, 153, 158, 162, 170, 181, 116, 117, 124, 126, 127-129, 131, 132, 136, 137, 141, 142, 148, 152, 153, 158, 162, 167, 181
Sonderzahlungen 13, 54, 185
Sorgfaltspflicht 20, 54, 55, 95, 99, 170, 171, 173, 174, 191
Spruchstellenverfahren 22, 23, 27, 72, 79, 81, 83, 85, 86, 125, 180, 185, 192
Stimmrecht 47
Streitwertspaltung 75, 104
Strohmann 144, 145, 157, 158, 161, 164, 165
Strohmann-Aktionär 144, 145, 157, 158, 161, 157
subjektives Kriterium 64-66, 129, 130, 61, 64-67, 70, 107, 112, 118, 122, 123, 126, 129, 130, 135, 152, 162

Treu und Glauben 39, 107-113, 121, 122, 123, 127, 131, 181, 183, 196
Treuepflicht 19, 51, 56, 64, 104-106, 109, 113, 181

Umgehung der Einlagerückgewähr 61, 64, 136, 142, 144, 145, 150
Umgehungsgeschäft 142, 144
Unbegründetheit der Klage 48, 77, 134
Unternehmensinteresse 46
Unzulässige Rechtsausübung 14, 104, 105, 110, 121

venire contra factum proprium 166, 167
Veranlassung 128, 142, 143, 145, 167

Verbot der Einlagerückgewähr 15, 50, 53, 55, 57, 58, 60-65, 78, 82, 86, 87, 93, 143, 152, 167, 174, 181, 182
verdeckte Einlagerückgewähr 67, 141
Vergleich 1, 15, 29, 49, 51, 53, 54, 56, 60, 65, 69, 70, 75, 76, 81, 82, 85, 96-98, 100, 115, 127, 128, 136, 137, 140, 145, 146, 149, 152-154, 162, 165, 171, 173, 174, 180-182, 184, 190, 197
Vergleichsangebot der Aktiengesellschaft 86, 128, 151
Vermögensmehrung 143, 144, 171
Vermögensminderung 59, 61-63, 71, 73, 143, 145, 167
Vermögensschutz 58, 189
Vermögenswert des Anfechtungsrechts 18, 70-74, 76-79, 125, 137, 141, 142, 147, 148, 152, 153, 164
Verschmelzung 14, 30, 34-38, 40-42, 48, 72, 102, 114, 115, 188, 190, 195
Vertrauensschutz 35, 166
Verwaltungsrecht 20, 52
Verzögerung 14, 48, 168
Voraussetzung 22, 28, 59-65, 68-70, 75, 79, 81, 89, 108, 111, 116, 117-119, 121, 137, 143, 145, 148, 149, 152, 153, 162, 173, 175, 180
Vorprägung 23
Vorstand 15, 19, 37, 47, 52, 55, 60, 66, 68-70, 82, 88, 92, 93, 95-97, 96-100, 113, 124, 126, 136, 145,149, 155, 156, 162,163, 167, 170, 171, 173-178, 181, 182
Vorverhalten 87

Wahrung der Rechtsordnung 46
weit überwiegend zweckwidriges Handeln 121, 122
weitere Beschwerde 33, 37, 39, 42, 44, 45
Widerruf 155, 186
Widerspruch 20-29, 36, 44, 172
wirtschaftliches Interesse 27, 47, 55
Wucher 146, 147, 149, 150, 152, 153

Zeitpunkt der Beschlußfassung 21, 22, 24, 26
Zeitpunkt der Klageerhebung 21, 25, 124, 128, 180
Zusatz 91, 92
Zuständigkeit 34, 53
Zwangslage 73, 126, 127, 136, 146, 147, 148-153, 167, 181
Zweck des Anfechtungsrechts 20, 50, 94, 100
zweckfremdes Ziel 52, 120, 122, 123, 126
Zweckwidrigkeit 110, 112, 119, 123
zwingende Norm 87

FSC
www.fsc.org
MIX
Papier | Fördert gute Waldnutzung
FSC® C083411

Kolibri 360 GmbH
Ferdinand-Jühlke-Straße 7
99095 Erfurt, Deutschland
produktsicherheit@kolibri360.de

Druck:
CPI Druckdienstleistungen GmbH
im Auftrag der
Kolibri 360 GmbH
Ferdinand-Jühlke-Str. 7
99095 Erfurt